사회초년생을 위한
재테크 첫걸음

돈 걱정 없는 스마트한 자산관리법의 모든 것

사회초년생을 위한
재테크 첫걸음

성동규 지음

프롤로그

이제 재테크의 홀로서기다

어린아이는 처음부터 두발자전거를 탈 수는 없다. 경험도 없고 두려움이 앞서기 때문이다. 처음에는 부모님이나 형이 뒤에서 잡아주고, 수차례 몸으로 부딪히면서 넘어지고 다시 타기를 반복하다 보면 어느샌가 혼자서도 잘 달릴 수 있는 시간이 온다.

이 책은 준비 없이 걱정만 하고 있는 당신에게 용기를 주고, 이제 막 재테크라는 긴 레이스를 시작한 당신의 자전거 뒤에서 중심을 잡아주는 역할을 할 것이다. 이제 당신이 할 일은 앞을 보고 열심히 페달을 밟는 일이다.

그동안 출간된 수많은 재테크 책들을 보면 재무설계 회사나 보험회사 출신의 저자들이, 은행이 대단한 비밀을 숨기고 있는 것처럼 포장하며 자극적이고 이분법적인 제목을 내세운 책들이 대부분이었다. 그들은 금융상품에 대한 문제점이나 단점을 주제로 단편적으로 나열하는 데 집중하고 판촉하는 모습을 보여주었다. 그런 책들의 판매가 금융지식을 넓혀주고 경각심을 심어주는 긍정적인 역할을 하기도 했지만, 한편으로는 불만만 키우고 오히려 방향을 잡지 못하고 아예 관심조차 놔버리게 만드는 부작용이 발생하기도 했다. 또한 전체적인 상품의 이해와 금융상품 선택 및 관리방법 등을 금융소비자의 입장에 맞게 솔직하게 전달하는 데 한계가 있었다.

  필자는 20년 넘게 은행에 근무하면서 오랜 기간 판매직원들을 대상으로 상품 중심, 은행 중심의 세일즈와 수익을 강조하면서 살아왔다. 하지만 은행 연수원 교수, 금융교육 전문 강사 등의 직무를 담당하면서 은행원으로서 고객을 위한 공적 역할에 대한 목마름은 계속 이어졌고, 결국 부자가 아닌 금융소비자를 위한 그리고 사회초년생을 위한 작은 디딤돌 하나를 놓는 마음으로 이 책을 출간하게 되었다.

  은행 창구에 가면 안전한 정기예금이나 적금은 찬밥이 된 지 오래다. 펀드, ELS, 방카슈랑스상품 등 수많은 투자형 상품이 중심이고, 그에 따른 고객들의 고민과 불만도 늘어가고 있는 것이 현실이다. 투자란 위험부담을 전제로 하는 것이므로 투자자는 언제든지 투자한 원금을 잃을 수도 있다. 그리고 그에 대한 책임은 투자자 본인이 지는 것이 논리상 맞는 말이다.

  하지만 요즘 출시되는 상당수의 금융상품들은 구조가 복잡하고 정확히 이해하기 어려워, 금융소비자는 금융회사에 비해 관련 정보가 부족하여 항상 약자의 위치에 있게 된다. 그러므로 이제는 고객이나 투자자의 개념이 아니라 금융소비자로서의 권리와 이익을 보호받아야 하며, 당당하게 요구해야 한다.

또한 금융회사는 양질의 금융 서비스를 제공함으로써 시장의 신뢰를 확보하고, 향후 발생할 수도 있는 금융 분쟁으로 인한 평판 리스크의 훼손을 예방함으로써 고객만족을 극대화할 수 있다.

금융소비자들도 현실을 정확히 인식하고 금융회사, 특히 은행을 적극 활용해야 한다. 은행도 주식회사다. 은행의 공익적 역할을 무시할 수 없지만, 주주의 이익을 위해 노력하는 사기업으로 보다 많은 실적을 통해 수익을 달성하는 것이 중요하다는 점을 알아야 한다. 일부에서는 은행을 떠나라고 말하지만 현실적으로 대한민국 금융은 은행을 중심으로 움직이고 있다. 은행은 재테크의 시작이자 전부라고 할 수 있다. 은행과 직원을 적으로 인식하고 대립하며 부정적인 시각으로 바라보고 불만만 표시해서는 얻을 수 있는 것이 별로 없다. 은행을 두둔하는 것이 아니라 금융소비자로서 자신의 재테크, 재무설계를 위해 이들을 어떻게 효과적으로 활용할지를 고민하고 행동하는 모습이 훨씬 생산적이라는 말이다.

재테크를 통해 부자가 되기 위해서, 그리고 금융소비자로서의 권리를 적극적으로 누리기 위해서는 많은 금융자산보다 중요한 것이 금융지식, 상품 지식을 쌓는 것이다. 각종 금융소비자보호 제도를 통해 사후 조정이나 손해배상을 받는 경우도 좋겠지만 더 중요한 것은 이를 예방하는 것이다. 그 첫걸음이 금융소비자 본인 스스로가 투자하는 상품에 대해 정확히 인식하는 일이며, 그 이후 본인 책임하에 가입하여 효율적으로 운용하는 것이다. 금융위기 당시의 키코나 저축은행의 후순위채처럼 제대로 알지 못하고 가입한 후 낭패를 겪지 않도록 금융지식을 쌓아야 한다. 전문가를 활용하는 것도 좋은 방법이지만 최소한의 금융지식은 가지고 있어야 대화를 할 수 있다는 점을 명심하기 바란다.

이 책은 금융소비자가 불이익을 당하지 않고 은행 창구에서 당당하고 자신감 있게 판매직원들과 금융상품에 관해 논의할 수 있도록 안내하는 금융상품의 기본 안내서라고 할 수 있다. 영업점 창구에 근무하면서 직접 상담·관리했던 은행원으로서의 경험과 10년간 세일즈 전문 강사로 활동하면서 판매직원들에게 교육했던 경험을 바탕으로 금융소비자의 입장에서 반드시 알아야 하는 금융상품을 중심으로 상세하게 설명했다.

Part 1에서는 급변하는 금융 환경 속에서 투자에 대한 마인드 변화와 구체적으로 어떻게 실천해야 하는지를 살펴본다. 생각이 바뀌지 않으면 변화가 없음을 누구보다 잘 알기 때문이다. 그런데 더 중요한 사실은 그 변화는 누군가가 시켜주는 것이 아니라 본인 스스로 하는 수밖에 없다는 사실이다.

Part 2와 Part 3에서는 누구나 알아야 하는 은행의 기본 상품에서부터 투자상품까지 '7대 금융상품'을 총정리했다. 금융소비자가 기본적으로 알아야 할 상품에 대한 기본 개념에서부터 어떻게 선택하고 제대로 관리해야 하는지를 금융상품별로 알기 쉽게 정리했다.

준비 없이 걱정만 하고 있는 당신에게 현재 금융시장에서 반드시 알고 활용해야 하는 금융상품의 전반적인 내용과 장단점을 실질적으로 전해줄 '금융 교과서'라고 자부한다.

앞으로 이 책을 통해 금융소비자로서 불이익 없이 똑똑한 금융생활을 영위하며 살아갈 수 있기를 기대하며, 특히 사회초년생에게는 새롭게 시작하는 금융상품의 길잡이가 되길 바란다.

성동규

CONTENTS

프롤로그 · 이제 재테크의 홀로서기다 ···4

 재테크 마인드부터 세워라

Chapter 1 **투자로 돈과 행복을 디자인하라**
제로금리와 100세 시대가 당신을 맞이한다 ···15
결국 저축에서 투자로 ···20
재무설계는 꿈을 이루는 설계도 ···26
인생의 그래프를 먼저 그려라 ···30

Chapter 2 **작은 디딤돌, 종잣돈을 만들어라**
작은 부자를 꿈꾼다 ···37
절약에는 리스크가 없다 ···40
돈의 씀씀이 나들목을 지켜라 ···46
당장 종잣돈부터 만들어라 ···53

Chapter 3 **결국 실천이다**
은행을 기반으로 재무주치의를 적극 활용하라 ···59
제일 먼저 투자 성향부터 파악하라 ···67
이기는 투자가 돈 버는 투자다 ···74
자산관리는 축구처럼 ···78

PART 2 기본이 되는 금융상품의 모든 것

Chapter 1 재테크의 기본이자 시작 – 예금·적금

- 나만의 1번 통장, 주거래통장(급여통장) ···89
- 투자의 첫걸음, 예비통장 ···95
- 은행 수수료 아끼는 노하우 ···101
- 예금·적금의 가입 요령 ···105
- 반드시 챙겨봐야 할 적금 상품 ···111
- 예금·적금의 효율적인 관리 방법 ···116
- 내 집 마련의 첫걸음, 주택청약통장 ···120

Chapter 2 스마트하게 빌리는 지혜 – 대출

- 부채 정리가 우선이다 ···129
- 신용대출은 어떻게 받나요? ···134
- 담보대출은 어떻게 받나요? ···139
- 대출금리, 그것이 궁금하다 ···144
- 대출과 관련하여 꼭 알아야 할 사항 ···151
- 효과적으로 대출 받는 노하우 ···158

Chapter 3 돈 잘 쓰는 습관 – 신용카드

- 대한민국은 카드 전성시대 ···165
- 내게 맞는 신용카드 제대로 선택하는 법 ···172
- 신용카드 최대한 잘 활용하는 법 ···178
- 해외여행 시 신용카드 활용법 ···184
- 신용카드 소득공제 ···189
- 신용카드 사용의 장단점 ···194

보탬이 되는 금융투자상품의 모든 것

Chapter 1 제로금리 시대 최고의 재테크 – 펀드

펀드, 이것만은 알아야 한다 …201
궁합이 맞는 펀드 판매회사를 찾아라 …209
좋은 펀드 제대로 선택하는 법 …215
펀드 투자, 이렇게 하세요 …223
효율적인 펀드 관리와 리밸런싱 …230
투자자를 위한 안전장치 및 서비스 …236
펀드 투자의 장단점 …242

Chapter 2 중위험·중수익 상품의 대표주자 – ELS(주가연계증권)

ELS, 이것만은 알아야 한다 …249
ELS 투자 시 반드시 체크해야 할 사항 …256
ELS 제대로 선택하는 법 …263
ELS 투자, 이렇게 하세요 …269
ELS 투자의 장단점 …273

Chapter 3 저축인가 투자인가 – 방카슈랑스상품

방카슈랑스상품의 이해 …281
방카슈랑스상품 제대로 가입하는 법 …288
저축·연금보험 효율적으로 운용하는 법 …295
변액보험에 대해 가지는 가입자들의 환상 …301
방카슈랑스 관련 금융소비자 보호제도 …305
방카슈랑스상품의 장단점 …308

Chapter 4 품위 있는 노후준비 – 연금상품

노후에는 자식보다 연금이 든든 …317
추가로 준비하는 퇴직금, 개인형 퇴직연금(IRP) …320
개인이 쌓아가는 노후 동반자 연금저축 …329
연금계좌의 세액공제 혜택 …335
자영업자의 든든한 동반자 노란우산공제 …340
평생 내 집에서 행복한 노후를 즐기는 주택연금 …344

에필로그 · 준비는 끝났다 …348

노란 숲 속에 길이 두 갈래로 났었습니다.
나는 두 길을 다 가지 못하는 것을 안타깝게 생각하면서,
오랫동안 서서 한 길이 굽어 꺾여 내려간 데까지,
바라다볼 수 있는 데까지 멀리 바라다보았습니다.

그리고, 똑같이 아름다운 다른 길을 택했습니다.
그 길에는 풀이 더 있고 사람이 걸은 자취가 적어,
아마 더 걸어야 될 길이라고 나는 생각했었던 게지요.
그 길을 걸으므로, 그 길도 거의 같아질 것이지만.

(중략)

훗날에 훗날에 나는 어디선가
한숨을 쉬며 이야기할 것입니다.
숲 속에 두 갈래 길이 있었다고,
나는 사람이 적게 간 길을 택하였다고,
그리고 그것 때문에 모든 것이 달라졌다고.

로버트 프로스트의 「가지 않은 길」 중에서

PART
1

재테크 마인드부터 세워라

CHAPTER 1

투자로
돈과
행복을
디자인하라

기준금리 1% 시대, 투자에 대한 생각의 전환을 불러왔고, 은퇴 이후의 삶을 고민하게 만들고 있다. 분명히 기억해야 할 것은 충분한 준비 없이는 절대로 행복한 미래가 없다는 점이다.

CHAPTER 1 · 투자로 돈과 행복을 디자인하라

제로금리와 100세 시대가 당신을 맞이한다

아무도 가보지 않은 길에 들어섰다

"어떻게 하면 부자가 될 수 있을까?"
"돈 걱정 없는 삶은 얼마나 행복할까?"
우리는 모두 행복한 부자가 되고 싶은 꿈을 꾼다.
사회초년생들은 높은 스펙을 자랑하지만 돈 관리에 대한 제대로 된 교육을 받지 못하고 취업에만 매진한 것이 현실이다. 부자가 되고 싶다는 막연한 꿈과 이상만 있었지 무엇을 위해 어떻게 돈을 모으고 효율적으로 관리할 것인지에 대한 구체적인 교육이나 노력이 부족하였다. '문맹은 생활의 불편을 가져오지만 금융문맹은 그 사람의 생존이 달려 있다'고 말한 앨런 그린스펀 전 미국 연방준비제도이사회 의장의 말을 되새겨 볼 필요가 있다.

암울한 현실을 살아가는 젊은이들은 팍팍한 현실 속에서 시발비용을 지른다. 한 번 사는 인생을 자식이나 남을 위해 희생하지 않고 자신을 중시하며 현재의 행복을 위해 소비하는 욜로(YOLO)족으로 산다. 그리고 가상화폐의 열풍 속에 숨어서 대박을 꿈꾼다.

하지만 사회초년생이 살아갈 미래는 생각하는 이상으로 길고 복잡하고 어려우며, 교과서적이지 않은 것이 현실이다. 부모 세대처럼 손쉽게 재테크를 하던 시대는 지나갔다. 한국은행이 기준금리를 연 1.25%까지 인하하면서 제로금리 시대를 열었던 금융시장은 2017년 11월 금리인상으로 통화정책의 방향이 바뀌었고, 대내외 환경이 급변하면서 시장상황에 맞는 투자 패러다임의 전환을 더욱 빠르게 요구하고 있다.

재테크를 이야기할 때 머릿속에 각인시켜야 하는 것이 저금리와 고령화이다. 이 두 단어가 우리가 살아갈 새로운 삶에 가장 많은 영향을 미치기 때문이다.

이제는 물가상승에 따른 돈의 실질적 가치를 염두에 두고 생활해야 한다. 만약 물가가 매년 3%씩 오른다고 가정하면 현재 투자한 1만 원의 가치가 20년 후에는 절반 수준으로 떨어지게 된다.

[표 1-1] 물가상승에 따른 1만 원의 현금 가치 변화 예시

구 분	5년 후	10년 후	15년 후	20년 후	30년 후	50년 후
물가상승률 1%	9,515	9,053	8,613	8,195	7,419	6,080
물가상승률 3%	8,626	7,441	6,419	5,537	4,120	2,281
물가상승률 5%	7,835	6,139	4,810	3,769	2,314	872

이것을 해결하는 방법은 2가지다. 하나는 물가를 아주 낮은 수준으로 안정시키는 것이고, 다른 하나는 더 높은 수익을 통해 물가상승률을 넘어서는 것이다. 물가 안정은 개인이 해결하기 힘든 외부적 환경이지만, 높은 수익은 개인의 노력 여하에 따라 충분히 해결할 수도 있다.

투자를 이야기할 때 가장 기본적으로 생각해야 할 개념이 바로 '72의 법칙'이다. 시간이 부자로 만들어주는 복리의 마력인 '72의 법칙'은 투자한 자산이 2배로 늘어나는 데 걸리는 시간을 계산하는 공식이다.

정기예금 1천만 원을 연 3%로 가입했을 때 2천만 원이 되는 시점은 대략 24번의 재가입을 반복한 시점이라는 얘기다. 간단하게 72에서 이율 3을 나눠서 나온 결과값이다. 반대로 현재 1천만 원을 6년 후에 2배로 만들고 싶다면 72에서 투자기간 6년을 나눠 나온 값인 연 12%의 수익률을 유지해야 달성할 수 있다.

'72의 법칙'은 단리가 아닌 복리의 이자계산법이 적용된다. 단리는 대부분의 은행 적금처럼 최초 원금에 이자를 기간별로 계산하여 지급하는 방식인 데 반하여, 복리의 계산 방식은 정해진 주기(일, 월, 분기, 년)별로 이자를 원금에 가산하여 이자에 다시 이자를 붙여주는 방식으로 계산하는 지급 방식이다. 그러므로 정해진 주기가 짧을수록, 이자율이 높을수록 그리고 투자기간이 길수록 복리의 효과는 커질 수밖에 없다.

금리가 떨어질수록 자산을 늘리는 데 걸리는 시간은 점점 늘어난다. 그런데 더 중요한 사실은 그 늘어나는 시간이 기하급수적으로 늘어난다는 점이다. 예를 들면 금리 4%에서 1%p만큼 떨어질 때 걸리는 시간이 5.7년인 데 반해 3%에서 1%p만큼 떨어질 때 걸리는 시간은 그 2배인

11.6년이 걸린다. 향후 1% 금리에서는 70년 이상이 되어야 자산이 2배로 증가하므로 자산의 증대는 감히 생각할 수도 없는 세상이 된다.

결국 금리가 낮아질수록 자산 증대의 속도도 엄청나게 늦어지고, 자산 운용도 어려워짐에 따라 개인의 재무목표 달성을 위한 길은 더욱 멀고 험해지는 상황에 직면하게 된다.

고령화의 폭풍이 달려오고 있다

값싼 노동력을 바탕으로 고도성장의 길을 달려온 전후 세대들이 은퇴의 길로 접어들면서 현재 우리나라는 유례를 찾아볼 수 없을 정도로 빠른 고령화의 길로 달려가고 있다. 2000년에 이미 고령화 사회에 진입했으며, 현재의 추세라면 2018년에는 고령 사회로, 그리고 2026년에는 인구5명당 1명이 65세 이상인 초고령 사회로 진입할 것으로 예상된다. 이는 노인 인구의 증가라는 문제보다는, 빠른 고령화 속도로 인한 준비 부족과 사회변화에 대응하기 힘들어진다는 점에서 더욱 심각한 것이다.

또한 노령 인구는 급속하게 증가하고 있는 데 반해 출산율은 심각할 정도로 낮아지고 있다. 저출산이 지속됨에 따라 2013년에는 출산율이 1.19명으로 하락하였으며, 미국 중앙정보국(CIA)의 월드팩트북에 따르면 2015년도 추정치 기준 출산율이 세계 224개국 가운데 우리나라가 219위를 차지했다고 한다.

[표 1-2] 주요 국가별 인구 고령화 속도

	고령화	고령	초고령	소요연수(고령화▶고령▶초고령)
한국	2000	2018	2026	26년
일본	1970	1994	2006	36년
프랑스	1864	1979	2018	154년
독일	1932	1972	2009	77년
이탈리아	1927	1988	2006	79년
미국	1942	2015	2036	94년

※ 전체 인구 중 65세 이상 인구의 비율이 7% 이상이면 고령화 사회, 14% 이상이면 고령 사회, 20% 이상이면 초고령 사회로 분류한다.
(출처 : 보건사회연구원, 보건복지포럼)

결국 총인구의 감소는 내수시장의 위축과 노령화 진행에 따른 소비 감소, 생산 가능 인구의 감소에 따른 노동력 부족으로 경제의 저성장을 가져오고, 결국에는 경기 위축으로 이어져서 국민들의 소득이 감소하는 악순환이 이어질 수 있다. 또한 고령화로 인한 어르신 부양에 따른 사회적 부담이 급격히 증가하면서 국가 재정에도 큰 부담을 가져올 수 있다.

예전에는 노후생활을 위한 별도의 자금을 준비한다는 생각 자체가 없었으며, 당연한 것처럼 자녀들이 부모를 부양했다. 그러나 이제는 예전처럼 자녀가 알아서 부양해줄 거라고 생각하는 사람들도 없을 뿐만 아니라 자녀들도 그런 생각조차 하지 않는다.

그래서 지금의 중·장년 세대를 '부모를 부양하는 마지막 세대이면서 자녀에게 버림받는 첫 세대'라고 이야기하는 것이다.

CHAPTER 1 · 투 자 로   돈 과   행 복 을   디 자 인 하 라

결국 저축에서 투자로

저축은 하지 않고 노후 걱정만

저금리와 고령화가 사회문제가 되면서 최근 노후설계를 받아보고자 금융회사를 방문하는 고객들이 늘어나고 있으며, 각 금융회사들은 앞다퉈 은퇴설계센터 등을 개설하여 활용하는 등 부산하게 움직이고 있다. 하지만 대다수의 사람들은 아직도 남의 나라 얘기로만 생각하기도 하고, 일부는 생각은 있으나 여건이 안 되어 준비를 못 하고 있는 실정이다.

과거 우리나라는 높은 저축률을 자랑했다. 서울올림픽이 있었던 1988년의 가계순저축률은 24.7%였으며, 1990년대 평균 16.1%를 기록했으나 점차 내리막을 걷기 시작하여 2001년 4.8% 이후 2013년 4.5%를 나타내고 있다.

가계저축률의 하락 요인은 가계소득의 둔화와 가계부채의 급증에 따

른 이자 부담과 사교육비, 통신비 등 지출의 증가로 인해 저축 여력이 크게 감소했기 때문이다. 또한 대외 요인으로 금리 하락에 따른 저금리 기조 지속과 함께 세수 부족에 따른 각종 금융상품의 세제 혜택 축소 등 정부의 무관심 등을 꼽을 수 있다.

현재 우리나라 가계부채는 1,100조 원을 넘어 지속적으로 증가하고 있다. 경제가 성장함에 따라 부채가 증가하는 것은 당연한 것이지만, 가계부채의 증가 속도가 성장률보다 높은 상태를 지속하는 속도의 문제를 생각해야 한다. 단순히 부채가 증가한다고 가계의 재무상태가 악화되는 것은 아니지만, 문제는 부채의 증가가 금융자산의 증가를 넘어선다는 점이며, 특히 저소득층일수록 이에 대한 준비가 별로 없다는 사실이다.

KB금융지주 경영연구소의 「2014 한국 비은퇴 가구의 노후준비 실태」 연구보고서에 따르면 은퇴 및 노후준비에 대한 관심이 증대하고 있음에도 불구하고 KB노후준비지수*는 평균 50.5%로 전년과 비슷한 중간 수준에서 벗어나지 못하고 있다. 또한 전체의 절반이 넘는 55%는 준비지수가 50% 미만이며, 20대가 가장 높고 연령대가 높아질수록 낮아지는 모습을 보이고 있다. 이와 함께 재무적 노후준비는 10% 미만이 34.2%, 90% 이상이 22.3%로 더욱 뚜렷한 양극화를 보이고 있어 이에 대한 대책 마련이 시급한 상황이다.

---

* **KB노후준비지수** : KB금융지주 경영연구소에서 노후생활에 필요한 재무적 준비와 함께 건강이나 사회적 관계 등을 포함한 비재무적 준비를 종합적으로 고려하여 산출한 노후준비도를 말한다.
재무준비지수(60% 반영)는 금융자산, 연금 등 은퇴 시점의 노후준비자금 추정액에서 보유한 부채나 향후 자녀의 결혼, 교육자금 등 총 필요자금을 차감하여 목표금액 대비 실질적인 준비 정도를 반영한다. 비재무준비지수(40% 반영)는 건강, 사회적 관계, 심리적 안정으로 구성되어 현재의 상태와 은퇴 이후의 전망을 함께 고려하였다.

그리고 일반인들은 은퇴 및 노후준비의 가장 큰 장애요인으로 물가상승 및 생활비 부족, 과도한 양육비와 교육비 등 기본적인 소비지출 증가 및 노후 자산의 안정성과 관련한 문제를 뽑았다.

결국 대다수가 노후에 대한 준비가 부족함을 인식하면서도 준비는 하지 않고 걱정만 늘어놓는 모습을 보이고 있다. 분명히 기억해야 할 것은 충분한 준비 없이는 절대로 행복한 미래가 없다는 점이다.

당신의 인생 시계는 몇 시입니까?

통계청 자료에 의하면 '기대수명'은 한 아이가 태어났을 때 앞으로 살아갈 것으로 기대되는 평균 생존년수로, 2013년 기준으로 81.94년(남자 78.51년, 여자 85.06년)이라고 한다. '기대여명'이란 어느 연령에 도달한 사람이 그 이후 몇 년 동안이나 생존할 수 있는가를 계산한 평균생존년수를 말한다.

우리는 조기에 사망할 수도 있고 100세 이상 장수할 수도 있겠지만, 보통 사람들이 평균적으로 살아갈 날들을 생각해보고 그 시간을 준비하는 자세가 필요하다. 그렇다고 노후준비를 앞으로 생존할 것으로 기대되는 평균 생존년수인 기대여명에 맞춰 준비해서는 안 된다. 향후 장수한다면 낭패이기 때문이다. 모든 준비는 최악의 상황을 가정하여 준비해야 편안한 법이다.

[표 1-3] **연령별 기대여명**

구 분	30세	40세	50세	60세	70세	80세
전체 기대여명	52.64	43.01	33.67	24.76	16.43	9.53
남자	49.29	39.73	30.57	22.03	14.19	8.00
여자	55.64	45.92	36.34	26.96	17.98	10.26

(출처 : 통계청, 2013년 기준)

그러면 노후에 대비한 준비자금은 얼마나 필요한 것일까?

일부 보험사에서 노후생활을 위해 10억 원이 넘는 자금이 필요하다고 발표 하는 등 조사기관마다 다른 결과를 내놓아 혼란스럽기까지 하다. 보험회사 입장에서는 현재 부족한 금액을 보완하기 위해 연금상품 판매를 위한 용도로 과도하게 부풀리는 경향이 있어 일반 서민들의 심적 상실감이 커진 것도 사실이다.

취업포털 잡코리아가 2015년 3월 직장인과 자영업자를 대상으로 실시한 '노후준비 정도' 조사에서 월평균 노후자금으로 208만 원 정도가 필요하며, 전체의 47%가 자신의 노후를 떠올렸을 때 암담하고 불안한 기분이 든다고 답변했다. 또한 보건복지부와 현대경제연구원의 2012년 조사에서는 매월 320만 원의 연금을 수령하기 위해서 6억 원의 금융자산이 필요하다고 한다(가정 : 55세부터 80세까지 25년간, 할인율 4% 적용).

결국 여러 기관들의 조사를 종합해보면 은퇴 이후에 기본적인 삶을 위해서는 월 생활비 150~200만 원 수준, 안정적인 삶을 위해서는 월 생활비 약 300~350만 원 수준, 그리고 풍요로운 삶을 위해서는 월 생활비 500만 원 이상 준비하는 것이 일반적이다.

결국 저축에서 투자로

이제는 현실을 정확히 봐야 한다. 나의 의지와 상관없이 은행 정기예금에 안전하게 저축하고 기다리는 시대는 완전히 저물었다. 원금 손실 없는 안전투자만을 생각해서는 살아갈 수 없는 구조로 패러다임이 바뀌고 있다.

노령화에 평균수명의 증가, 그리고 내 집 마련에서 자녀 교육비까지 돈은 점점 더 오래 그리고 많이 필요한데 청년들의 취업난과 조기퇴직 등으로 돈을 버는 기간은 점점 더 짧아지고 있다. 이런 가운데 저금리로 인해 예금 이자는 줄어들고, 물가 때문에 돈의 가치는 점점 떨어지는 모습을 상상해보라.

[표 1-4] 금리 1% 포인트 하락 시 추가로 필요한 은퇴 자금

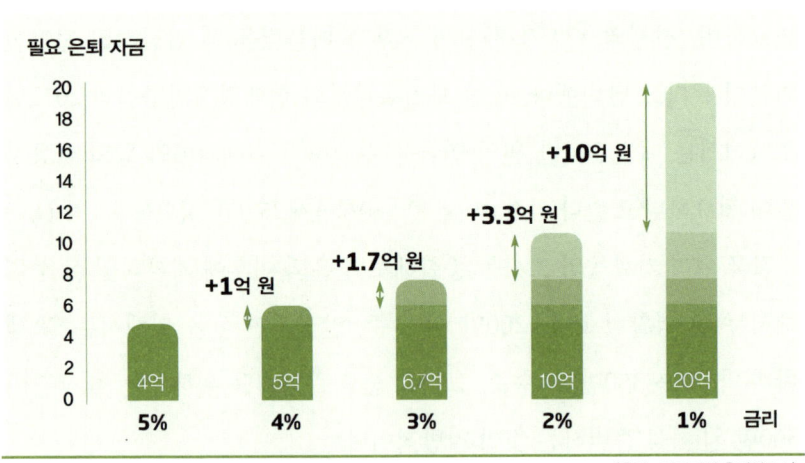

※ 연 2천만 원의 이자 소득 창출을 위해 필요한 은퇴자금 규모임.

(출처 : 미래에셋 은퇴연구소)
(단위 : 억 원)

수익률 1%의 차이가 필요 은퇴자금의 차이를 가져오며, 저금리로 그 차이는 점점 커진다. 예를 들어 노후에 연간 2천만 원의 이자 소득을 얻기 위해서는 수익률이 4%라면 5억 원의 은퇴자금이 필요하지만, 수익률이 1%라면 20억 원이 필요하다. 결국 노후의 생활 수준을 좌우하는 것은 수익률이므로 경제 상황과 투자자의 성향에 적합한 합리적 수익률을 추구해야 한다.

몇 년 전 정기예금 금리가 연 4% 내외일 때만 해도 비록 수익률은 낮아도 마음 편하게 조금씩 늘어가는 모습은 보였다. 하지만 지금처럼 1%대의 초저금리에서는 수비만 해서는 지킬 수 없도록 세상은 빠르게 변하고 있다. 최소한으로 현재 자산가치를 유지하기 위해서라도 작지만 꼭 필요한 것이 투자다.

하지만 투자에 있어서 반드시 기억해야 할 점은 세상에 공짜는 없다는 것이다. 이는 결국 위험을 감수해야 한다는 것으로 모든 투자에는 반드시 위험이 따르기 마련이다. 투자자의 기대수익이 높으면 위험도 커진다는 '하이 리스크-하이 리턴High risk-High return의 법칙'은 투자의 기본이다.

그렇지만 무조건 위험을 끌어안아야 하는 것은 아니다. 투자자에 따라 리스크를 감내할 수 있는 수준이 다르고, 이에 따른 기대수익도 달라지므로 본인의 성향에 맞는 적절한 상품을 선택하고 분산투자를 통해 위험을 최소화하도록 신경 써야 한다. 이제는 바뀐 세상에 맞춰 저축에서 투자로의 적극적인 마인드 변화가 자산관리의 첫걸음이다.

CHAPTER 1 · 투 자 로 돈 과 행 복 을 디 자 인 하 라

재무설계는 꿈을 이루는 설계도

　개인의 재무목표 달성을 위한 첫걸음은 재테크이다. 그러나 단순하게 재테크에만 머물러서는 안 된다. 아직도 많은 사람들은 '재테크 = 부자가 되는 길'이라는 환상을 버리지 못하고 있다.

　금융회사도 개별 금융상품에 대한 정보를 중심으로 상담이 이루어지며, 고객들도 특정 상품을 중심으로 높은 수익을 내줄 수 있는 상품을 추구하는 게 현실이다. 금융회사의 역할은 고객들을 재무적인 측면에서 적극 지원하기 위해 합리적인 투자 교육 및 방법을 제시해야 하는 것임에도 불구하고 단기 상품과 수익이 많이 발생하는 투자상품을 중심으로 소개하고 판매에 열을 올리다 보니 만기가 되면 또다시 그 시점의 인기 있는 상품을 권하는 단편적이고 단기적인 재테크에만 익숙해져 있는 것이 사실이다.

　대한민국에 펀드가 유행하기 시작하면서 시작된 '1억 만들기' '3억 만

들기' 열풍은 이런 연장선상에서 나온 마케팅이었을 뿐 부자가 되었다는 사람을 만나기는 하늘의 별 따기와도 같다.

재무설계 없이 재테크도 없다

그럼 왜 재테크가 아닌 재무설계가 필요한 것일까? 이 얘기를 바꿔 말하면 재테크로 부자가 될 수 없는 이유는 무엇일까?

구체적인 목표나 계획도 없이 무조건 따라하기 때문이다. 재테크의 가장 큰 목적은 돈을 많이 불리는 것이며, 말 그대로 돈을 버는 투자기술이다. 그런데 재테크라는 명목으로 짧은 기간에 최대 수익을 올리기 위해 위험 관리 없이 투기적인 활동에도 참여하고, 때로는 타인의 소문에 쉽게 흔들리면서 무조건 따라 하기도 한다. 또한 고수익과 대박의 환상을 가지고 단기 위주로 투자하는 경향도 있다.

재테크에 집중하는 사람들을 보면 투자할 때 물가상승률을 고려하지도 않으며, 노후자금 마련이 아닌 단기 계획에 집중해서 개별 상품의 투자에 집중한다. 돈이란 있으면 쓰기 마련이다. 그러다 보니 일단 급한 불부터 끈다는 심정으로 하나하나 해결해 나가다 보니 인생의 여유가 없이 매일매일 헐떡거리며 사는 처지가 되는 것이다.

이런 여러 가지 문제를 안고 있는 재테크 방식은 사회·경제적 변화 속에서 우리를 부자로 만들어주기는 어렵다. 그리고 돈을 버는 기술을 손쉽게 배울 방법은 없다. 따라서 우리는 저금리와 고령화 사회에서 자신에게 맞는 실질적이고 체계적인 돈 관리 방법을 찾아야 하는 것이다.

모든 사람들에게는 저마다의 꿈이 있다. 어떤 이는 은퇴 후에는 근교에 텃밭을 꾸민 별장을 갖고 싶다거나, 혹은 주말마다 골프를 치고 싶다는 꿈을 가진다. 자녀를 세 명 낳아서 여유롭고 다복하게 살고 싶은 사람도 있고, 못 해본 세계일주를 꿈꾸는 이도 있다.

수십 년이 걸릴 수도 있지만 전혀 불가능한 것은 아니므로 우리는 미래를 내다보고 준비하고 계획하는 자세가 필요하다. 그것이 바로 재무설계이다.

재무설계 Financial Planning는 개인의 자산과 부채, 소득과 지출을 효율적으로 관리함으로써 개인의 생애에 걸쳐 일어날 수 있는 다양한 재무목표, 즉 종잣돈, 교육자금, 주택자금, 결혼자금, 은퇴자금 등을 미리 설계하고 그 목표를 달성하기 위해 구체적인 자금 계획을 세워 꾸준히 실행하는 과정을 의미한다.

여행을 한다고 가정해보자. 국내의 당일 여행이라면 준비 없이 돈만 들고 출발해도 큰 무리가 없지만, 몇 달에 걸친 세계일주라면 우선 어디를 갈 것인지 목적지를 정하고 각 나라의 세부 정보까지 공부한다. 또 얼마나 여행할지, 어떤 방식으로 여행할지, 자금은 얼마가 필요한지, 그곳의 날씨는 어떠하며 필요한 준비물은 무엇인지 하나하나 꼼꼼하게 준비한 후에야 출발을 한다. 이런 긴 여행을 준비하는 것처럼 인생의 생애주기에 맞게 죽을 때까지 일어날 수 있는 다양한 재무목표를 하나하나 해결해나가는 과정을 재무설계라고 할 수 있다.

[표 1-5] 재테크 vs 재무설계 비교

구분	재테크	재무설계
목적	돈을 많이 늘리는(버는) 것	인생의 목표를 달성하는 것 (재무적 자유와 행복한 삶)
자산 증식의 목표	다다익선 추구	재무목표를 이루기 위해 필요한 자금
상품 선택 동기	상품의 이점	재무설계에 따른 목표 추구
과정	위험 관리 없이 돈을 더 증식시키는 과정으로 일부 투기의 위험성 내포	인생 전체에서 필요한 돈을 예측하고 그 돈을 체계적으로 준비하는 과정
특징	단기간 / 속도가 중요	장기간 / 방향이 중요

재무설계가 필요한 사람은 바로 당신!

재무설계에 대해 상담하다 보면 많은 고객들이 모아놓은 돈도 별로 없는데 무슨 재무상담이냐고 손사래를 치는 경우를 자주 보게 된다. 현재 금융회사들이 재무설계를 VIP 고객들을 대상으로 한 마케팅 수단으로 활용하다 보니 일반 고객들이 오해하는 경우가 발생하는 것이다. 솔직히 돈이 많은 부자들은 거래하는 변호사나 세무사도 있고 굳이 재무설계 서비스를 받지 않더라도 충분히 본인의 노후준비 등을 책임질 수 있다.

실질적으로 재무설계가 필요한 사람은 사회초년생이나 중산층 이하 서민들이라고 할 수 있다. 모아둔 돈도 없고 향후 소득이 급격히 늘어날 것이 아니기 때문에 사회보장제도가 부실한 대한민국에서 어떻게 100세까지 살아갈 것인가를 고민하기 위해 재무설계의 첫걸음을 내디뎌야 한다.

CHAPTER 1 · 투 자 로 돈 과 행 복 을 디 자 인 하 라

인생의 그래프를 먼저 그려라

생애주기에 따른 재무목표를 설정하라

 펀드와 같은 투자상품에 투자하는 중요한 이유는 무엇일까? 많은 사람들이 높은 수익률을 올리기 위해서라고 대답할 것이다. 그렇다면 높은 수익률을 올려 무엇을 하려고 하는 것일까? 그것은 내 집 마련이나 노후자금 등과 같은 생애주기에 걸친 재무목표에 맞닿아 있다.
 따라서 중요한 것은 수익률이 아니라 재무목표의 달성이다. 그런데 많은 사람들은 높은 수익률만 올리면 재무목표는 저절로 달성될 것으로 착각하는 경향이 있다. 분명 높은 수익률은 재무목표를 쉽게 달성할 수 있도록 도와주지만 그것이 다는 아니다. 기본적으로 높은 수익에는 큰 위험이 함께할 수밖에 없고, 그에 대한 적절한 준비가 없다면 한순간에 모든 것이 사라지는 불상사가 발생할 수도 있다. 현실적으로 자신의 재무

목표를 구체적으로 정하기보다는 막연하게 생각하는 경우가 많다. 여유자금을 계속 늘려가면 되겠지 하는 생각에 막연하고 모호하게 운용하다 보니 그때 당시의 유행 상품을 좇게 된다.

　재무설계를 할 때 인생 생애주기가 중요한 이유는 생애주기에 따라서 개인의 소득과 지출이 달라지며 그 단계별로 기본적으로 필요한 자금들이 있기 때문이다. 이에 따라 수입이 많은 시기에 충분히 준비하여 부족한 시기에 대비하는 일련의 준비활동이 재무설계라고 할 수 있다. 인생을 살다 보면 시기별로 다양한 재무목표들이 나타나고, 이러한 목표를 달성하기 위해서 투자는 어떻게 해야 할지, 세금은 어떻게 줄일지, 노후 준비는 어떻게 할지 등을 계획해야 한다.

　따라서 재무설계의 영역도 그에 맞춰 투자설계, 부동산설계, 세금설계, 은퇴설계 등 다양하게 구성된다. 특히 고령화가 점점 가속화되면서 미리미리 준비하지 않으면 노년기에 어려움을 겪게 되므로 전 생애에 걸쳐 소득과 소비를 고려한 재무설계가 중요해지고 있다.

　재무설계의 시작은 본인의 소득으로부터 출발한다. 소득에 대한 정확한 인식의 전환이 필요하며, 그 소득의 적절한 배분과 효율적인 소비의 실천이 중요하다. 앞으로도 계속 강조하겠지만 1%의 수익률을 더 올리는 것보다 1천 원의 소비를 줄이는 것이 더 쉽고 효율적이기 때문이다.

　재무설계는 개인의 재무목표를 구체적으로 세우는 것에서부터 시작한다. 어떤 인생을 살아가기 위해서 얼마만큼의 돈이 필요한지, 그리고 그 돈을 모으기 위해 어떻게 투자할지를 계획하는 것이다. 이를 위해서는 본인의 현재 재무 상태와 현금흐름을 파악하는 것이 우선이다.

생애주기별 재무목표는 현실 가능한 범위 내에서 명확한 수치로 구체화되어야 한다. 그리고 여러 가지 재무목표 중 우선순위를 정해야 한다. 본인의 소득과 자산은 한정적인 데 반해 하고 싶은, 그리고 해야 할 재무목표는 많을 수밖에 없다. 따라서 재정적인 상황에 따라 몇몇 재무목표는 포기하거나 변경하는 등 재조정도 필요할 것이다.

하지만 목표는 크고 현실은 너무 작은 상황이 대부분으로, 그것을 맞추려면 공격적인 투자를 통한 고수익을 추구하는 재테크에 매몰될 수도 있다. 이때는 전문가와의 상담을 통해 현실 상황을 감안하여 실현 가능한 재무목표를 설정하고 목표를 위해 지속적으로 투자해야 한다. 또한 정해진 재무목표는 최소한 1년에 한 번 정도는 정기적인 점검을 통해 모니터링을 해야 한다. 개인의 상황이나 여건 등 다양한 변화가 일어나므로 그에 맞게 적절한 리모델링이 필요하다.

[표 1-6] **인생 생애주기에 따른 재무목표**

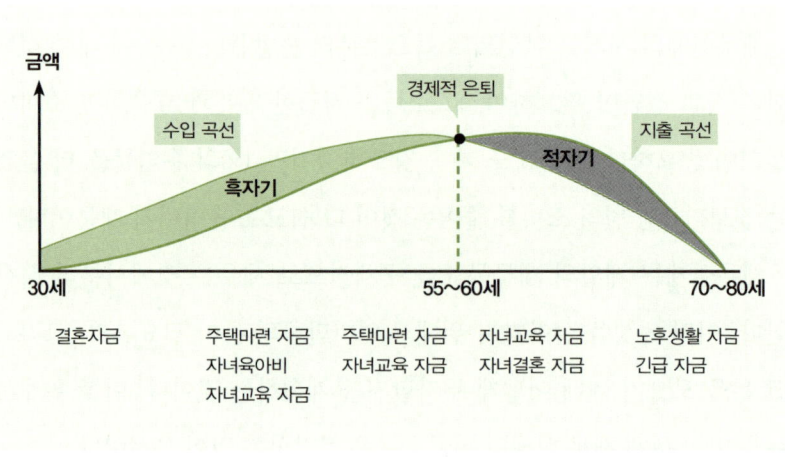

스스로 돈과 행복을 디자인하라

이제 시작하는 사회초년생이라면 하고 싶은 일도 많겠지만 현실은 첫 걸음을 내딛는 당신에게도 가능한 빨리 인생의 재무설계를 시작하라고 외치고 있다. '때가 되면 어떻게든 되겠지'라는 근거 없는 낙관이나 '에이 모르겠다. 될 대로 되라'는 자포자기를 하기엔 빈손으로 살아야 할 인생이 너무 길다. 오늘의 즐거움은 미래의 불행이며, 오늘 준비해야 내일이 행복한 법이다. 세계적인 동기부여전문가 브라이언 트레이시Brian Tracy는 '목표가 없는 사람은 목표가 분명한 사람을 위해 평생 일하는 종신형에 처해진다'고 말했다. 목표의 중요성을 인식하고 그에 따른 구체적인 계획을 준비해야 한다. 스스로 자신의 삶을 디자인할 때 그만큼 달성 가능성이 높아진다.

인생 100세 시대를 어떻게 준비할 것이지 답답하고 걱정이 될 때 이를 해소할 수 있는 방법 중 하나는 생애주기에 맞춘 '인생의 재무계획표'를 직접 작성하는 방법이 있다.

인생의 재무계획표는 자신과 가족의 인생에서 앞으로 일어날 중요한 재무 이벤트(결혼, 입학, 주택 구입 등 개인의 재무목표)가 언제 생길지를 미리 예상해보고, 각 이벤트에 필요한 자금이 얼마인지를 예상하여 어떻게 준비할지 계획을 세우는 인생 계획표를 말한다. 이를 통해 각 시기별 재무목표를 고민하고 준비하는 출발점으로 삼는다면 막연한 불안감을 해소하고 계획을 수립하여 준비할 수 있는 것이다.

그러고 나서 재무목표의 우선순위를 정하고 대략적인 필요자금을 산출한 후 추가 금액을 마련하기 위한 구체적인 실천 방안을 수립해야 한다. 자신의 인생에 맞게 스스로 디자인하는 노력이 작은 부자의 시작이다.

[표 1-7] 김○○님의 인생 재무계획표

• 재무이벤트 기본 계획

연도		2015	2016	2017	2018	2019	2020	~	2025	~	2030	~	2035	~	~
경과년수		현재	1	2	3	4	5		10		15		20		
가족나이	김대한	45	46	47	48	49	50		55		60		65		
	박영희	42	43	44	45	46	47		52		57		62		
	김사랑	17	18	19	20	21	22		27		32		37		
	김민국	15	16	17	18	19	20		25		30		35		
이벤트	부부			20주년							퇴직				
	김사랑			대학입학					결혼						
	김민국					대학입학					결혼				

• 재무이벤트 세부 운용 계획

재무이벤트	재무목표 우선순위	필요시기	현재 마련자금	추가 필요자금	구체적 실행방안 (금융상품 등)
대학등록금	1	2017년	1,000만 원	5,000만 원	적립식 펀드 월 50만 원 자동이체
딸 결혼자금	2	2025년		7,000만 원	저축보험 월 70만 원 10년납 신규 가입
은퇴자금	3	2030년	3,000만 원	9,000만 원	연금저축보험 월 50만 원 20년납 (2010년 신규 가입)

• 기타 정보

퇴직 예상나이	60세(2030년)
노후 희망 월생활비	300만 원

전문가를 활용하라

재무목표를 세우는 일은 사실 혼자서 하기가 쉽지 않다. 그러므로 전문가의 도움을 받는 것이 좋다. 재무목표를 수치화하기 위해서는 물가상승률, 투자 기대수익률 등 각종 가정과 데이터가 필요하며, 구체적인 계획이 확정되어야 가능하므로 금융회사 전문가의 도움을 받는 것이 좋다. 따라서 자산관리 전문가와 깊이 있는 상담을 통해 재무목표를 명확하게 세우는 것이 현명한 방법이다.

현재 대부분의 금융회사에서는 자산관리를 위한 재무설계와 100세 시대 맞춤형 노후설계를 위한 서비스를 홈페이지에 구축하여 고객들이 활용할 수 있도록 준비해놓고 있으며, 저금리에 경쟁이 과열되면서 자산관리 분야의 중요성을 더욱 인식하고 직원들에 대한 교육을 강화하고 있다.

하지만 온라인을 활용한 재무설계의 활용은 정확한 설계가 쉽지 않고 자의적으로 해석하여 설계할 가능성이 높으므로 은행 창구를 직접 방문하여 전문가와 함께 구체적인 상담을 진행하는 것이 훨씬 효과적이다.

한편 보험회사는 예전부터 위험에 대한 보장에서부터 은퇴설계까지의 인생 자산에 대한 재무설계를 해왔던 경험을 바탕으로 은행보다 다양하고 세부적인 설계가 가능하다. 다만 과거에 FP들이 보험 가입을 위한 도구로 활용되던 기억들이 존재하고 있어 다소 거부감을 느끼기도 하지만 한 번쯤 재무설계를 통해 다양하게 비교·검토해보는 것도 좋은 방법이다. 생애 재무설계는 필요성을 느낀 바로 지금이 최적의 타이밍이다.

CHAPTER 2

작은
디딤돌,
종잣돈을
만들어라

돈은 어떻게 쓰고 활용하느냐에 따라 씀씀이가 달라지며, 또한 마음가짐을 어떻게 가지느냐에 따라 달라진다. 어려운 시대를 살아가기 위해서는 사회초년생에게 종잣돈은 필수이다.

CHAPTER 2 · 작은 디딤돌, 종잣돈을 만들어라

작은 부자를 꿈꾼다

　돈이 인생의 전부는 아니지만 살면서 없어서는 안 될 가장 중요한 존재라는 것에는 누구나 공감할 것이다. 한편으로 돈을 너무 밝히면 속물이라고 얘기하고, 그래서 돈에 너무 얽매이면 안 된다고 얘기하는 사회적 인식 때문에 우리는 돈에 대해 이중적인 태도를 취하고 있다.
　그러나 인생 계획은 한마디로 돈에 대한 계획이다. 돈이 많아서 행복한 것이 아니라 부자이기 때문에 행복하다는 얘기가 있다. 어려운 시대를 살고 있는 지금, 돈은 행복의 문으로 들어가기 위한 작은 열쇠이며, 작은 행복들이 모여 한 가정의 삶을 밝혀주는 등불이 될 것이다.
　그렇다면 과연 얼마나 있어야 우리는 부자라고 할 수 있을까?
　부자에 대한 절대적인 기준은 없지만 세계적으로 볼 때 '미화 1백만 달러 이상의 투자자산을 보유한 개인'이라고 정의하기도 하고, KB금융지주 경영연구소의 「한국 부자 보고서」에서는 거주나 투자용 부동산 등 실물자산을 제외한 금융자산 10억 원 이상을 보유한 개인으로 정의하고 있다. 이 조사에 따르면 2014년 말 기준으로 전체 국민의 상위 0.35%인 약 18만 2천 명으로 추정되고 있다.

부자가 되면 경제적인 자유를 통해 가족에게 안정과 행복을 가져다줌으로써 인생을 좀 더 풍요롭게 살 수 있다. 또한 재무적 안정감은 삶의 자신감으로 나타나며, 본인이 희망하는 인생을 펼칠 수 있도록 도와주는 선순환이 이루어진다.

우리의 부모 세대들은 상당히 우호적인 외부 환경, 즉 부동산 불패 신화와 고금리라는 복리 효과를 통해 어렵지 않게 부를 축적할 수 있었다. 하지만 요즘 세대에게 주택을 제외하고서라도 10억 원이라는 돈은 한 푼도 안 먹고 안 써도 20년 이상을 꼬박 저축해야 하는 엄청난 금액이다. 주택 가격은 올라가고 평균수명은 증가하는 현실 속에서 과연 이 시대의 부자로 살아가는 방법은 없을까?

작은 부자가 되어야 한다

큰 부자가 아닌 '작은 부자'가 되어야 한다. 작은 부자는 가족과 함께 인생을 살아가면서 발생하는 각종 재무목표들을 충분히 해결하면서 더불어 기부와 봉사도 할 수 있는 여유가 있는 사람을 말한다. 필요한 돈이 준비되어 있다는 심리적 안도감과 삶의 여유가 있는 안정적인 생활을 이루어가는 사람이다. 여기서 안정적인 생활이란 경제적으로 자유로운 사람, 즉 스스로 생각하거나 남이 보기에 궁색하지 않고 경제적으로 독립되어 있는 상태를 의미하며, 더 나아가서 자신이 하고 싶은 일을 하는 행복한 사람이다.

돈은 어떻게 쓰고 활용하느냐에 따라 씀씀이가 달라지며, 또한 마음가짐을 어떻게 가지느냐에 따라 달라진다. 무조건 많이 모으는 것이 능사가 아니라 본인의 재무목표에 맞게 적당하게 준비하고 한정된 범위 안에서 적절하게 운용하는 것이 무엇보다 중요하다.

이와 함께 부자의 기본 덕목 중 하나는 남에 대한 배려다. 함께 더불어 살아가는 시민사회에서 기부와 봉사는 마음의 풍요를 가져오고 사회를 따뜻하게 만든다.

큰 부자는 하늘이 만들고 작은 부자는 스스로 만든다는 말이 있다. 우리에겐 큰 부자의 행운이 따르지 않을지라도 인생의 균형을 유지하면서 살 수 있는 작은 부자는 지금부터 작은 준비와 노력으로 누구나 될 수 있다. 결국 돈을 버는 방법보다 돈을 다루는 방법, 이것이 바로 재무설계의 첫걸음이며, 작은 부자의 시작이다.

CHAPTER 2 · 작은 디딤돌, 종잣돈을 만들어라

절약에는 리스크가 없다

착각의 늪에서 벗어나라

많은 금융소비자들이 금융회사와 거래하면서 스스로 비교해보고, 직원과 상담을 통해 올바른 선택을 한다고 생각하지만 많은 이들이 숫자의 함정에 빠져 있는 모습을 자주 보게 된다. 아무리 높은 수익률이나 혜택이라도 금융소비자 본인에게 실질적으로 돌아오는 혜택이 중요하다. 하지만 사람인지라 광고나 마케팅에 현혹되어 최고 수익률이나 혜택에만 눈이 돌아가 스스로 착각의 늪에 빠져버리는 것을 경계해야 한다.

그 대표적인 몇 가지 사례를 살펴보자.

우선 수익률의 정확한 개념을 생각해야 한다. 금융회사가 제시하는 수익률은 기본적으로 연 수익률이며, 세금 공제 전 수익률이다. 증권사 등에서 홍보하는 '하루만 맡겨도 3%'의 의미는 하루에 3%를 준다는 의미가 아니라 1년으로 환산했을 때를 의미한다.

'정기예금 연 2.0%'라는 말은 만기가 되는 1년 후에 이자소득세를 납부하기 이전 연 2.0% 수익률을 의미하며, 고객의 손에 쥘 수 있는 실제 수익은 2.0%에서 이자소득세(주민세 포함) 15.4%를 뺀 1.69%이다. 하지만 이 돈의 실질 금리는 1.69%가 아니다. 왜냐하면 돈의 가치는 물가상승률에 따라 달라지기 때문이다. 결국 소비자물가상승률이 1.5%라고 가정한다면 실질 금리는 0.19%가 된다.

그리고 적금의 금리와 예금의 금리를 구별해야 한다. 예금은 처음 가입할 때 일정 금액을 한꺼번에 넣어두고 만기까지 유지함에 따라 정해진 금리를 계속해서 지급하지만, 적금은 매달 정해진 월부금을 입금함에 따라 넣어놓고 있는 기간이 월별로 점점 줄어들게 된다. 이에 따라 적용하는 수익도 매월 기간별로 달라짐에 따라 같은 금리라고 해도 투자원금 대비 실질적인 수익률은 명목금리 대비 절반 수준밖에 되지 않는다.

적금 금리가 정기예금 금리보다 2배 가까이 높다고 무조건 좋은 것이 아니다. 두 상품은 예치 조건이 전혀 다른 상품임을 인식해야 한다. 상대적으로 낮은 금리보다는 좋지만, 생각했던 수익에 대비하여 실망이 클 수 있음에 유의해야 한다.

하지만 투자상품인 펀드의 수익률은 다르다. 펀드는 투자된 원금 대비 얼마만큼의 수익이 발생했는지에 따라 표시하는 세금공제 전 수익률이다. 일부 금융회사에서 펀드의 수익률을 연 환산수익률로 부풀려 홍보하며 상품을 권유하는 사례가 있지만 절대 현혹되어서는 안 된다. 안전한 저축 상품들은 약정금리를 기간에 따라 제공하지만 펀드 등 투자상품은 기간에 따른 수익이 아니라 시장 상황에 따라 전체 투자금액에 대해 매일매일 수익이 달라지므로 연 환산수익률로 안내하는 것은 맞지 않다.

또 다른 광고의 사례를 보자.

각종 대부업체들이 하는 광고 중에 '대출이자 30일 무이자 혜택'이 있다. 대부업체들은 땅 파먹고 장사하지 않는다. 그리고 30일 만에 무이자로 전액 상환받지도 않는다. 그들은 은행의 3~4%대의 대출과 비교해서 법정 상한금리인 34.9%의 고금리로 당신을 헤어나오지 못하도록 만들고 있다. 전화 한 통화로 1분 만에 대출이 가능하다는 광고에 쉽게 흔들리는 사람은 신용이 낮고 금융지식이 부족한 경우가 대부분이다. 쉬운 만큼 더 높은 금리를 부담해야 하며, 모르는 만큼 쉽게 접근하게 되는 것이다.

'100만 원 대출 시 1일 이자 부담 700원이면 OK'라는 광고는 얼핏 보면 대출이자가 껌값밖에 안 된다는 편한 마음이 생길 수도 있지만 자세히 보면 대출이자율이 25%가 넘는 고금리 대출로, 금액이 커졌을 때는 엄청난 부담으로 다가올 수 있다. 여기에 이런 대출의 사용이 개인의 신용도를 떨어뜨린다는 것을 알아야 한다. 상품판매 기법 중에 고객의 부담은 최대한 쪼개서 금액을 적게 하고, 고객의 혜택은 최대한 크게 보여주는 방법을 활용하는 사례이다.

솔직히 금융소비자들을 위해주는 사례는 찾아보기 힘들다. 판매자 측에서는 하나라도 더 팔아야 한다는 생각 때문이다. 아직까지도 금융소비자를 판매의 대상으로, 그리고 이익을 창출해주는 소비자로 생각하고 판매가 이루어지는 사례가 많이 발생하고 있다. 그러므로 숫자의 함정에 빠져 착각하지 않도록 꼼꼼히 챙겨보고 본인에게 직접적으로 제공되는 혜택이나 이익을 확인하고 투자해야 한다.

절약은 재테크 0순위

절약이라는 단어를 얘기하면 어른들은 굴비를 천장에 달아놓고 밥을 먹었다는 '자린고비 이야기'를 떠올리지만 젊은이들은 무슨 고리타분한 소리냐면서 '돈이 있어야 절약을 하지!'라고 짜증부터 내는 것이 요즘의 현실이다.

인생에서 돈을 버는 방법은 4가지가 있다고 한다.

첫째는 부잣집에 태어나는 것이고, 둘째는 부자와 결혼하는 것이며, 셋째는 복권에 당첨되는 것이다. 하지만 이것들은 쉽게 만날 수 없는 먼 얘기일 뿐이고 마지막 남은 현실적인 한 가지는 저축 또는 투자다. 요즘 같은 초저금리 시대에 저축으로는 부자가 되기 힘들다며 무조건 높은 수익률을 좇아 투자에 집중하는 모습을 보며 조그마한 아쉬움이 생긴다.

A, B 그리고 C는 회사 입사 동기로 300만 원씩 월급을 받아 투자했다.

A는 적극적인 투자자로 매월 100만 원을 주식형 펀드에 투자하여 1년 후 총 10%의 수익이 났다. 이자 120만 원을 포함하여 총 13,200,000원을 손에 쥐게 될 것이다.

B는 안정적인 투자자로 매월 100만 원씩 1년 만기 연 3%짜리 정기적금에 저축했다. 이자 195,000원을 포함하여 12,195,000원을 손에 쥐게 될 것이다.

C는 용돈과 생활비를 줄여 남은 돈 10만 원을 포함하여 매월 110만 원을 1년 동안 CMA나 MMF(수익률 1.5%로 가정)에 차곡차곡 모아놓았다. 이자 107,250원을 포함하여 13,307,250원이 된다.

여러분이라면 어떤 방식이 더 낫다고 생각하는가?

A는 높은 리스크를 감수하면서 적극적인 투자를 통해 다행히도 10%라는 높은 수익을 얻을 수 있었다. 하지만 시장 상황이 좋지 않았다면 정반대의 결과도 가져올 수 있는 것처럼 투자에는 위험이 따르게 마련이다. 그래서 많은 사람들이 B와 같이 안정적인 상품에 낮은 수익률일지라도 투자하는 것이 일반적인 모습이다.

하지만 C와 같이 생활비 등의 절약을 통해 그만큼의 여유자금을 투자한다면 위에서 보는 것처럼 편안하게 투자하면서도 가장 좋은 투자 결과를 가져올 수 있다. 즉 10%의 수익률을 올리는 것보다 10%를 아끼는 것이 훨씬 쉽다는 이야기다.

더구나 절약을 통해 얻는 여유자금은 리스크가 전혀 없다. 투자상품은 항상 위험에 노출되어 내 의지와 상관없이 외부의 움직임에 따라 기대수익을 보장받을 수 없지만, 절약은 내가 스스로 상황을 통제할 수 있고 절약한 만큼이 원금에 투자되므로 가장 투자 수익률이 높은 재테크 0순위인 것이다.

절약을 이기는 투자 전략은 없다

그러면 어떻게 효과적으로 절약을 실천할 수 있을까?

먼저 순간의 인내가 지출을 줄인다는 점을 명심해야 한다. 소비를 통제하는 것은 가장 기본적이고 효율적인 가정 경제의 관리 방법이다. 시작은 불편하고 힘들겠지만 독하게 마음먹고 절약을 실천해야 한다. 3초만 참으면 지출을 줄일 수 있다.

그리고 이제는 아끼는 절약에서 현명한 소비로 전환해야 한다. 옛날에는 정말 가진 게 없어서 절약이 모든 진리라고 인식하고 살았지만 세상이 변하면서 금융소비자들의 저축에 대한 마인드도 많은 변화를 보여주고 있다. 지금은 종잣돈을 만들어 향후 안정적인 삶을 살아가기 위한 수단으로서의 절약이 필수가 아닌 선택사항이 되고 있다. 그러기 위해서는 가진 돈의 범위 내에서 소비를 계획하고, 그 계획에 맞춰 물건을 사거나 서비스를 이용하는 현명한 소비가 필요하다.

마지막으로 반드시 가족과 함께해야 한다. 저축과 소비활동은 본인 혼자만의 노력으로는 이루어지지 않는다. 요즘 젊은 부부들 중에는 각자 벌어서 공동생활비만 제외하고 서로 간섭하지 않으면서 생활하는 경우를 많이 보는데, 인생을 함께 살아가는 부부라면 머리를 맞대고 함께 공통의 재무목표를 설정하고 계획하여 실천해야 한다.

CHAPTER 2 · 작은 디딤돌, 종잣돈을 만들어라

돈의 씀씀이 나들목을 지켜라

작은 습관이 큰 결과를 가져온다

요즘 젊은이들은 내 집 마련보다는 자동차에 집중하는 경향이 있다. 주택 마련이 그만큼 어렵기 때문에 일찌감치 포기하고 현재의 삶에서 여유를 즐기면서 사는 모습이 부럽기도 하고 안쓰럽기도 하다. 미래에 대한 준비를 주택 마련으로 한정 지을 수는 없지만 너무 쉽게 포기해버리면 미래에 대한 준비가 소홀해질 수밖에 없기 때문이다.

저축과 투자를 시작하고 나서 가장 멀리해야 할 항목 중에 하나가 자동차이다. 자동차는 한마디로 돈 먹는 하마와도 같다. 멋과 기분으로 구입하는 물건치고는 너무도 쉽게 저축과 담을 쌓도록 하는 물건으로, 이제는 차를 빼놓고 가계 지출을 논할 수 없는 시대가 되었다.

그럼, 자가용을 구입한다고 가정해보자.

제일 먼저 차량 구입 비용과 자동차보험료가 필요하며, 매달 유류비, 수리비 등의 관리비, 자동차세 등 엄청난 돈이 들어가기 시작한다. 요즘은 젊은 층도 중형차로 시작을 하고, 또 목돈이 없더라도 할부거래로 손쉽게 구입할 수 있다 보니 매달 높은 할부이자와 함께 원리금이 빠져나가서 저축할 여력이 줄어들게 된다.

예를 들어 2,000cc급 중형차를 구입하여 평균 보유 기간 7년 시점에 중고차로 매각하는 조건으로 단순 계산해보면 평균적으로 매년 724만 원을 길에 뿌리고 다니는 결과와 같고, 7년간 이 돈을 저축했다면 5천만 원이 넘는 자금을 모을 수 있다. 자동차 자체의 가격도 문제지만 더 심각한 것은 시간이 흐름에 따른 교체비용 등 관리비용 증가와 함께 자가용 운영에 따른 씀씀이가 더욱 커짐에 따라 소비가 급증한다는 점이다.

또 하나의 예를 들어보자.

2015년이 되면서 담뱃값 인상에 따라 금연 열풍이 불었으나 그것도 잠시 다시 세수가 급증한다는 뉴스를 접하며 저축도 어렵지만 금연은 더 어렵다는 생각을 하게 되었다. 하지만 매일 담배 1갑(4,500원)씩 피우는 30세 직장인이 금연을 하고 5%로 계속 투자를 하는 경우 60세가 되면 총 1억 1,622만 원을 모을 수 있다. 그리고 이 돈으로 그 이후 30년간 연금을 수령하면 매달 63만 원을 수령할 수 있는 엄청난 노후자금이 될 수 있다.

이외에도 우리가 흔히 마시는 별다방 커피 등도 문화적·정신적 풍요를 가져올 수 있지만 조금만 줄여서 투자한다면 담뱃값의 사례처럼 엄청난 노후자금이 될 수 있다.

여기서 중요한 사실은 돈을 효과적으로 잘 굴려서 수익을 내는 것 못지않게 아끼고 절약하는 기본 마인드가 필요하다는 점이다.

마시멜로 실험 이야기

미국 스탠포드 대학의 교수이자 심리학자인 월터 미셸(W. Mischel) 박사의 유명한 마시멜로 실험 이야기를 들어봤을 것이다. 마시멜로를 먹지 않고 오래 참은 아이일수록 참지 못하고 먹은 아이들보다 전반적인 삶이 훨씬 우수하고 학업에서 뛰어난 성취도를 보였으며, 그 이후에도 성공적인 중년의 삶을 살았다고 한다. 이처럼 더 큰 만족을 위해 현재의 욕망을 참아내고 기다릴 수 있는 힘, 자기 통제력이 바로 '만족지연능력(Delay of Gratification)'이다. 이 실험 결과는 어릴 때의 만족지연능력이 어른이 되었을 때의 삶의 질을 결정한다는 것이다.

그리고 두 번째 실험에서는 마시멜로 그릇의 뚜껑을 덮어놓은 것만으로도, 즉 마시멜로를 보지 않는 것만으로도 아이들이 먹지 않고 기다리는 시간이 거의 2배 가까이 길어졌다고 한다.

자동차나 커피 등 현재의 마시멜로에 빠져 있다 보면 미래를 준비할 여력도 없어진다. 본인이 갖고 싶다는 욕망을 잘 이겨내지 못한다면 두 번째 실험처럼 외부 환경, 즉 교육을 받거나 가족의 도움을 받아서라도 자기통제력을 높이는 훈련이 필요하다. 미래의 더 큰 만족을 위해서 절약하는 습관을 몸에 배도록 애쓰는 작은 노력들이 필요하다.

현명한 소비습관을 키워라

현명한 소비습관을 키우기 위한 몇 가지 실천사항을 정리해보자.

첫째, 가계부를 작성한다.

가계부를 작성하는 가장 큰 이유는 자신의 수입과 지출을 객관적으로 돌아봄으로써 고정지출과 변동지출의 현황을 파악하려는 것이다. 그것을 통해 줄일 수 있는 항목을 찾고 효과적으로 지출을 통제할 수 있기 때문이다. 세부적으로 작은 돈까지 자세하게 작성하는 것도 좋지만 현실적으로 그렇게 작성하다 보면 쉽게 지쳐 금방 그만두는 경우를 자주 보았다. 그러므로 너무 자세하게 적는 것보다는 가계부의 항목을 단순화하여 최소 6개월 정도 작성하며, 반드시 월 1회씩 종합적으로 지출 현황을 파악해야 한다.

가계부를 쓰면서 자신의 수입과 지출을 정리해보면 반드시 써야 할 고정지출이 있고, 필요에 따라 쓰는 변동지출 항목이 있다. 그리고 계속 작성하다 보면 가용자산이 마이너스이거나 플러스라고 하더라도 본인의 재무목표 달성이 어렵다는 것을 알게 된다. 현실을 인식하게 되면 본인의 지출 현황을 되돌아보면서 지출을 줄일 수 있는 항목을 찾고 줄이려는 노력을 시작하게 된다.

예전에는 종이 가계부를 많이 사용했으나 구하기도 힘들고, 또 스마트폰이 대세다 보니 스마트폰 가계부 애플리케이션(네이버 가계부, 편한 가계부, 똑똑 가계부 등)을 많이 사용하고 있다.

둘째, 개인의 재무상태표와 현금흐름표를 작성한다.

재무상태표는 기업의 재무제표 중 대차대조표와 같이 개인이 가지고 있는 모든 자산의 상태를 한눈에 볼 수 있도록 정리하여 현재의 순자산 규모를 알아보는 것이다. 자신의 정확한 현재 상황을 파악해야 향후 어떻게 관리해 나갈지를 판단할 수 있기 때문이다.

재무상태표는 일정 시점에서 개인의 재무 상황을 나타낸 표로, 자산의 현황, 자산 크기, 전년 대비 순자산이 얼마나 증감했는지를 파악하기 위한 것으로 1년에 한 번 정도 작성한다. 순자산은 자산에서 부채를 뺀 순수 자산으로 이를 늘리기 위한 노력이 필요한 것이다. 이와 함께 유동성을 위한 비상 예비자금은 즉시 현금화가 가능해야 하며, 고정지출과 변동지출을 더한 금액의 3~6개월 수준의 금액이면 충분하다. 그리고 총자산 대비 총 부채의 비율은 가능한 40%를 넘지 않도록 한다.

[표 1-8] **개인 재무상태표**

자산		부채	
입출금통장	50	전세자금대출	3,000
적금	500	마이너스통장	500
주택청약저축	300		
펀드	1,000		
연금보험	800	순자산	6,150
전세보증금	7,000		
합계	9,650	합계	9,650

(단위 : 만 원)

현금흐름표는 가계부를 근거로 매월 작성하며, 수입과 지출을 한눈에 알기 쉽게 정리한 표이다. 월간 수입과 지출의 흐름을 파악함으로써 자신의 생활 수준과 저축 능력을 파악하고, 재무적으로도 문제가 없는지 파악함으로써 저축을 늘리기 위한 활동이다. 한국은행 통계자료에 의하면 우리나라 가구당 평균 저축 비율이 총소득의 20~30% 수준으로 나타나고 있고, 재무설계 책에서는 적정한 저축 비율을 총소득의 20% 이상으로 정하고 있으나, 사회초년생의 경우에는 종잣돈 마련을 위해 월급의 절반 이상을 저축하는 노력이 필요하다.

또한 가정에서 재무상태표와 현금흐름표를 작성할 때는 부부가 함께하는 것이 좋다. 부부가 가정의 재무 상황에 대한 문제를 함께 인식하고 해결방안을 모색하며, 재무목표 달성에도 동기부여가 되어주기 때문이다.

[표 1-9] **현금흐름표**

수입		지출	
급여	250	저축	50
		생활비	60
		대출이자	20
		공과금 등	30
		학원비	70
		기타	20
합계	250	합계	250

(단위 : 만 원)

셋째, 월급 강제시스템을 동원하라.

순자산을 늘리려면 투자를 통해 높은 수익률을 올리는 방법도 있지만 기대수익률이 높으면 리스크도 커지는 법이다. 그러므로 가장 안전하고 쉬운 방법은 지출을 줄이고 저축을 늘리는 방법이다. 급여일에 맞춰서 세금뿐만 아니라 저축이나 투자하는 통장의 자동이체 등록을 한다. 최소한 급여일이나 다음 날까지는 자동이체 등록을 해놓는다. 설령 공휴일이 걸리더라도 일반적으로 급여는 전일에 들어오고, 은행의 전산시스템은 공휴일 다음 날 이체가 되므로 같은 날짜로 해놓는 것이 좋다.

필요한 곳에 모두 소비하고 남은 여유자금으로 저축을 하려고 하면 남는 돈은 절대 없다. 일단 저축부터 자동이체로 실행하고 남은 돈으로 소비하는 습관을 가져야 한다.

CHAPTER 2 · 작은 디딤돌, 종잣돈을 만들어라

당장 종잣돈부터 만들어라

우물에서 물을 퍼올리려면 먼저 펌프에 한 바가지 정도 물을 부어주고 나서 펌프질을 시작해야 한다. 이처럼 펌프에서 물을 끌어올리기 위해 붓는 한 바가지의 물을 '마중물'이라고 한다. 재무목표 달성을 위한 마중물이 바로 종잣돈이다.

종잣돈은 씨앗이 되는 돈이다. 좋은 열매를 맺기 위해서는 튼실한 종자가 그 기반이 되는 것처럼 우리의 재무목표를 달성하기 위해서는 종잣돈이 씨앗과 같은 기반 역할을 해주는 것이다. 한마디로 정의하면 향후 발생할 수 있는 각종 재무목표를 달성하기 위해 모으는 최초의 목돈이 되는 셈이다.

재무목표 달성을 위한 첫걸음, 종잣돈이 중요한 이유는 무엇일까?

종잣돈은 미래를 위한 소중한 자금임을 인식하고 투자하기 때문에 높은 수익률을 좇아 공격적인 투자를 하기보다는 합리적인 수익률을 추구하며 안정적인 투자를 하게 된다. 그러다 보니 고수익에 대한 욕망을 자제시키고, 원금을 최대한 지키면서 객관적인 시각으로 분석하고 공부하면서 투자하는 학습의 도구이며, 훈련의 과정이다. 따라서 종잣돈으로 목돈을 만들어야 자산을 크게 굴릴 수 있다.

직장 동료인 A는 1천만 원, B는 1백만 원을 중국 펀드에 투자하여 세금을 제외하고 10% 수익이 났다고 가정해보자. 펀드 환매 후 통장에 입금된 수익을 보면 A는 100만 원이지만 B는 겨우 10만 원밖에 되지 않는다. 푼돈으로 투자하면 아무리 수익이 높아도 돈을 모으기 힘들며, 같은 수익률임에도 불구하고 투자 원금의 차이가 엄청난 수익의 차이를 가져오는 것을 알 수 있다. 그러므로 많은 투자금을 갖기 위해서 종잣돈의 크기를 점점 늘려가야 하는 것이다.

종잣돈을 마련하는 효과적인 방법

그렇다면 이제부터 종잣돈을 마련하는 효과적인 방법을 구체적으로 알아보자.

첫째, 구체적인 계획부터 세운다.

종잣돈을 모으고자 하는, 그리고 모아야 하는 사람은 사회초년생들이 대부분이다. 이들은 경험도 부족하고 의지도 약하기 때문에 외부 환경 변화에 쉽게 흔들리고 중도에 포기하는 경우도 많다. 그러므로 구체적인 목표와 계획을 세워야 한다. 개인의 재무상태표와 현금흐름표를 바탕으로 저축할 수 있는 여력이 얼마나 되는지를 판단하고 세부적으로 실천 계획을 수립해야 한다. 가장 먼저 '무엇을 위해 돈을 모으는지' 목표를 분명히 설정하고, '언제까지 어떤 금융상품으로 얼마를 모으겠다'는 구체적인 계획을 세워야 한다. '10년 안에 10억 원을 모으겠다'는 등의 막연한 목표보다는 '3년 안에 적금으로 종잣돈 3천만 원을 모은다' 등 당장 실천할 수 있는 구체적인 행동목표가 필요하다.

둘째, 단기간에 모은다.

경험이 부족한 사람이 5년, 10년의 장기 상품에 투자하게 되면 십중팔구 중도해지하고 포기해버리기 쉽다. 그러므로 본인이 투자한 자산이 점점 늘어나는 모습을 눈으로 보고 만족감을 느낄 수 있도록 하는 것이 좋다. 종잣돈을 모으는 동안에 지루해지지 않도록 1~3년 이내로 투자하고, 자동이체를 했더라도 가능한 자주 통장의 잔액을 확인하여 늘어나는 상황을 직접 느끼는 것도 좋은 방법이다.

셋째, 대출부터 갚는다.

자산관리에서 가장 우선순위로 해야 할 일이 부채 청산이다. 돈을 모으거나 빌릴 때 근심거리가 되지 않도록 일단 말끔하게 정리해야 한다. 주택 구입에 따른 장기대출 등 특수한 목적이 아니라면 무조건 빚부터 정리하는 것이 원칙이다. 낮은 금리의 예금담보대출이나 부동산담보대출도 예금 금리보다 높을 수밖에 없기 때문이다.

넷째, 일단은 안전한 상품으로 시작한다.

종잣돈을 모으기 위해서는 단기간 투자하며, 경험이 없는 경우가 대부분이므로 높은 수익으로 목표달성 기간을 앞당기기보다는 원금 손실이 나지 않는 은행의 적금 등 안전한 상품을 선택하여 시작하는 것이 좋다. 하지만 투자 경험이 있거나 적극적인 투자 성향인 경우에는 예금자보호가 되는 적금이나 예금뿐만 아니라 일부 자산을 상대적으로 안정적인 투자형 상품에 분산투자하는 것도 좋은 방법이다. 그러나 명심해야 할 점은 최대한 안정적으로 목표한 기간 내에 목표 금액을 달성하는 것이다.

다섯째, 모을 수 있는 한 최대한 모은다.

종잣돈을 모으는 기간은 앞에서 얘기한 것처럼 단기간이다. 단기간에 저축에 집중하는 만큼 여유자금을 저축하는 것이 아니라 총수입에서 최소 생활비 등을 제외하고 가능한 많은 적립금을 저축해야 한다. 이를 실천하기 위해서는 종잣돈의 3가지 적인 신용카드, 홈쇼핑, 자동차는 멀리하는 것이 좋다. 일단 저축부터 하고 남은 돈으로만 생활하는 습관을 길러야 한다. 그리고 불입하기 시작한 저축 상품은 절대 깨지 않는다. 한 번 중도해지를 해본 사람은 다음에도 쉽게 해지하는 경향이 있기 때문이고, 그것은 곧 습관이 된다.

여섯째, 시간은 돈이다. 당장 시작하라.

1년 안에 종잣돈 1,200만 원을 모으겠다고 결심한 사람이 지금 당장 시작하면 연 수익률 5%를 가정할 때 매달 98만 원씩 투자하면 된다. 그러나 3개월 후 시작한 사람은 매달 132만 원씩 투자해야 목표를 달성할 수 있다. 그러므로 적은 돈으로 일찍 시작하는 것이 중요하다. 비행기는 이륙할 때 모든 엔진을 가동하기에 전체 연료의 50%를 소모한다고 한다. 하지만 이륙 이후에는 비교적 적은 양의 연료로 순항을 지속할 수 있다.

  종잣돈도 20대부터 일찍 시작하여 준비함으로써 삶의 원동력으로 삼아야 중년 이후에도 재무적으로 순항할 수 있다. 지금 당장 쓸 돈이 있다고 종잣돈 마련을 미루면 1년 후에도, 3년 후에도 절대 시작할 수 없다.

CHAPTER 3

결국
실천이다

여유자금이 많고 적음을 떠나서 어떻게 운용할 것인가를 고민하고 투자를 위해 상품에 대한 공부를 해야 한다. 그런 준비를 통해서만이 투자자산 규모를 늘려갈 수 있다.

CHAPTER 3 · 결 국 실 천 이 다

은행을 기반으로 재무주치의를 적극 활용하라

은행은 금융생활의 평생 동반자

대한민국에는 금융소비자들의 자산관리를 지원하기 위해 다양한 금융회사가 존재하고 있다. 가장 대표적인 은행 이외에도 보험회사, 증권회사, 신용카드회사, 자산운용회사 등 특화된 업무를 중심으로 다양한 서비스가 이루어지고 있다.

KB금융지주 경영연구소의 「2014 한국 부자 보고서」에 의하면 자산이 많을수록 금융 거래 규모가 클 뿐만 아니라 투자에 대한 니즈도 다양해져서 거래하는 금융회사의 종류와 개수가 많아진다. 실제로 한국 부자들이 거래하는 금융회사는 평균 8.1개(은행 2.9개, 증권사 1.6개, 보험사 2.8개, 기타 0.8개)로 많은 편이다. 은행 거래 선호는 총 자산 규모와 상관없이 공통적으로 나타나고 있으며, 자산이 많은 부자일수록 더 높은 것으로 조사되었다.

이제 사회생활을 시작하는 사회초년생으로서 은행을 금융생활의 평생 동반자로, 그리고 재테크의 출발지로 적극적으로 활용해야 하는 이유를 생각해보자.

첫째, 금융상품의 백화점이기 때문이다.

은행은 금융산업의 근간으로 각종 예금, 적금 상품을 판매하며, 낮은 조달금리를 바탕으로 다양한 대출상품도 취급하고 있다. 이외에도 외국환(수출입) 업무 및 해외 송금, 환전 업무와 함께 다양한 대행 업무를 취급하고 있다. 신용카드사의 각종 카드 업무, 보험회사의 각종 보험상품, 증권회사의 펀드와 ELS, 그리고 정부의 각종 금융서비스 대행 업무(청약, 각종 대출 등)를 취급하는 등 거의 모든 금융상품을 취급하는 유일한 금융회사라고 할 수 있다.

둘째, 접근성이 뛰어나고 언제 어디서나 쉽고 편리하게 이용할 수 있다.

은행을 이용할 때 거래 실적과 상관없이 누구나 기본적인 서비스를 받을 수 있으며, 전국의 수많은 영업점과 자동화기기, 그리고 인터넷을 통해 편리하게 이용할 수 있다.

셋째, 좀 더 편안하며, 다양한 지원 시스템을 갖추고 있다.

사회초년생들은 투자 경험이나 금융지식이 다소 부족하여 투자상품에 대한 부담감을 많이 갖는다. 은행은 상대적으로 안정적이고 보수적인 운영과 상품 추천이 이루어지다 보니 편안한 거래가 가능하다는 장점이 있다. 그리고 방문하는 영업점마다 VIP 팀장 등 전문 상담 직원들이 상주하면서 개인의 재무목표 달성을 위한 포트폴리오 구성이나 노후준비를 위한 각종 시스템 및 상담이 가능하다. 금융소비자가 원하는 대부분의 상품이 구성되어 있어 원스톱으로 관리를 받을 수 있는 강점이 있다.

결국 은행은 초보자뿐만 아니라 모든 금융소비자가 가장 쉽게 접근하여 인생의 재무목표 달성을 위한 동반자를 만날 수 있는 곳이며, 부자나 금융지식이 높은 사람들도 체계화된 각종 시스템을 바탕으로 전문 직원들에 의해 지원받을 수 있는 재테크와 재무설계의 출발점이자 종착점이라고 단언할 수 있다.

전문가가 되지 말고 전문가를 활용하라

우리는 몸이 아프면 당연하게 병원을 찾는다. 의사와 환자는 많은 대화를 통해 정확한 병명을 찾고 이에 맞는 처방을 통해 말끔하게 병을 치료한다. 이때 환자는 전문가인 의사에 대한 신뢰를 전제로 상담과 치료가 이루어지는 것이다.

금융지식이 많고 투자 경험이 다양한 사람들, 그리고 부자들의 특징 중의 하나는 새로운 정보를 계속해서 찾는다는 점과 함께 다른 사람들의 조언을 중요하게 여긴다는 점이다. 주변에 여러 조언자를 두고 그들의 말 한마디에 귀를 기울이며 가장 합리적인 방법을 찾으려고 노력한다. 이를 통해 투자를 결정하는 과정에서 위험요소를 줄이는 것이다.

　자산을 관리하는 데 도움을 주는 조언가들은 금융 전문가뿐만 아니라 변호사, 세무사, 주변의 지인들까지 다양할 수 있다. 때로는 그들이 서로 반대되는 조언이나 해결책을 제시할 수도 있지만 이를 종합해보면 그 투자가 어떤 위험성이 있는지 알게 해주는 좋은 계기가 되며, 이런 다양한 의견들을 들을수록 더 많은 길이 보이게 된다. 그러고 나서 최종 결정은 본인의 몫이다.

　이처럼 자산관리에 있어서 의사와 같은 역할을 해주는 사람을 재무주치의(자산관리 전문가)라고 한다. 금융소비자 각자가 부단히 정보를 수집하고 투자 경험을 쌓아 전문가가 되는 방법도 있겠지만, 자신이 가진 직업과 업무가 있는 만큼 자산관리에 있어서는 금융 분야의 전문가를 적극적으로 활용하는 것이 좋다. 다만 무조건 의존해서는 안 되고, 스스로도 최소한의 금융지식과 관심은 필요하다.

은행원은 판매 성과급이 없다

　금융소비자의 불만 중 하나는 금융회사가 자기들에게 이익이 되는 펀드 등 투자상품만 권한다는 점이다. 요즘 은행 창구에서도 적금이나 예금을 권하는 사례는 거의 없다. 이자도 거의 없이 원금을 지키는 수준이다 보니 판매직원이나 고객들도 불만이다. 결국 기대수익을 높일 수 있는 펀드에 투자하게 되고, 판매에 따른 수수료를 챙기게 되는 것이다.

그런데 고객이 적극적으로 원하기보다는 창구 직원의 적극적인 권유와 수익에 대한 고객의 기대 심리가 합쳐져서 상품에 가입하는 경우가 대부분이다. 실질적으로 금융회사들은 수수료 수입이 더 높은 상품의 판매를 통해 회사의 이익을 증대하여 주주 가치를 높이고자 노력하며, 이에 따라 판매 실적을 독려하는 경우가 갈수록 높아지고 있는 것이 현실이다. 더구나 판매수수료를 개인의 성과급으로 가져가는 계약직원 형태의 증권사 직원이나 개인사업자 형태의 보험설계사들은 수수료 수입 위주로 상품을 판매하고, 쉽게 회사를 옮기면서 전문적인 관리가 어려워지는 부작용을 가져오기도 한다.

반면, 은행의 판매직원은 정직원으로 상품 판매에 따른 개별 성과급을 받지 않는다. 그러다 보니 퇴직하는 경우가 거의 없으며, 다양하고 양호한 상품을 가지고 상품 판매 및 고객 관리에 집중함으로써 금융소비자를 우선하는 측면이 상대적으로 강한 편이다.

나만의 자산관리 전문가를 만드는 방법

은행 거래를 하고 있다면 나의 자산관리를 담당하는 재무주치의 한 명 정도는 갖고 있는 것이 필요하다. 그렇다면 인생을 살아가면서 금융의 길잡이가 되어줄 전문가는 어떻게 만들면 좋을까?

첫째, 자신과 궁합이 맞는 전문가를 찾는다.

많은 사람들이 자산관리 전문가는 이름 꽤나 날리는 유명인이거나 투자 실적이 우수한 사람이 좋다고 생각한다. 일부 그런 측면도 물론 있겠지만 무엇보다 중요한 것은 자신과 투자 성향이나 성격이 맞아야 한다는 점이다. 자신만의 자산관리 전문가를 정한다는 것은 인생의 파트너를 만나는 것이며, 그 전문가의 성향이 반영된 재무관리가 이루어진다는 것을 의미한다.

나는 상당히 안정적이고 보수적인 성향인데 자산관리 전문가가 공격적인 성향이라면 상담도 제대로 이루어지지 않고 몸에 맞지 않는 옷을 입고 있는 것처럼 계속해서 불편함을 느끼게 된다. 그러므로 나와 성향이 비슷해서 대화가 잘 이루어지고 적극적으로 지원해주는 신뢰가 가는 사람을 찾아야 한다. 진실함과 성실성은 가장 중요한 판단 기준이다.

둘째, 자주 만나야 한다.

한 번의 만남으로 모든 것을 결정하고 행동하지 말아야 한다. 거래하고 있는 은행이거나 지인의 추천이라는 이유로 한 번 본 자산관리 전문가를 결정할 필요는 없으며, 가능한 여러 명과 상담을 해보고 천천히 결정하는 것이 좋다. 그리고 결정했으면 전화, 인터넷보다는 방문을 통해 지속적으로 만나야 한다. 정기적인 만남을 통해 시장 상황과 금융상품에 대한 정보를 획득하며, 경우에 따라서는 해당 금융회사의 각종 세미나에 초청받거나 각종 서비스를 받을 수도 있다.

셋째, 조금 시간을 두고 관리 자산을 점진적으로 늘려나간다.

서로 관계가 좋다고 꼭 결과가 좋은 것은 아니다. 당신은 친절한 의사를 원하는가, 아니면 잘 고치는 의사를 원하는가? 우리는 기본적으로 잘 고치면서 더불어 친절하기까지 한 의사를 원한다. 마찬가지로 자산관리에 있어서는 재무목표 달성의 가능성을 높여주고 높은 수익을 가져다주는 전문가를 원한다. 하지만 이에 대한 검증이나 확신이 없다면 일단 상담에 따른 조언을 따르되 큰 자금이 아니라 작은 금액부터 맡겨보는 것도 좋은 방법이다. 이렇게 시간을 두고 관계를 이어가다가 신뢰할 수 있다는 확신이 들었을 때 전적으로 맡기는 방법을 활용해보자.

넷째, 포트폴리오나 추천 상품이 객관적인지 검증한다.

자산관리 전문가가 포트폴리오를 구성하여 제안했다면 구체적인 이유와 방법 등에 대해 자세하게 물어보고 충분히 공감할 수 있어야 한다. 전문가가 해준 거니까 잘되겠지 하는 생각은 금물이다. 다른 전문가의 제안도 받아보고 서로 비교도 해봐야 한다. 추천 상품도 상당수의 전문가들이 자기 회사 상품으로만 채우는 경향이 있으므로 객관적으로 추천해도 좋은 상품인지 파악하는 노력을 해야 한다.

다섯째, 기브 앤 테이크 Give and Take 다.

우리나라는 아직까지 자산관리, 재무설계에 따른 상담 수수료를 받지 않고 있다. 그러므로 포트폴리오 추천 상품의 필요성을 느낀다면 적극적으로 가입하여 실적을 챙겨주고, 신상품 출시에 따른 프로모션이 있다면 지인들을 소개해주는 등 자산관리 전문가에게 도움을 주는 것도 좋은 방법이다. 그만큼 자산관리 전문가도 당신을 위해 최적화된 컨설팅과 이익 증대, 그리고 사후 관리에 더욱 신경을 쓰게 될 것이다. 이것이 인지상정이다.

이런 직원은 절대 안 돼요!

- 상품 추천 전에 자금의 투자기간, 투자 목적, 투자 성향 등을 파악하지 않는다.
- 추천하는 상품의 이유를 설명하지 않는다.
- 상품에 대한 자세한 설명을 하지 않는다.
- 질문 내용에 대해 잘 설명하지 못한다.
- 상품에 대해 자세한 설명을 귀찮아 하거나 불친절하다.
- 무조건 좋은 상품이니까 가입하라고 독촉한다.
- 상품의 수익률만 강조한다.
- 투자 성향과 상관없이 펀드나 방카슈랑스상품 등 투자형 상품만 가입을 권한다.
- 판매 직원의 성향에 따라 본인이 좋아하는 상품만 추천한다.
- 신규 계약서류 작성 시 충분한 설명 없이 무조건 서명하라고 한다.
- 작은 금액을 가입한다고 무시하는 듯한 행동을 취한다.
- 자기 계열사 상품만을 집중적으로 추천한다.
- 판매에만 급급해서 상품의 단점을 잘 설명해주지 않는다.
- 대출 받을 때 보험이나 다른 상품의 가입을 강요한다.
- 상품 가입 이후 고객 및 상품에 대한 관리를 해주지 않는다.
- 동일 상품으로 자주 신규와 해약을 반복한다.

CHAPTER 3 · 결 국 실 천 이 다

제일 먼저 투자 성향부터 파악하라

시작은 투자 성향 파악부터

많은 투자자들이 공통적으로 하는 얘기가 원금은 지키면서 수익은 많이 냈으면 좋겠다고 말하지만 이는 현실적으로 불가능한 얘기다. 그러면서 정기예금이 만기되었을 때 수익이 너무 낮다고 불만을 토로하며, 펀드에 투자하지 않은 것을 후회한다.

통계청이 2014년 11월 발표한 「2014년 가계금융·복지조사 결과」에 따르면 우리나라의 가구주들이 금융자산에 투자할 때 선호하는 운용방법으로는 은행 예금이 72.2%로 가장 많았고, 가장 고려하는 요인으로는 안전성이 75.1%로 나타났다. 이러한 결과를 보면 향후 초저금리 시대에 적응하는 보다 적극적인 투자의 다변화를 모색해야 한다.

[표 1-10] **금융자산 투자 시 고려 사항**

안전성	수익성	접근성(편리성)	현금화 가능성	기타
75.1%	12.4%	6.8%	5.4%	0.3%

우리나라는 모든 면에서 쏠림 현상이 심한 편이다. 글로벌 금융위기 직전에 묻지도 따지지도 않고 돈 되는 곳에 투자한다는 'I펀드'처럼 무슨 상품이 좋다고 하면 묻지도 따지지도 않고 가입부터 하고 본다. 기본적으로 투자를 할 때는 투자자에게 맞는 상품을 선택해야 마음이 편한 법이다. 그러므로 무조건 따라 하기보다는 자신의 투자 성향을 꼼꼼히 따져서 선택해야 나중에 후회하지 않는다.

투자 성향이란 '위험을 감내해낼 수 있는 성향'을 의미하며, 이 투자 성향에 따라 금융상품에 대한 선호도가 다르기 마련이다. 예를 들어 자신의 투자 성향을 무시하고 고수익 상품에 투자한다면 투자기간 내내 걱정과 불안감으로 마음고생이 심할 것이고, 공격적인 투자자가 정기예금에만 투자한다면 만기까지 낮은 수익에 대한 불만으로 가득할 것이다. 투자에 성공하려면 금융시장의 흐름을 잘 타는 것도 좋지만, 기본적으로 자신의 투자 성향과 상황에 맞는 포트폴리오를 구성해야 한다.

투자자의 투자 성향을 결정하는 요인으로는 투자자의 연령, 투자 경험, 상품에 대한 지식, 재산이나 소득 수준, 위험 감내 수준, 투자기간 등이 있으며, 이 모든 것을 종합적으로 고려해야 한다. 특히 투자자의 연령은 절대적으로 고려해야 할 요소 중 하나다. 투자자의 연령이 생애주기상 어디에 위치하느냐에 따라 근본적인 재무목표와 소득, 노후준비 방식 등이 달라지므로 위험을 감내할 수 있는 정도도 달라지기 때문이다.

투자 성향은 일반적으로 안정적인 투자 유형부터 공격적인 투자 유형까지 크게 5등급으로 분류할 수 있으며, 금융회사의 홈페이지 또는 영업점 창구에서 간단한 설문을 통해 확인할 수 있다. 투자 정보 파악을 위한 설문 내용 및 점수 산출 방식, 투자자 성향 등급별 명칭은 금융회사에 따라 조금씩 다르게 운영되고 있다.

실제 투자 성향 파악하기

투자 성향 파악을 위해 작성하는 질문지를 통해 현재 본인의 투자 성향을 파악해보기 바란다.

📝 일반투자자 투자 정보 확인서 예시

1. 당신의 나이는 어떻게 되십니까?
① 29세 이하 (8점) ② 30세 이상 (6점) ③ 40세 이상 (5점) ④ 50세 이상 (3점)
⑤ 60세 이상 (2점) ⑥ 65세 이상

2. 다음 중 당신의 수입원을 가장 잘 나타내는 것은 어느 것입니까?
① 현재 일정한 수입원이 발생하고 있으며, 향후 현재 수준을 유지하거나 증가할 것으로 예상. (17점)
② 현재 일정한 수입이 발생하고 있으나, 향후 감소하거나 불안정할 것으로 예상. (10점)
③ 현재 일정한 수입이 없으며, 연금이 주 수입원임. (3점)

3. 다음 중 당신의 투자 경험과 가장 가까운 것은 어느 것입니까?
① 안정형 상품(은행 예금·적금, 국공채, MMF, CMA 등) (3점)
② 안정추구형 상품(채권형 펀드, 원금보장형 ELS(ELD, ELF), 금융채, 신용도가 높은 회사채 등) (8점)
③ 위험중립형 상품(원금의 일부만 보장하는 ELS, 혼합형 펀드, 신용도가 중간 정도인 회사채 등) (11점)
④ 적극투자형 상품(원금비보장 ELS, 시장수익률 수준의 수익을 추구하는 주식형 펀드, 신용도 낮은 회사채 등) (14점)
⑤ 공격투자형 상품(시장수익률 이상 고수익을 추구하는 주식형 펀드, 파생상품 펀드, 주식신용 거래, 선물·옵션 등) (17점)

4. 당신은 금융상품 투자에 대한 지식 수준은 어느 정도입니까?
① 매우 높은 수준 - 모든 투자대상 상품의 차이를 이해할 수 있는 정도 (18점)
② 높은 수준 - 대부분의 금융상품의 차이를 구별할 수 있는 정도 (13점)
③ 낮은 수준 - 주식과 채권의 차이를 구별할 수 있는 정도 (8점)
④ 매우 낮은 수준 - 은행의 예금·적금에 대해서만 알고 있는 정도 (3점)

5. 당신이 투자하고자 하는 자금의 투자 가능 기간은 어느 정도입니까?
① 3년 이상 (8점) ② 2년 이상 (6점) ③ 1년 이상 (5점)
④ 6개월 이상 (3점) ⑤ 6개월 미만 (2점)

6. 투자원금에 손실이 발생할 경우 당신이 감수할 수 있는 손실 수준은 어느 정도입니까?
① 기대수익이 높다면 위험이 높아도 상관하지 않겠다. (32점)
② 20% 미만까지는 손실을 감수할 수 있을 것 같다. (24점)
③ 10% 미만까지는 손실을 감수할 수 있을 것 같다. (16점)
④ 무조건 투자원금 보전을 추구한다. (6점)

7. 파생상품, 파생결합증권 또는 파생상품 투자 펀드에 투자한 경험이 있는 경우 투자기간은 얼마나 되십니까? (점수 없음)
① 1년 미만 (투자 경험이 없는 경우 포함) ② 1년 이상 ③ 3년 이상

※ 연령이 만 65세 이상이면서 투자 가능 기간이 6개월 미만이면 총점과 상관없이 '안정형'으로 분류함.

[표 1–11] **투자 성향에 따른 유형 및 의미**

유형 분류	점수 구분	유형의 의미
안정형	40점 이하	예금 또는 적금 수준의 수익률을 기대하며, 투자원금에 손실이 발생하는 것을 원하지 않는 유형.
안정추구형	40점 초과 ~ 55점 이하	투자원금의 손실을 최소화하고, 이자나 배당소득 수준의 안정적인 투자를 목표로 함. 다만 수익을 위해 단기적인 손실을 수용할 수 있으며, 예·적금보다 높은 수익을 위해 자산 중 일부를 변동성 있는 상품에 투자할 의향이 있는 유형.
위험중립형	55점 초과 ~ 68점 이하	투자에 따른 위험이 있음을 충분히 인식하고 있으며, 예·적금보다 높은 수익을 기대할 수 있다면 일정 수준의 손실 위험을 감수할 수 있는 유형.
적극투자형	68점 초과 ~ 80점 이하	투자원금의 보전보다는 위험을 감내하더라도 높은 수준의 투자 수익 실현을 추구함. 투자자금의 상당 부분을 주식, 주식형 펀드 또는 파생상품 등의 위험자산에 투자할 의향이 있는 유형.
공격투자형	80점 초과	시장 평균수익률을 훨씬 넘어서는 높은 수준의 투자 수익을 추구하며, 이를 위해 손실 위험을 적극 수용하는 유형. 대부분의 투자자금을 주식, 주식형 펀드 또는 파생상품 등 위험자산에 투자할 의향이 있는 유형.

KB금융지주 경영연구소의 「2015년 한국 부자 보고서」에 따르면 한국 부자들의 투자 성향은 기본적으로 안정적인 투자를 추구하는 성향(안정형과 안정추구형)이 전체의 54%를 차지했다. 전년도에 대비하여 눈에 띄는 부분은 적극투자형이 11.5% 감소한 반면에 일정 수준의 위험과 그에 따른 수익을 추구하는 위험중립형이 16%나 증가했다는 점이다. 이는 저금리·저성장의 금융환경 속에서 원금 손실의 위험이 없는 안전한 투자만으로는 한계에 봉착했으나 시장의 변동성이 커짐에 따라 과도한 투자위험을 가져갈 수 없는 상황이다 보니 소위 중위험·중수익 트렌드가 강화되는 추세를 반영하고 있는 것으로 보인다.

[표 1-12] 한국 부자의 투자 성향

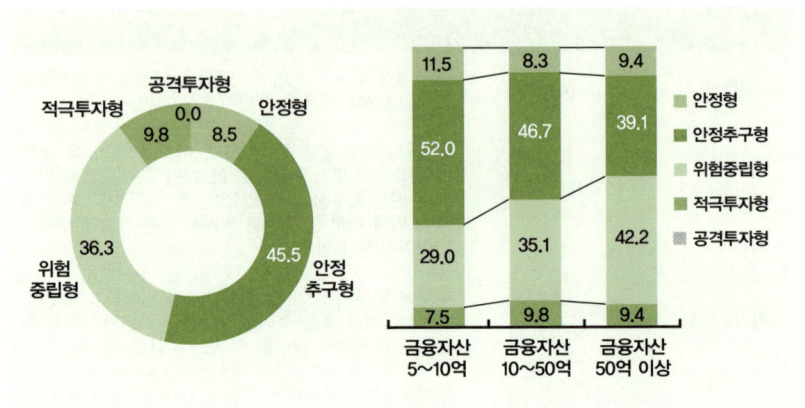

(출처 : 2015년 한국 부자 보고서)

또한 금융자산의 규모와 금융지식 수준에 대한 인식은 투자 성향과 높은 관련성이 있는 것으로 조사되었다. 금융지식 수준이 높을수록 금융자산의 규모가 더 크며, 다양한 투자상품을 활용하여 주식, 펀드 등 위험자산에 적극적으로 투자하는 모습을 나타냈다.

투자 성향을 판단하는 중요한 요소가 연령이지만, 우리 사회에서 현실적으로 투자 성향을 판단하는 데 더 영향을 미치는 것은 자산의 규모와 금융지식이라고 할 수 있다. 많은 사람들이 여유자금이 없어서 투자도 못 하고, 관심도 없다 보니 현재 상황을 벗어나지 못하는 것이다. 여유자금이 많고 적음을 떠나서 현재의 저금리에서 어떻게 운용할 것인가를 고민하고 투자를 위해 상품에 대한 공부를 해야 한다. 그런 준비를 통해 지금보다 상대적으로 적극적인 투자 성향을 가지며, 투자자산 규모를 늘려갈 수 있다.

투자자에게 적합한 상품 선정이 중요하다

투자상품은 종류나 구조가 다양하고 이해하기 어려운 부분이 많이 있어 투자자의 입장에서는 선택의 어려움에 직면하게 된다. 그래서 금융회사는 투자자의 성향을 제대로 파악하여 그에 맞는 상품을 추천하고, 추천한 이유에서부터 투자상품의 특징이나 장단점까지 자세하게 설명을 해준다. 이런 일련의 과정을 '투자 권유'라고 하며, 이것은 좋은 상담 직원을 만나서 운 좋게 받는 것이 아니라 금융회사가 투자자에게 반드시 제공해야 하는 의무이다. 가장 비싼 비용(보수, 수수료)을 부담하는 데 따른 당연한 혜택이므로 당당하게 받아야 한다.

요즘은 투자자 보호를 위해 판매하고 싶은 투자상품을 모든 투자자에게 권할 수 없다. 투자자의 투자 성향에 따라 금융회사 직원으로부터 투자 권유를 받을 수 있는 상품이 제한이 되고, 그 상품군에 맞는 금융상품을 추천 받아 가입하게 된다. 그 상품이 현재 투자자에게 가장 잘 맞는 옷과 같은 것이기 때문이다.

CHAPTER 3 · 결 국 실 천 이 다

이기는 투자가 돈 버는 투자다

잃지 않는 투자가 돈 버는 투자다

투자에 있어서 가장 중요한 단어는 바로 '리스크'이다. 리스크의 중요성을 알려주는 것이 바로 '-50 = 100'이라는 공식이다.

만약 적립식 펀드에 투자하여 손실이 50%가 났다고 가정해보자.

일반적으로 생각할 때는 50%가 하락했으니 50%가 상승하면 되겠거니 하지만 실질적으로는 100%가 상승해야 원금이 된다. 글로벌 금융위기 당시 펀드에 투자했던 많은 사람들이 혼란스러워했던 이유도 수익률이 반 토막 났는데 방송에서 저점 대비 상승률을 얘기하다 보니 원금이 되었다고 생각하고 환매를 위해 창구에 방문했으나 20% 이상 손실 상태였기 때문이다.

그래서 애초부터 손실이 발생하지 않도록 하는 것이 무엇보다 중요하다. 투자의 귀재 워렌 버핏은 투자 성공의 원칙으로 2가지를 꼽았는데, 첫째가 '돈을 잃지 마라', 둘째가 '첫째 원칙을 잊지 마라'이다.

다음 표 1-13에서 보는 것처럼 하락률이 커질수록 원금 회복을 위한 상승률은 기하급수적으로 커지는 것을 알 수 있다. 결국 손실 관리의 중요성을 알 수 있다. 그러므로 수익을 내는 것보다 우선해야 할 것은 원금을 지키는 투자를 하는 것이다.

[표 1-13] **수익률 하락 시 원금 회복을 위한 상승률 예시**

수익 하락률	10%	20%	25%	33%	50%
원금 회복을 위한 상승률	11%	25%	33%	49%	100%

투자를 함에 있어서 또 하나 기억할 점은 편안한 투자가 이기는 투자라는 것이다. 만약 기대수익률은 같은데 수익률의 변동폭이 큰 펀드와 작은 펀드가 있다면 당신은 어느 쪽에 투자하겠는가?

변동성이 큰 펀드는 특정 시점을 잘 맞춰 투자하면 대박을 칠 수도 있겠지만 그것은 전문가들도 알 수 없으며, 그런 만큼 손실에 대한 리스크도 상대적으로 클 수밖에 없다. 그러므로 가능한 변동성이 적어서 상대적으로 안정적인 펀드에 투자하는 것이 편안한 투자이다.

그리고 기본적으로 시장을 읽고 분석하는 능력을 키워야 하며, 시간을 투자하여 운용해야 한다. 하지만 그렇게 할 수 있는 시간과 노력이 없다면 전문가에게 위임하는 펀드 등과 같은 간접투자를 하는 방법이 훨씬 효율적이다.

이제는 중위험 · 중수익 상품의 시대다

이제 세상은 바뀌었다. 저금리, 저성장, 저인플레이션의 세계적인 신경제현상에 따라 기대수익률은 하락하였으며, 투자에 대한 위험 관리의 중요성이 증가하고 자본 수익보다는 인컴(배당, 이자) 수익에 대한 수요가 증가했다. 시장의 이러한 요구에 따라 어떤 방법과 상품에 대한 투자로 수익을 내야 할 것인가 하는 고민 속에서 요즘 트렌드로 자리잡아 가는 것이 바로 중위험 · 중수익 상품에 투자하는 방식이다.

그렇다면 중위험 · 중수익 상품의 기준은 어떻게 정할 수 있을까? 이것은 추천하는 금융회사의 성격이나 추천 직원의 투자 성향에 따라 달라지는 것이 현실이다. 요즘 중위험 · 중수익의 대표주자로 자리매김한 상품이 바로 주가연계증권ELS이다. 하지만 ELS가 과연 중위험 상품일까? 그렇지 않을 수 있다는 점이다. ELS는 투자한 기초자산이 반 토막 나지 않으면 일정 수익이 발생하는 상품으로 금융시장이 급락하거나 발행 증권사가 망하지 않으면 상당히 안정적인 상품일 수 있지만, 최악의 상황이 발생했을 때에는 주식형 상품보다도 리스크가 더 크고 100% 손실이 발생할 수도 있는 파생상품이다. 또한 ELS 중에서도 기초자산이 지수형인지 종목형인지에 따라서, 그리고 그 안에서도 기초자산이 어떤 것인가에 따라서 상당한 리스크의 차이를 가져간다.

넓게 볼 때 코스피지수의 연간 변동성이 10~15%인 점을 감안하면 연간 손실 확률이 10~15%보다 높을 것으로 예상되는 상품을 고위험 상품으로 분류하고, 국공채 수익률보다 낮거나 같은 수준의 상품들을 저위험 상품으로 분류할 수 있다.

그러므로 특정한 투자상품이 중위험·중수익 상품이라고 단언할 수 없지만, 결국 중위험·중수익 상품은 주식이나 인덱스 펀드보다 위험이 덜하고, 국공채보다 높은 수익을 올릴 수 있는 상품이라고 할 수 있다. 그리고 이런 기준은 투자자에 따라, 그리고 상품의 세부 구조에 따라 조금씩 달라질 수 있다.

[표 1-14] 자산 유형별 위험과 수익과의 관계

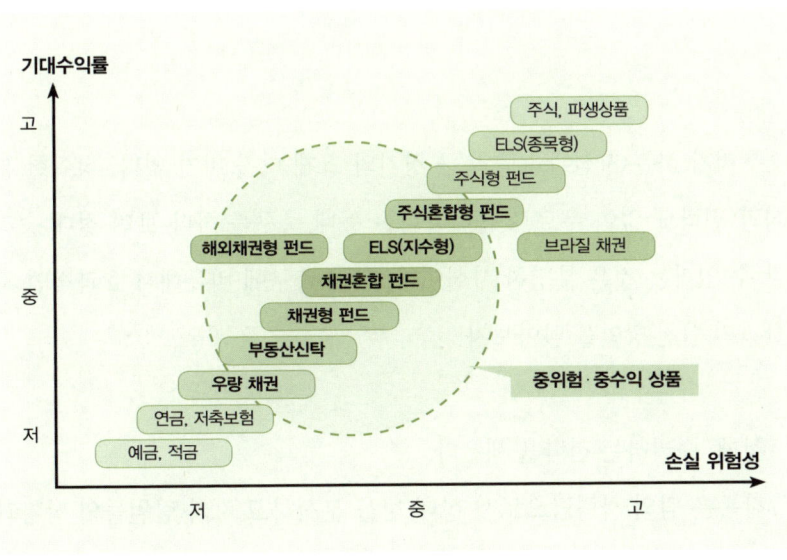

CHAPTER 3 · 결 국 실 천 이 다

자산관리는 축구처럼

　우리가 하는 자산관리도 축구 경기와 크게 다를 바가 없다. 정확한 분석과 전략도 없이 우르르 몰려다니는 동네 축구를 하다 보면 절대 승리할 수 없다는 것은 분명한 사실이다. 그럼 축구에 비유해서 효과적인 자산관리 실천 방안을 알아보자.

　첫째, 승리하는 전략을 세운다.
　감독은 팀의 사령탑으로서 상대 팀을 분석하고 자기 팀원들의 상황과 수준을 감안하여 현재 상황에서 승리하기 위한 최선의 전략을 세우는데, 그 가운데 가장 기본적인 전략이 '4-4-2 포메이션'이다. 4-4-2 포메이션이란 수비수 4명, 미드필더 4명, 공격수 2명으로 구성되며, 가장 안정적인 축구 전술이다. 하지만 최근에는 감독이 추구하는 축구나 팀원들의 유형이나 상황에 따라 4-2-3-1이나 4-3-3 등 다양한 포메이션을 구성하고 있다. 각각의 포메이션은 장점과 단점을 가지며, 같은 포메이션에서도 모든 팀이 같은 유형의 선수를 배치하지는 않는다.

자산관리도 마찬가지로 가장 먼저 시장 상황 및 여건을 충분히 감안해야 한다. 예전처럼 금리가 높을 때에는 굳이 투자라는 리스크를 생각할 필요가 없겠지만, 지금처럼 초저금리 시대에는 저축으로는 자산을 늘려가기는커녕 원금을 지키기도 어려운 상황이다. 결국 안정적인 투자를 통한 적당한 수익을 창출할 방안을 모색하는 것이 중요한 시점이다.

그리고 투자자의 현재 재산 현황과 투자 성향을 감안하여 이에 맞는 포트폴리오를 구성하는 것이 중요하다. 현재 보유 자산의 규모에 따라, 그리고 투자 성향이 안정적인지 공격적인지에 따라 운용하는 방식이 달라질 수밖에 없기 때문이다.

이와 함께 금융지식이나 투자 경험을 감안하여 재무주치의와의 협력을 통해 자신의 재무목표를 구체적으로 수립하는 것이 필요하다. 안정적인 투자자는 수비수를 늘리고, 공격적인 투자자는 공격수를 늘리는 맞춤형 전략을 세워야 한다. 그것은 감독, 즉 투자자 자신의 몫이다.

둘째, 선수의 정확한 임무(역할)를 부여한다.

감독의 포메이션이 정해지면 그에 맞는 최적의 선수들을 선정하는 것이 무엇보다 중요하며, 그 선수에게 정확한 임무를 부여해야 한다. 아무리 뛰어난 전천후 선수도 상대적으로 취약한 팀이나 상대 선수가 있기 마련인 것처럼, 아무리 좋은 투자상품이라도 시장 상황에 따라 맥을 못추는 상황이 발생할 수 있다.

[표 1-15] **선수의 정확한 역할 부여**

투자 종목	선수 구성
국내외주식형 펀드 종목형 ELS	공격수 2명
지수형 ELS 혼합형 펀드 해외채권형 펀드 부동산신탁	미드필더 4명
정기예금 / 적금 CMA, MMF 원금보장형 ELB 2금융권 예금 / 적금	수비수 4명
연금저축보험	골키퍼 1명
실물투자 / 파생상품 회사채, CP / 퇴직연금 저축보험	후보선수

❶ 골키퍼는 노후를 대비하는 최후의 보루다(보장자산).

요즘 골키퍼는 골대에서 공격수의 슈팅을 막아내는 기본적인 역할에서 경기 전체의 흐름을 조율하고, 경우에 따라서는 하프라인 지점까지 전진하여 활동하는 등 그 역할 및 중요도가 커지고 있다.

100세 시대를 맞아 미래의 예측할 수 없는 위험(상해, 질병, 사고, 사망 등)에 대비하여 최소한 실손의료비보험, 암보험 등 건강한 신체를 유지하기 위한 최소한의 안전장치가 필요하다. 또한 무전장수無錢長壽의 악몽에서 벗어나기 위해서는 튼튼하고 듬직한 연금저축이나 연금보험을 통해 안정적인 노후를 준비해야 한다. 이 상품은 시간에 투자하는 복리 효과를 최대한 누리기 위해 하루라도 빨리 가입하여 준비하는 것이 가장 효과적이다.

❷ 수비수는 원금을 지키면서 안정적인 버팀목 역할을 담당한다(안전자산).

수비수들은 기본적으로 리스크라는 하프라인을 넘어가지 않으며, 상대 공격수로부터 골을 먹지 않고 지키기 위한 역할을 수행한다. 정기예금 등 예금자보호가 되거나 원금 손실 위험성이 거의 없는 상품에 투자하며, 특판 상품이나 비과세 종합저축 등 절세 상품을 중심으로 투자한다. 홍명보 선수처럼 자신의 포지션에 얽매이지 않고 수비 진영의 틈을 메우면서 수비를 조율하고 경기 상황에 따라 직접 공격에도 가담하는 선수를 '스위퍼sweeper' 또는 '리베로libero'라고 한다.

스위퍼처럼 중요한 역할을 담당하는 상품이 바로 CMA나 MMF이다. 시장 금리 수준의 수익을 챙기면서도 비상예비자금으로도 활용할 수 있고, 언제든지 안전자산에서부터 공격적인 자산까지 상황에 맞게 갈아탈 수 있는 예비자금의 준비도 필수적이다.

❸ 미드필더는 안정적인 수익을 추구하고 경기 흐름을 주도한다(중위험·중수익 자산).

미드필더는 경기장에서 중앙 부분을 책임지며, 수비할 때는 중앙에서 상대 선수를 압박하고 공격할 때는 수비수와 공격수 사이에서 볼 점유율을 높이며 골 찬스를 만드는 역할을 수행한다. 경기장에서 활약하는 범위가 커서 활동량도 크고 다른 포지션보다도 경기의 결과에도 결정적인 영향을 미치는 포지션이다. 그러므로 경기를 읽는 시야가 넓고 정확한 패스 등 경기를 지배하는 능력이 필요하다.

중위험·중수익 자산은 기본적으로 리스크와 손실을 최소화하면서 일정 수준의 기대수익을 달성함으로써 점진적으로 자산을 증식시키기 위해 투자하는 자산이다. 시류에 흔들리지 않고 시장 상황에 맞게 적당한 기대수익을 달성하는 것을 목표로 하여 투자하며, 투자의 핵심이라고 할 수 있다.

❹ 공격수는 고수익을 통해 승리를 잡는다(고위험·고수익 자산).

공격수의 임무는 골을 터뜨리는 일이다. 그래서 가장 인기가 높고 연봉도 많이 받는다. 하지만 득점 기회를 무산시켰을 때는 많은 비난에 시달리기도 한다. 그러므로 정확한 위치 선점과 어떠한 상황에서도 침착하게 골을 성공시키는 골 결정력이 필요한 자리다.

고위험·고수익 자산은 주식형 펀드 등 공격적인 투자상품들이다. 고수익이라는 골을 터뜨렸을 때는 모두가 박수를 치고 환호하지만, 손실이 발생했을 때는 큰 손실로 이어질 수도 있으므로 높은 비중을 투자했을 때는 재무목표 달성에 심각한 영향을 미칠 수도 있다. 그러므로 본인의 투자 성향을 바탕으로 꼼꼼하게 시장 상황을 분석하고, 분산투자를 통해 리스크를 분산시키는 노력을 기울여야 한다.

셋째, 상황 변화에 따른 적절한 전술을 구사한다.

감독이 가장 안정적인 4-4-2 포메이션으로 경기를 시작하였더라도 실전에서는 상대 전술과 팀원들의 상황에 따라 달라질 수 있으므로 적절한 변화가 필요하다. 득점을 한 후에 뒷문을 굳게 닫는 수비를 보강하는 상황도 발생하고, 뜻하지 않게 부상자가 발생할 수도 있으며, 옐로카드나 레드카드를 받아 경기를 뛸 수 없는 상황 등 예상하지 못한 경우의 수가 발생하기도 한다. 이런 상황에서도 감독은 다양한 경험을 바탕으로 예상 시나리오를 준비하여 그에 맞는 전술을 구사해야 승리할 수 있다.

금융시장에서도 IMF나 글로벌 금융위기와 같은 예상하지 못한 대외적인 변수에도 대응해야 하며, 출전 선수 이외에도 보유하고 있는 다양한 후보 선수들을 적절하게 활용해야 한다. 은행 정기적금 대신에 적립형 저축보험을 가입하거나 주식시장이 활황인 경우 부동산신탁이나 정기예금 대신에 실물투자로 교체하고 기존 주식형 펀드를 더 늘리는 등 기존 포메이션 자체를 변화시키는 방법이 있다.

마지막으로, 편안하고 안정적인 승리를 위해 꼭 유념해야 할 것들을 정리해보았다.

❶ 공격보다는 수비가 중요하다.

공격수를 많이 투입한다고 반드시 승리하지는 않는다. 공격수의 숫자보다도 중요한 것은 팀워크과 맡은 역할을 충실히 하는 것이다. 수비가 안정되어야 적극적인 공격으로 이어질 수 있기 때문이다. 재테크나 자산관리도 마찬가지다. 내 돈에 대한 적극적인 방어를 통해 안정적으로 운용하여 종잣돈을 바탕으로 목돈을 늘려가는 노력이 필요하다. 공격적인 투자를 통해 대박을 꿈꾸는 사람도 있지만, 금융 투자에서 대박은 없다. 스스로 기대수익을 적절하게 낮추고 원금을 지키는 노력이 첫 번째

목표가 되어야 한다. 골을 먹지 않으면 최소한 지지 않는 법이다.

하지만 수비만으로는 절대 승리할 수 없다. 현재의 시장 상황에서는 안전하게 정기예금 수준으로 수익을 내는 수비형 투자로 기본을 탄탄히 다지면서 적절한 자산 배분을 통해 적극적인 투자를 병행해야 한다.

❷ 볼 점유율을 높여라.

요즘 축구 중계를 보면 수시로 양 팀 간에 볼 점유율과 패스 성공률이 화면에 뜨는 것을 볼 수 있다. 그만큼 볼 점유율이 중요하기 때문이다. 볼 점유율이 높고 패스 성공률이 높은 팀이 대부분 승리한다. 또한 포메이션에 따라 성과가 달라지므로 안정적인 수비를 바탕으로 미드필드에서의 적극적인 몸싸움을 통해 주도권을 잡는 노력을 해야 한다. 자산도 마찬가지다. 자산의 규모가 얼마냐에 따라 투자한 수익이 달라지므로 하루라도 일찍 종잣돈을 모아 굴려가야 한다. 같은 수익률이라도 자산의 규모에 따라 얻는 수익이 다르며, 기본적으로 오래 투자할수록 자산은 늘어나는 법이다.

❸ 적절한 선수 기용이 필요하다.

선수들마다 각각의 장단점을 가지고 있고 감독은 이를 제대로 파악하여 상황에 맞는 선수를 교체, 투입해야 한다. 금융시장은 계속해서 변하고 있고, 투자상품이나 투자처는 계속 확대되고 있다. 그러므로 다양한 금융회사의 상품들을 파악해야 하며, 국내뿐만 아니라 전 세계로 눈을 돌려야 한다. 해외의 유명 선수를 스카우트하듯 우리의 투자 종목에도 적극적으로 해외주식형 펀드, 해외채권형 펀드 등 글로벌 투자상품들을 편입시켜야 경쟁력이 생길 수 있다.

❹ 전후반의 체력 안배가 중요하다.

축구는 전후반 90분 경기다. 적절하게 체력을 안배하여 경기 종료를 알리는 호루라기가 울릴 때까지 뛰어야 한다. 이때 각자의 자리에서 역할에 충실하면서 공격수와 미드필더, 그리고 수비수가 조화롭게 분산하여 균형을 이루고 협력할 때 체력 소모를 줄일 수 있다.

일반적으로 투자자산에 투자 비율을 정하는 방식으로 '100-나이의 법칙'을 많이 사용한다. 예를 들어 투자자의 나이가 30세인 경우에는 100 - 30은 70이므로 70%는 투자자산에 30%는 안전자산에 투자하는 것이다. 이는 나이가 젊을수록 위험에 대한 충격이 덜하고 재도전할 수 있는 시간적 여유도 있으므로 투자자산의 비중을 높여서 높은 수익을 추구하고, 점점 나이가 들어갈수록 투자자산의 비중을 축소하고 안정적으로 수비를 강화하는 조절도 필요하다.

100세를 살아야 하는 우리의 인생도 각 연령에 맞는 체력 안배가 필요하듯이, 투자하는 종목이나 자산의 규모도 본인의 나이와 투자 성향에 맞게 적절한 안배를 해야 무리가 없다는 점을 꼭 기억하기 바란다.

인생의 가장 먼 여행은
머리에서 가슴까지의 여행이라고 합니다.
냉철한 머리보다 따뜻한 가슴이
그만큼 더 어렵기 때문입니다.
그러나 또 하나의 가장 먼 여행이 있습니다.
가슴에서 발까지의 여행입니다.
발은 실천입니다.
현장이며 숲입니다.

신영복의 『처음처럼』 중에서

PART 2

기본이 되는 금융상품의 모든 것

CHAPTER 1

재테크의 기본이자 시작

예금·적금

주거래통장을 단순히 월급통장 쯤으로 생각해서는 안 된다. 사회초년생으로서 주거래통장을 만든다는 것은 주거래 금융회사를 선정하는 것과 같으므로 신중하게 선택해야 한다.

CHAPTER 1 · 재테크의 기본이자 시작 - 예금 · 적금

나만의 1번 통장, 주거래통장(급여통장)

　입출금통장은 돈을 모으거나 불려 나가기 위한 목적으로 사용하는 통장이 아니라 돈을 주고받거나 각종 자금의 결제 등을 원활히 하기 위한, 금융활동의 가장 기본이 되는 통장이다.

　예전에는 큰 구분 없이 주거래통장(일명 급여통장) 하나만을 사용했으나, 요즘에는 수입과 지출을 효율적으로 관리하고 투자의 효과를 증대시키기 위해 예비통장(일명 비상금통장)을 함께 활용하는 경우도 있다. 일부 재테크 책에서는 사용 목적에 따라 여러 개의 통장으로 구분하여 관리하도록 권하고 있으나, 현실적으로 그렇게 적극적인 사용자가 많지 않으므로 효율적인 관리를 위해 통합하여 주거래통장과 예비통장으로 나눠 관리하는 편이 낫다.

　이제는 입출금통장도 구분 관리의 시대, 이것이 재테크의 시작이다.

주거래통장(급여통장)

근로소득자의 급여통장, 개인사업자 및 일반인들의 생활비 통장인 주거래통장은 개인의 소득과 지출을 관리하는 기초 통장이다. 주거래통장을 단순히 월급이 들어오고 카드대금이나 각종 공과금이 빠져나가는 통장쯤으로 생각해서는 안 된다. 각종 금융상품에 가입하는 데 기반이 되는 통장이며, 앞으로 다가올 생애주기별 목적자금을 관리하는 첫 단추이기 때문이다. 대부분의 사람들이 이용 및 관리의 편리성 등을 이유로 최초로 통장을 개설한 은행에서 자동이체, 적금이나 펀드 등의 금융상품 가입, 그리고 대출 등을 받는다. 결국 주거래통장을 만든다는 것은 주거래 금융회사를 선정하는 것과 같으므로 신중하게 선택해야 한다.

그러면 주거래통장은 어떤 기준으로 선택하는 것이 좋을까?

첫째, 다양한 상품과 서비스가 제공되는 금융회사를 선택하는 것이 좋다. 아무리 인터넷과 모바일뱅킹이 활성화되어도 영업점 창구에 방문해야 하는 일이 발생하므로 많은 영업점을 보유한 금융회사가 이용하기 편리하며, 예금에서 펀드, 보험, 카드뿐만 아니라 대출까지 많은 상품과 서비스를 편리하게 제공받을 수 있는 은행이 적합하다.

둘째, 입출금이 자유로우면서도 출금, 이체 등 각종 수수료 면제 혜택과 우대금리 혜택이 많아야 한다. 그 가운데서도 수수료가 저렴한 상품을 선택하는 것이 가장 중요하다. 통장에 매월 평균적으로 50만 원이 남아 있었다고 할 때 적용이율이 연 0.5%라면 받을 수 있는 이자 금액이 2,500원에 불과하며, 이는 자동화기기에서 타행이체 몇 번 이용한 것과 같은 수준이다. 결국 금리 수익보다는 각종 수수료 면제 혜택을 활용하는 것이 훨씬 이득이다.

한국금융투자자보호재단에서는 금융투자자들의 주거래통장 선택을 돕고자 통장의 출금, 이체 수수료, 기본금리, 우대금리 등을 조사하여 발표했다(2014년 5월 기준).

[표 2–1] **수수료 등급별 각 은행의 주거래통장**

수수료 등급	은행명
최우수	한국씨티은행(참좋은 수수료제로 통장)
우수	국민은행(직장인우대종합통장), 신한은행(신한직장인통장) 외환은행(넘버엔통장), 하나은행(늘~ 하나 급여통장), SC은행(내 지갑 통장)
양호	기업은행(IBK급여통장), NH농협은행(채움샐러리맨우대통장) 우리은행(우리직장인재테크통장)

셋째, 은행 영업점과 자동화기기의 위치 및 분포도 살피고, 연계 서비스도 체크해야 한다. 해당 상품이 수수료가 제일 저렴하다고 하더라도 집이나 직장, 주로 이용하는 곳에서 찾을 수 없다면 다른 은행 자동화기기를 이용할 수밖에 없어 추가적인 수수료가 발생하기도 하며, 부득이하게 영업점을 방문하는 경우에도 불편함이 따른다. 또한 주거래통장을 통해 다른 상품을 연계하거나 대출받을 때의 부가적인 혜택 등도 중요한 판단의 기준이 된다.

새내기 직장인을 위한 Youth 고객 전용통장

각 은행을 대표하는 통장들은 수수료 면제 혜택과 추가 가입하는 적금의 금리우대 등 다양한 혜택을 통해 저원가성 자금을 끌어들이는 중요한 통로 역할을 수행하고 있다. 그런 가운데 대학생부터 사회초년생까지 특정 연령층을 대상으로 높은 수준의 금리 혜택과 함께 가장 많이 사용하는 전자금융 업무와 관련하여 수수료 면제를 내세우는 통장들이 있다.

[표 2-2] 주요 은행의 Youth 고객 전용통장

은행명	상품명	주요 특징
국민은행	KB스타트통장	가입 대상 : 만 18세~35세 이하 100만 원 이하의 금액 연 2.0% (금리우대 요건 : 카드 보유, 자동이체, 공과금, 적금 중 1개 보유) 전자금융 수수료 면제 등
신한은행	신한 S20통장	가입 대상 : 만 18세~30세 이하 200만 원 이하의 금액 연 1.75% (금리우대 요건 : 신용, 체크카드 결제, 휴대전화 요금 자동이체, 적금 자동이체) 전자금융 수수료 면제, 인쿠르트 취업상품권 1만 원 등
우리은행	우리신세대 플러스통장	가입 대상 : 만 18세~30세 이하 100만 원 이하의 금액 연 2.0% (금리우대 요건 : 급여 이체 실적, 신용·체크카드 사용 승인, 적립식 상품 자동이체, 휴대전화 요금 자동이체, 학자금대출 원리금 이체) 전자금융 수수료 면제 등
하나은행	하나 빅팟 슈퍼 월급통장	가입 대상 : 만 18세~35세 이하 50만 원 이상 200만 원 이하의 금액 연 1.5% (금리우대 요건 : 2회 이상 급여 이체 실적이 있는 경우) 무제한까지 면제 가능한 전자금융 수수료

(2015. 7. 15 기준)

기존의 고금리 입출금 상품들이 큰 금액을 입금해야 많은 금리를 주는데 반하여, 이 상품들은 평균 잔액 100~200만 원 이내의 소액에 대해서만 금리우대를 적용하고, 넘는 금액은 기본금리 0.1%를 적용한다는 점이 특징이다. 이는 2~30대 고객의 입출금통장 평균 금액이 40만 원 내외로 많지 않은 점에 착안한 것이다. 대신 체크카드 사용, 적금 자동이체, 휴대전화 요금 이체 등 최소한의 요건은 충족해야 한다.

주거래 은행이 마음에 들지 않으면 계좌이동제를 활용

은행 거래를 하다 보면 서운한 마음이 들기도 하고 여러 가지 이유가 쌓여 큰 불만으로 이어지면서 민원을 제기하기도 하지만 대부분의 고객들은 그대로 은행 거래를 유지했다. 은행을 바꾸려면 주거래통장을 바꾸고 여기에 부수적으로 연결되어 있는 각종 공과금, 카드 대금, 보험료, 통신비, 동창회비 등을 일일이 변경하고 확인해야 하는 엄청난 번거로움 때문에 감히 엄두를 내지 못했기 때문이다. 주거래통장을 바꾸는 불편함 때문에 숨죽이며 살았던 고객들은 2015년 10월부터 시작된 '계좌이동제 Bank Account Switching'를 활용하면 된다.

계좌이동제란 기존에 거래하던 은행 계좌를 다른 계좌로 바꾸면 별도의 요청 없이도 카드 대금, 공과금 등과 같은 각종 이체 항목들도 자동으로 새로운 계좌로 옮겨지는 서비스를 말한다. 이 제도는 휴대전화의 번호이동제와 같은 개념이다.

단계적으로 시행되는 계좌이동제의 업무 처리는 금융결제원에서 운영하고 있는 '자동이체통합관리시스템(www.payinpo.or.kr)'을 이용하여 처리하면 된다. 현재 은행 창구, 인터넷, 모바일뱅킹 등으로 조회, 해지, 변경 서비스가 가능하다.

이에 따라 은행에서도 주거래통장을 새로 만드는 신규 고객의 유치와 함께 기존 거래 고객의 이탈을 방지하기 위한 전략에 골머리를 앓고 있다. 이는 입출금통장이 여유자금 유치뿐만 아니라 이에 부수적으로 파생되는 펀드나 연금 등 다른 금융상품으로의 연계까지 이어진다는 점에서 사활을 건 전쟁인 것이다.

결국 계좌이동제의 가장 큰 기대효과는 은행 거래의 편리성을 들 수 있다. 우리금융경영연구소에서 조사한 바에 따르면 주거래통장의 변경을 위해 고객이 개별적으로 접촉해야 하는 이체 대상 기관이 약 7.5개 정도라고 한다. 일일이 그 많은 기관들과 접촉하며 확인해야 하는 불편함을 단 한 방에 해결해주는 것이다. 또한 은행 간에 경쟁을 활성화시킴으로써 고객은 금리나 수수료 등에서 더 나은 조건과 혜택을 누릴 수 있다는 것이다.

반면에 통장 계좌번호가 새로운 것으로 바뀌고, 기존에 주거래 은행에서 받았던 각종 혜택들이 소멸되는 점은 감수해야 한다.

CHAPTER 1 · 재 테 크 의   기 본 이 자   시 작 – 예 금 · 적 금

투자의 첫걸음, 예비통장

 병원비와 같이 예상하지 못했던 지출이 발생하게 되면 종잣돈을 모으기 위해서 또는 본인의 재무목표 달성을 위해 준비하던 계좌를 중도해지하는 문제가 발생할 수 있다. 이에 대비하기 위해 준비하는 통장을 예비통장, 일명 비상금통장이라고 한다.
 이 통장을 따로 준비하는 이유는 주거래통장에 예비 자금을 함께 보관하다 보면 야금야금 빼 쓰게 되고, 한 달의 수입과 지출을 관리하기 어려운 문제가 발생하기 때문이다.

 그러면 예비통장은 어떤 상품이 좋을까?
 통장의 사용 목적상 언제든지 필요할 때 쉽게 찾아 쓸 수 있고, 기간을 한정하지 않으면서도 높은 금리를 주는 상품이 최적의 상품이라고 할 수 있다. 이런 기준에 가장 가까운 상품으로는 은행에서 판매 중인 MMDA

와 MMT, 은행과 증권사에서 판매 중인 MMF, 증권사에서만 판매하는 CMA, 그리고 은행과 증권사 복합연계 상품 등이 있다. 최근 기준금리가 1%대로 떨어지면서 상품 간 금리 비교 차이가 줄어들었지만 주거래통장과 비교할 때 큰 경쟁력을 가지는 만큼 본인에게 맞는 상품을 찾는 노력이 필요하다.

CMA(Cash Management Account)

가장 많은 사람들이 추천하는 예비통장은 입출금이 자유로우면서 금리도 높고 주식, 펀드 등에 쉽게 투자할 수 있는 CMA이다. 하루를 예치해도 높은 수익을 얻을 수 있고, 최근 다양한 부가서비스까지 제공함에 따라 은행의 주거래통장과도 경쟁하고 있는 증권사의 단기 재테크 상품의 대표주자이다.

[표 2-3] **CMA의 4가지 유형**

종류	종금형 (발행어음형)	RP형	MMF형	MMW형
투자 대상	수익증권, CP, CD, RP 등에 투자	국공채, 은행채, 우량회사채 등에 투자	자산운용사가 단기 국공채, CP 등에 투자하여 운용	한국증권금융의 콜과 예치금에 투자
수익률 형태	실적배당	확정금리형	실적배당	실적배당
특징	예금자보호 대상	약정된 수익률을 기간별로 차등 지급	익일 환매	Wrap상품의 일종 매영업일 이자 정산으로 일복리 효과

CMA는 은행 상품과 달리 수익을 내기 위해 운용하는 대상에 따라 보통 4가지로 나뉘며, 운용 구조에 따라 투자자가 주의해야 할 점도 다르므로 꼼꼼히 챙겨봐야 한다.

현재 CMA의 대부분은 RP형으로 발행되고 있으며, 1인당 5천만 원까지 예금자보호가 되는 종금형 CMA는 예전에 종합금융회사 업무를 수행했던 메리츠종금증권, 유안타증권(예전 동양종금증권) 등에서 CMA의 한 종류로 판매하고 있으나, 요즘 수익률이 낮아서 관심도가 떨어지고 있다.

[표 2-4] 운용 대상별 CMA 현황

구분	종금형	RP형	MMF형	기타	합계
금액	26,075	310,239	32,774	137,764	506,852
계좌수	181,313	8,201,179	812,606	2,178,166	11,373,264

(출처 : 금융투자협회, 2015년 7월 13일 기준) (단위 : 억 원, 개)

CMA의 장점은 금액에 상관없이 하루만 맡겨도 높은 수익을 얻을 수 있으며, 입출금이 자유롭다는 점이다. 그리고 대부분의 투자자들이 가입하는 상품이 RP형으로 투자기간에 따른 약정수익률을 투자 시점에 확정해서 알 수 있으며, 다른 금융회사와의 제휴를 통해 신용(체크)카드를 연계하여 입출금 등 연계 사용이 가능하다. 더구나 최근에는 급여 이체, 각종 공과금의 자동이체, 인터넷뱅킹 등 기존 은행 업무까지 활용 범위가 점점 넓어지는 추세이다.

반면 CMA의 단점은 투자 운용에 따른 수익을 투자자에게 돌려주는 실적배당형 상품으로 예금자보호가 되지 않는다는 점이다. 또한 증권사에서 판매되는 상품으로 인터넷, 모바일이 활성화됨에도 불구하고 부득이 영업점을 방문할 경우 불편함을 가질 수 있고, 출금이나 각종 서비스를 직접적으로 하지 못하고 다른 금융회사와 제휴하여 사용함에 따라 투자자들이 출금 제한, 수수료 발생 등 일부의 불편을 감수해야 하는 측면이 있다.

CMA 이외에도 예비통장으로 활용 가능한 상품

많은 재테크 책에서 CMA의 장점을 홍보하며 예비통장으로서 유일한 것처럼 얘기하지만 사실은 CMA와 경쟁할 수 있는 다양한 상품이 있다.

MMF는 자산운용회사에서 단기 금융상품에 투자하여 수익을 내는 실적배당형 상품으로, 은행과 증권사 모두에서 판매하는데 투자자들에게 친숙한 대표적인 단기 금융상품이다(2015년 6월 말 순자산 총액 기준으로 개인 27조 270억 원을 포함하여 총 106조 6,699억 원임).

MMF는 법적으로 1년 이내의 우량 채권에만 투자하도록 되어 있어 상대적으로 안전한 운용을 통해 손실의 위험이 거의 없으며, CMA 수준의 높은 수익률을 얻을 수 있기 때문에 은행에서 투자 대기 자금을 일시 예치하는 입출금통장으로 사용할 수 있다는 장점을 갖고 있다.

하지만 금리가 상승하면 수익률이 떨어지고, 시장이 급변하면 유동성의 문제가 발생할 수도 있으며, 자산운용사들이 수익률 경쟁을 하는 경우 낮은 신용등급의 채권 편입에 따른 리스크를 가질 수 있다. 또한 CMA

와는 달리 자체 카드 발급이 안 되고, 자동이체 등 결제 기능이 없는 독립된 단기 금융상품으로만 활용할 수 있다.

MMDA는 은행에서 판매하는 고금리 입출금통장으로 예금자보호가 되는 장점이 있으나, 예치 금액에 따라 수익률이 달라지며 타 상품 대비 금리가 낮은 단점이 있어 1억 원 이내의 자금인 경우에는 경쟁력이 떨어진다.

MMT는 은행 자체적으로 운용하는 특정금전신탁의 일종으로 경쟁상품 대비 우량한 자산에 1일물로 투자함으로써 안전성과 유동성을 갖는다. 은행에서 상대적으로 신용도가 높은 자산을 중심으로 편입하여 운용함에 따라 수익률은 다소 떨어지나 자체 수수료 축소 등을 통해 MMF 수준의 금리 경쟁력을 가지고 있다.

결론적으로 CMA나 MMF 등은 지금 같은 초저금리 시대에 단기 자금을 예치하여 상대적으로 높은 수익을 얻을 수 있는 좋은 예비통장이라는 점이다. 최초 상품 가입할 때는 최저 금액에 제한이 있으나 이후에는 금액 제한 없이 자유롭게 입출금이 가능하다. 그러므로 본인에게 맞는 최상의 상품을 선택하여 투자하도록 하자.

그러나 꼭 기억해야 할 것이 2가지 있다. 하나는 이 상품들은 단기 재테크 상품인 만큼 재무목표에 맞는 장기 투자상품은 아니라는 점이다. 그러므로 비상예비자금을 제외한 여유자금은 본인의 재무목표에 맞는 금융상품에 투자해야 한다. 다른 하나는 CMA나 MMF 등의 수익률이 높다고 좋아할 일도 아니라는 것이다. 투자 대상이나 운용방식이 거의 똑같은 국내 상황에서 수익률이 높다는 것은 결국 편입한 투자자산의 신용도가 떨어진다는 의미이며, 결국 투자자의 더 큰 리스크로 돌아올 수 있음을 명심해야 한다.

[표 2-5] **주요 고금리 상품 비교**

상품명	MMDA	MMF	MMT
판매 회사	은행	은행, 증권사	은행
최저가입금액	5백만 원	1백만 원	5백만 원
수익률 형태	확정금리	실적배당	실적배당
입출금 여부	당일 입금, 출금	T+1일 입금, 출금.(현재 개인의 경우 한시적으로 당일 출금 가능)	당일 입금, 출금
장점	예금자보호대상 상품, 24시간 거래 가능	CMA 수준의 높은 수익률, 판매회사가 다양.	높은 수익률, 운용자산의 신용도가 높음.
단점	예치 금액에 따라 이율이 차이가 남.	수익률 변동, 카드 발급, 자동이체 등 불가. 거래 시간 제한(9시~17시)	수익률 변동, 카드 발급, 자동이체 등 불가. 거래 시간 제한 (9시~17시)

CHAPTER 1 · 재테크의 기본이자 시작 – 예금 · 적금

은행 수수료 아끼는 노하우

효과적인 투자를 통해 높은 수익을 달성하는 것 못지않게 중요한 것이 불필요한 지출을 줄이는 것이다. 초저금리 시대에 한 푼이 아쉬운 속에서 금융소비자들이 가장 아까워하는 은행 수수료를 아끼는 노하우를 알아보자.

첫째, 본인의 주거래 은행을 만든다.

보통 재테크를 이야기할 때 반드시 나오는 것이 주거래 은행을 만들라는 것이다. 이는 본인이 거래하여 쌓은 실적에 대한 보상 서비스를 받기 위함이다. 대부분의 은행들은 고객의 예금, 대출, 카드 등 모든 거래 실적과 거래 기간 등을 점수화하여 주거래 등급을 산정한 후 그에 따라 수수료 및 금리우대 혜택을 부여하고 있다. 그리고 본인의 배우자, 부모, 자녀 등 가족의 거래 실적도 합산하여 주거래 등급 산정에 반영할 수 있

어 모든 가족이 다 함께 혜택을 누릴 수 있다. 다만, 가족의 실적을 합산하기 위해서는 개인정보보호를 위해 반드시 동의를 받아야 한다.

K은행의 예를 들면 가장 낮은 주거래 등급인 프리미엄 고객의 경우 인터넷, 모바일뱅킹 거래 시 수수료 전체가 면제되는 등 각 등급에 따른 금리 및 수수료 우대 혜택을 받을 수 있다. 주거래 등급은 예금이나 적금, 카드 이용 실적, 급여이체 등 은행 및 계열 회사의 모든 거래를 합산하여 산정하므로 조금만 관심을 가진다면 어렵지 않게 주거래 등급을 맞출 수 있다. 보통 매월 1회 주거래 등급을 산정하며, 한 번 선정된 고객 등급은 거래 실적이 없더라도 6개월간 유효하다.

둘째, 수수료가 면제되는 통장을 활용한다.

주거래 고객이 아니더라도 상품의 특성에 따라 수수료를 면제하는 통장들이 많이 있다. 고객의 특성에 따라 직장인, 여성, 사업자, 연금수령자 등을 타깃으로 한 상품이 출시되어 각종 우대 서비스도 제공되는 것이 일반적이므로 필요에 맞는 상품을 찾는 노력이 필요하다.

셋째, 전자금융 서비스를 적극 이용한다.

인터넷뱅킹, 텔레뱅킹, 모바일뱅킹을 이용하면 수수료가 거의 없다. 거래 실적이 없더라도 송금할 때 같은 은행은 면제이고, 다른 은행은 건당 500원 정도로 제일 저렴하다. 또한 창구 거래나 자동화기기를 통한 이체는 금액 구간에 따라 수수료 차이가 나지만 전자금융 서비스는 금액에 상관없이 동일하다(수수료가 비싼 순서 : 창구 〉 자동화기기 〉 전자금융).

넷째, 현금 출금이나 송금에 대한 생활습관을 바꾸는 노력과 관심이 필요하다.

은행 마감 시간인 16시 이후에는 수수료 부과 기준이 달라지기 때문에 영업 시간을 이용하며, 본인이 거래하는 은행을 이용하는 것이 좋다. 또한 자동화기기에서 현금을 찾을 때는 소액으로 여러 번 찾으면 수수료가 계속 나가기 때문에 한꺼번에 찾는 것이 훨씬 경제적이다. 그리고 자동화기기는 은행 자동화기기를 이용해야 한다. 편의점이나 지하철역에 있는 자동화기기는 은행 직영이 아니라 결제대행업체(VAN 사)가 운영하는 것이 대부분으로 수수료가 더 비싸기 때문이다.

각종 수수료에 대한 비교 및 확인은 전국은행연합회(www.kfb.or.kr) 홈페이지에서 손쉽게 확인할 수 있다.

 **TIP!**

요즘 통장 만들기 너무 힘들어요

요즘 은행 창구에 가서 입출금 통장을 만들려면 '왜 만드는지' '직장이나 집이 근처인지'에 대한 질문부터 시작해서 작성하는 서류도 많이 늘어나서 짜증을 내는 고객들을 심심치 않게 볼 수 있다. 예전에는 무조건 만들어줬는데 이렇게 까다롭고 복잡해진 이유가 뭘까?

그것은 바로 은행들이 대포통장을 근절하기 위해 전쟁 중이기 때문이다. 대포통장은 통장의 실제 사용자와 명의자가 다른 통장으로, 범죄조직이 불법적으로 돈을 주고 사거나 계좌 주인을 공갈하는 수법으로 가로챈 예금통장을 말한다. 이렇게 모은 대포통장을 보이스피싱이나 대출 사기에 활용하여 큰 피해를 입힘에 따라 은행들은 고객의 피해를 줄이기 위한 다양한 제도를 시행하고 있다.

최근 1개월 이내에 2개 이상의 계좌를 개설하는 '단기간 다수 계좌 개설자', 여권(또는 여행자증명서)만을 소지한 외국인, 미성년자가 단독으로 내점한 경우, 그리고 직장이나 집 등 연고가 전혀 없는 원거리에서 통장을 신규하는 등 은행이 의심스럽다고 판단되는 경우에는 '금융거래 목적 확인서'를 작성하도록 한다. 필요하다고 판단할 경우에는 추가 증빙서류를 받아 거래 목적을 확인해야 하며, 경우에 따라서는 통장 개설을 거부할 수도 있다.

2015년 1월 개정된 전자금융거래법에서는 대포통장에 단순히 명의만 빌려준 사람도 3년 이하의 징역 또는 2천만 원 이하의 벌금을 부과하도록 하고 있다. 그리고 1년간 입출금통장 개설 제한과 대포통장 명의인의 전 계좌에 대한 비대면채널 거래를 제한하도록 하고 있으며, 금융 거래 시(신용카드 발급, 대출 취급 심사 등) 통장 양도 이력 고객 정보를 심사의 참고자료로 활용하고 있다. 특히 통장을 다른 사람에게 빌려주면 돈을 받지 않았더라도 처벌될 수 있으니 절대 응하지 말아야 한다.

그리고 은행에서는 대포통장 근절을 위해 1년 이상 사용하지 않은 계좌의 자동화기기(CD, ATM기) 현금 인출 한도를 1일 최대 600만 원에서 70만 원으로 축소했다. 다만 고객이 직접 은행 창구에서 계좌 인출 한도 증액을 요청하는 경우에는 금융 거래 목적을 확인한 후 증액이 가능하도록 조치했다.

또한 모든 은행이 계좌 이체 후 10분 동안 자동화기기의 출금을 제한하고, 100만 원 이상 이체한 경우 30분간 자동화기기를 통한 인출을 제한함으로써 보이스피싱 등 금융사기 피해를 막기 위한 조치를 취하고 있다. 이런 제한 조치에도 불구하고 즉시 인출을 원하는 경우에는 은행 영업점 창구를 방문하여 인출하면 된다.

CHAPTER 1 · 재테크의 기본이자 시작 – 예금 · 적금

예금 · 적금의 가입 요령

저축의 방식은 2가지가 있다. 큰 돈이 없어서 조금씩 모아서 늘려 나가는 적립식 예금(적금)과 모아져 있는 목돈을 한꺼번에 저축하여 수익을 얻는 거치식 예금(예금)이 있다. 부자가 아닌 이상 대부분의 사람들은 적금을 모아서 종잣돈을 만들고, 모아진 종잣돈을 바탕으로 자산을 늘려가는 흐름을 따르게 된다.

사회생활을 처음 시작하면서 가장 손쉽게 시작할 수 있는 재테크의 기본이며 1순위는 예금과 적금이다. 예금자보호법에 의해 안전하게 보호를 받으면서 불가피하게 중간에 해지해도 원금 손해 볼 일이 없어 마음이 편하다 보니 사회초년생도 부담 없이 가입하는 상품으로 자산포트폴리오 구성의 기본이 되었다.

요즘 금리가 낮아서 수익도 안 나는데 저축을 할 필요가 있느냐는 얘기도 자주 듣는다. 그러나 수익성보다 저축 자체가 중요한 목적임을 분

명히 알아야 하며, 기대수익률은 낮지만 본인이 얼마만큼 노력하느냐에 따라 결과는 달라질 수 있다. 금리 5% 시대와 1% 시대에서 느끼는 0.1%의 금리 차이는 엄청나다. 투자형 상품들의 수익률과 비교할 수는 없지만, 현재 주어진 상황 속에서 0.1%라도 최대한 더 수익을 챙길 수 있는 방법을 실천하는 것이 중요하다.

첫째, 본인의 재무목표에 맞는 상품을 선정한다.

목돈마련에 실패하는 가장 큰 원인은 뚜렷한 목적도 없이 돈을 모으려고 하는 데 있다. 효율적인 목돈마련에 필요한 것은 본인의 현재 여건과 재무목표에 맞는 상품을 고르는 것이지 높은 금리를 주는 상품을 선택하는 것이 아니다. 금리만을 좇는 사람들은 불만을 토로하거나 중도에 해지하는 사례가 많이 있다. 아무리 안정적인 상품이라도 기본부터 충실히 해나가는 것이 중요하다. 자신에게 질문을 던져라. 언제 쓸 것인가? 얼마나 필요한가? 그럼 얼마의 금액을 어떻게 준비할 것인가? 이런 질문을 통해 확실한 목표의식을 가진 후 금액을 확정하고 목표기간까지 묵묵히 달려가자.

둘째, 금융회사의 홈페이지나 재테크 관련 인터넷 사이트 등을 방문하여 본인에게 맞는 상품을 찾아보고 금리나 조건 등을 비교해본다.

본인이 거래하는 금융회사를 방문하면 자사의 상품만을 안내하며 권유를 받게 된다. 예전에는 오래 거래하거나 고액 거래에 따른 금리우대를 받았지만 자금이 넘쳐나는 지금 상황에서는 예전과 같은 혜택을 받기 어려운 것이 현실이다. 그러므로 사전에 미리 생각하고 있는 조건에 맞춰 금융회사별, 상품별로 사전 비교를 해보는 것이 좋다.

여기서 유념해야 할 점은 인터넷상에 나와 있는 금리와 실제 영업점에서 적용하는 금리는 차이가 있다는 점이다. 인터넷상에서는 예전 특정일에 수집된 일반적인 기본금리를 반영하고 있으나, 영업점 창구에서는 고객과 금액에 따라서 영업점장이나 본부승인 금리를 적용하여 우대하기 때문이다. 반드시 사전에 영업점 직원과의 상담을 통해 정확하게 비교를 해야 한다.

셋째, 제2금융권의 금융상품을 활용한다.

제2금융권은 은행보다 규모가 작은 저축은행(예전의 상호신용금고), 새마을금고, 신협 등의 서민금융기관을 말하며, 은행과 비교해서 0.5~1.0% 내외의 더 높은 금리를 제공하고 있어 요즘 고객들의 발길이 늘어나고 있다. 특히 개별 금융회사마다 한시적으로 특판예금을 판매하고 있으므로 이때를 활용하는 것도 좋은 방법이다.

서민금융기관은 전반적으로 규모도 영세하고 대주주의 영향력이 절대적이라서 리스크 관리가 제대로 안 되는 경우가 있다. 결국 저축은행의 영업정지와 같은 사태가 가끔 발생하여 아직도 많은 사람들이 불안감을 가지고 있는 것도 사실이다. 하지만 이자를 포함하여 5천만 원까지는 예금자보호법이나 자체기금을 통해 보호해주므로 걱정하지 않아도 된다. 다만, 예금자보호법에 의한 금액 범위 내에서 자금을 운용하고, 타 기관과 비교하여 지나치게 고금리를 내세우는 곳은 자산 상태가 부실할 가능성이 높으므로 삼가하는 것이 좋다.

넷째, 인터넷뱅킹이나 모바일뱅킹을 활용한다.

한국은행에 따르면 2015년 6월 말 현재 국내 18개 은행에 등록된 인터넷뱅킹 가입자 수는 1억 1,327만 명, 모바일뱅킹 가입자 수는 6,935만 명이며, 이들의 하루 평균 이용 금액이 40조 원을 넘어서서 비대면채널을 통해 은행 업무를 보는 일이 점점 일상화되고 있다. 이에 따라 인터넷이나 모바일을 통해서 상품을 가입하면 금리우대를 해주는 금융상품들이 각 은행마다 넘쳐나고 있다. 각 금융회사들은 영업점을 방문하기 힘든 직장인들과 인터넷에 익숙한 젊은 층을 대상으로 다양한 금융정보와 함께 더 많은 혜택을 제공하고 있다. 창구에서의 상담 및 업무 처리가 생략됨에 따른 인건 비용에 대해 금리 혜택으로 돌려주는 것이므로 대부분의 상품이 창구에서 신규하는 것보다 금리가 조금 더 높은 편이며, 고객의 영업점 방문에 따른 번거로움을 줄일 수 있다.

다섯째, 최대한 우대금리 혜택을 챙긴다.

금융회사의 입장에서 보면 예금이나 적금으로 남길 수 있는 수익이 적다 보니 낮은 금리를 제공하고, 추가 수익을 확보하여 그 일부를 우대금리 형태로 제공하고 있다. 예를 들어 '신용카드 추가 사용 시 0.2% 금리 우대'라는 혜택을 받고 싶다면 다른 카드의 사용 금액을 조정하는 등 효율적인 사용 방안을 찾아보는 것도 좋다. 대신 추가적인 신용카드 사용으로 과소비가 이루어진다면 가입하지 않는 것만 못 하다는 것을 꼭 기억해야 한다. 결국 본인이 실질적으로 챙길 수 있는 우대금리 혜택을 찾아야 한다.

마지막으로 비과세종합저축을 최대한 활용한다.

수익은 세금을 정산한 후 손에 쥐는 실질적인 수익인 세후 수익률이 중요하다. 같은 상품을 가입하고서도 만기 때 수령하는 금액이 달라질 수 있기 때문이다. 2014년 말 세금우대종합저축이 없어지고 비과세종합저축으로 개편되었지만, 65세(2015년은 61세, 이후 1세씩 상향) 이상인 경우에는 5천만 원까지 비과세종합저축을 우선적으로 활용하고, 비과세종합저축 가입 대상이 아닌 경우에는 자격 요건이 된다면 재형저축이나 주택청약종합저축을 활용하는 것도 실질 수익을 높이는 방법 중의 하나이다.

비과세종합저축

2015년부터 세법이 개정되어 기존에 있던 세금우대종합저축과 생계형 저축이 없어지고 비과세종합저축으로 통합되었다. 비과세종합저축의 가입 대상은 65세 이상, 장애인, 독립유공자 등으로 최대 5천만 원까지 가입할 수 있다. 다만 기존 세금우대종합저축이 60세 이상부터 적용했기 때문에 2015년에는 61세를 적용하고 이후 1세씩 상향 조정하여 2019년부터는 65세 이상이 가입하도록 했다.

그리고 2015년부터 가입하는 것은 기존에 가입 중인 세금우대종합저축, 생계형 저축과 통합하여 한도를 운영한다. 기존에 세금우대종합저축이나 생계형 저축에 이미 가입하고 있던 계약자는 만기 때까지 그대로 세제 혜택을 받을 수 있다. 다만, 기존 가입한 상품은 만기의 연장, 가입 한도 증액, 그리고 자동 재예치되는 예금이나 적금은 인정하지 않는다.

구 분	기존(2014년까지)	개정(2015년부터)
세금우대종합저축 (이자 / 배당소득 9% 분리과세)	- 20세 이상 : 1천만 원 - 60세 이상 노인, 장애인, 독립유공자 등 : 3천만 원	폐지
생계형 저축 (이자 / 배당소득 비과세)	- 60세 이상 노인, 장애인, 독립유공자 등 : 3천만 원	- 비과세종합저축으로 명칭 변경 - 65세 이상 노인, 장애인, 독립유공자 등 : 5천만 원 (단, 2019년까지 단계적으로 1세씩 상향 조정)

비과세종합저축 가입 및 관리 요령

비과세종합저축은 새로운 상품 이름이 아니고, 본인이 가입하는 상품에 비과세 대상으로 등록하여 향후 해지 시 발생하는 이자에 대해 과세를 하지 않음으로써 예금 가입자에게 혜택을 주는 제도이다.

❶ 가능한 장기 상품에 가입하는 것이 좋다. 예치 기간이 길면 원금 대비 이자가 많이 발생하며, 이미 가입한 상품은 세제 개편으로 비과세종합저축이 폐지되더라도 예금, 적금 만기 시점까지는 그 혜택이 계속 유지된다.
❷ 가능한 거치식 상품 가운데 금리가 높은 상품으로 가입한다. 적금은 매월 불입함에 따라 실제 수령하는 금액이 적으므로 거치식 상품으로 한도를 사용하고 사용한도가 남는 경우에 사용한다.
❸ 주식의 매매차익은 과세되지 않으므로 주식형 펀드에 비과세종합저축 한도를 사용하지 않는다.
❹ 비과세종합저축 가입 대상자인 경우에는 무조건 먼저 가입한다. 신규 시점에 가입할 수 있으며, 중도에 한도가 부족한 경우에는 타 상품으로 변경이 가능하기 때문이다.

CHAPTER 1 · 재테크의 기본이자 시작 – 예금 · 적금

반드시 챙겨봐야 할 적금 상품

적금은 예금주가 일정한 기간을 정하여 매월 정해진 날짜에 일정 금액을 납입하면 은행은 예금의 만기일에 납입한 저축 금액에 약정한 이자를 더하여 지급하는 예금으로 정기적금, 상호부금 등이 있다.

직장인을 위한 대표 적금 상품

은행의 입장에서 적립식 상품은 직장인들을 대상으로 한 적극적인 마케팅 상품이다. 매달 꼬박꼬박 월급이 들어오고, 큰 돈이 아니라서 은행이나 고객의 입장에서 크게 부담이 없으며, 판매하기도 쉽고 다른 상품보다 유리한 혜택을 제공하기 때문이다.

[표 2-6] **주요 은행의 직장인 대상 적금 상품**

은행명	상품명	기본금리 (3년제)	우대금리 (최대)	주요 특징
국민은행	KB국민 첫재테크 적금	2.20	0.5%	3년제, 월 30만 원 한도, 월복리식 상품 가입 시점에 은행 적금이 없으면 0.2%, 모바일뱅킹 이체 실적 0.1% 만기시점 1천만 원 이상 저축 시 0.2% 우대
신한은행	직장IN플러스 적금	1.60%	1.1%	1~3년제, 월 100만 원 한도 급여 이체 0.5%, 급여 이체 고객 중 적금 이체 0.2%, 카드 결제 실적 0.1%, 신한생명 보험료 이체 0.1% 등 우대
하나은행	나의 소원 적금	2.00%	0.4%	1~3년제, 월 50만 원 한도 고객의 소원(10가지)별 원하는 목표 금액 설정하여 우대하는 적금 목표 금액 달성 0.2%, 추천인 번호 입력 0.2% 체크카드 사용 횟수 따라 최대 0.4%
NH농협	NH직장인 월복리적금	1.73%	0.80%	1~3년제, 분기 300만 원 한도 급여 이체 0.3%, 청약통장 또는 적립식 펀드 가입 0.2% 인터넷뱅킹 가입 0.1%, 카드 사용 실적 0.2%

(2015. 7. 15 기준, 연이율)

　요즘 은행 적금은 금리가 낮다 보니 1년만기 상품이 많으며, 길어야 3년 이내인 경우가 대부분이다. 그리고 낮은 기본금리 속에서 급여 이체나 신용카드 이용 실적, 다른 상품 추가 가입 등을 통한 우대금리로 금리 경쟁을 유도하고 있으므로 본인에게 적용될 실질금리를 확인하는 것이 좋다.

　최근 은행들은 스포츠 경기의 성적이나 영화의 흥행 성적에 따라 추가적인 우대이율을 적용하는 특판상품 형태의 적금들도 많이 출시하고 있으므로 관심을 가져볼 만하다.

사회초년생 종잣돈 마련의 길잡이 - ISA

저소득층의 재산 형성을 돕기 위해 나온 재형저축이 사라지면서 2016년 4월 새롭게 출시된 개인종합자산관리계좌(ISA, Individual Savings Account)는 근로소득자, 사업소득자, 농어민 등 소득이 있는 사람만 가입할 수 있으며, 가입 기간 5년, 가입 금액 연간 2천만 원 한도로 최장 5년간 1억 원까지 투자가 가능하다. 이때 순이익 중 200만 원까지는 비과세, 초과분은 9.9%로 분리과세 혜택을 볼 수 있다. 이 상품은 전 금융기관 1인 1계좌만 가능하고, 가입자가 1개의 계좌에 예금, 펀드, ELS 등 다양한 금융상품을 선택하여 투자하고 언제든지 운용상품을 변경할 수 있는 통합관리계좌로 운용된다. 또한 총 급여액 5천만 원 이하 근로자이거나 소득금액 3천5백만 원 이하 사업자인 경우에는 서민형으로 가입할 수 있다. 서민형은 의무 가입 기간 3년만 경과해도 비과세 혜택을 누릴 수 있으며, 비과세 한도도 400만 원까지 확대된다.

ISA 상품 가입 시에는 소득확인증명서(개인종합자산관리계좌 가입용)가 있어야 하며, 특정 상품을 지정하여 가입하는 신탁형과 금융회사의 전문가에게 자산운용을 맡기는 일임형 중에서 선택할 수 있다.

ISA는 판매 전부터 자산 증대와 절세를 동시에 만족시켜주는 만능통장처럼 홍보하였으나, 가입 금액도 제한적이고 비과세 혜택도 적으며, 투자에 따른 손실 부담감 등으로 인해 국민들의 관심에서 멀어졌다.

하지만 ISA는 사회초년생들에게는 나름대로 매력적인 상품이다. 소득이 적은 사회초년생들은 의무 가입 기간 3~5년으로 종잣돈 마련 기간과 유사하며, 투자 성향에 따라 금리도 높고 예금자보호도 되는 저축은행 정기예금부터 투자형 상품까지 다양하게 선택하여 운용할 수 있으며 절세효과까지 있기 때문이다.

사회공헌 차원의 최고금리 상품

저금리 속에서도 제2금융권이나 대출금리보다도 훨씬 높은 금리를 주는 은행 상품들이 있다. 일반인들이 아닌 서민, 사회취약계층, 국군장병 등 가입 대상자를 한정적으로 판매하는 사회공익적 차원의 상품들이다. 이 상품들은 금리도 높고 중도해지에 따른 손해도 별로 없어 좋기는 하지만, 가입 기간이 짧고 가입 한도가 적은 것이 단점이다.

[표 2-7] 사회공헌 차원의 공익 적금

은행명	상품명	주요 특징	최고 금리
국민은행	KB국민 행복적금	가입 대상 : 기초생활수급권자, 소년소녀가장, 새터민, 근로장려금수급자, 한부모가족지원 보호대상자, 결혼이민자 주택 구입, 입원 등 사유 발생 시 특별중도해지서비스, 만기해지 시 우대금리 제공(정액 적립 3%, 자유 적립 2%) 1년, 월 50만 원 한도	1년 7.5%
신한은행	신한 새희망적금	가입 대상 : 총 급여 1,500만 원 이하 근로자, 기초생활수급권자, 소년소녀가장, 새터민, 근로장려금수급자, 한부모가정, 서민금융대출 완제고객 18개월 이후에는 중도해지해도 연 4% 금리 적용 3년, 월 20만 원 한도	3년 5.75%
국민은행	KB국군희망준비적금	군 의무복무병 월 10~20만 원 한도, 6개월~2년	2년 5.8%
	KB국군장병우대적금	군 의무복무병을 제외한 군인(각 사관생도, 후보생 포함) 월 50만 원 한도, 1~3년	2년 5.1%
우리은행	우리 국군 사랑 적금	군복무 중인 병사 및 입영 예정자(직업군인 제외), 월 20만 원 한도, 1~2년	2년 5.0%
하나은행	하나 베레모적금	군복무 중인 병사 및 군간부(후보생 포함), 입영 예정자, 월 20만 원 한도, 6개월~2년	2년 5.5%

(2015. 7. 15 기준, 연이율)

TIP!

내 돈의 안전지킴이, 예금자보호제도

만약 금융회사가 예금을 지급하지 못하게 되거나 파산 위험이 있다는 소문이 들리면 예금자들은 자기 돈을 찾기 위해 금융회사로 달려가서 예금을 인출하는 사태가 발생하게 되는데, 이를 '뱅크런(Bank Run)'이라고 한다. 그래서 정부가 만들어놓은 안전장치가 바로 예금자보호제도이다. 예금자보호제도는 금융회사가 영업 정지나 파산 등으로 고객에게 예금을 지급하지 못하게 되는 사태가 발생했을 때 고객의 예금을 안전하게 보호해주기 위해 만든 제도이다.

예금자보호법에 의해 설립된 예금보험공사가 평소에 금융회사들로부터 보험료를 받아서 기금을 적립한 후 금융회사가 예금을 지급할 수 없을 때 해당 금융회사를 대신하여 예금을 지급하게 된다.

예금보호 대상은 예금보험 가입 기관인 은행, 보험회사, 상호저축은행, 증권회사, 자산운용회사 등 다양한 금융회사의 예금 상품이다. 다만 실적배당형 상품은 보호 대상이 아니다.

> ※착각하기 쉬운 비보호 금융상품
> 양도성예금증서(CD), 환매조건부채권(RP), 특정금전신탁, MMF, CMA, 펀드, 주가연계증권(ELS), 기업어음(CP), 변액보험, 은행발행채권, 후순위채권

예금자보호 대상 금액은 원금과 이자를 포함하여 1인당 최고 5천만 원(세전)까지이며, 이자는 약정이자와 예금보험공사의 결정이자 중 적은 금액으로 한다.

이때 예금자보호 대상 5천만 원은 예금의 종류나 거래 지점을 불문하고 1개 금융회사 내에서 예금자 1명이 보호받을 수 있는 총 금액이며, 대출이 있는 경우에는 예금에서 대출금을 먼저 상환하고 남은 예금을 기준으로 한다.

예금자보호 여부는 대부분 금융상품 가입 약관에 표시되어 있으며, 예금보험공사 홈페이지(www.kdic.or.kr)를 통해서도 확인할 수 있지만, 쉽게는 통장이나 증서에서 예금자보호 여부를 확인하면 된다(예 : 이 금융상품은 예금자보호법에 따라 예금보험공사가 보호하지 않습니다).

참고로 농·수협 지역조합, 신용협동조합, 새마을금고는 예금자보호법에 의한 보호 대상이 아니다. 그러나 해당 조합 중앙회에서 자체적으로 조성한 보호기금을 통해 원리금을 합하여 1인당 5천만 원까지 보호한다. 그리고 우체국 예금·보험은 '우체국 예금·보험에 관한 법률'에 따라 정부가 금액에 상관없이 전액 지급을 보장한다.

CHAPTER 1 · 재 테 크 의   기 본 이 자   시 작 – 예 금 · 적 금

예금·적금의 효율적인 관리 방법

첫째, 적금의 납입 관리를 철저히 한다.

적금에는 매월 일정 금액을 납입하는 '정기적립식 적금'과 본인이 원하는 금액을 원하는 시점에 자유롭게 납입할 수 있는 '자유적립식 적금'이 있다. 가입 시점에 생각해보면 여유자금이 생길 때마다 많이 적립할 수 하는 자유적립식 적금이 좋아 보이겠지만 현실적으로 영업현장에서 보면 상당수의 고객들이 가입만 해놓고 만기가 도래하는 경우를 볼 수 있다. 같은 적금이지만 금리도 더 낮고, 만기 시점에 적립한 금액도 의지와는 다르게 적으며 불안정한 만큼 정기적립식 적금으로 가입하는 것이 좋다. 또한 매월 적립할 금액 외에 불규칙적으로 여유자금이나 보너스가 생긴다면 정기적립식 상품 중에 추가 입금이 가능한 상품을 선택하여 납입하거나 별도의 자유적립식 상품을 추가 가입하여 적립하는 것이 좋다.

그리고 정기예금은 목돈을 넣어놓고 만기까지 기다리면 되지만 적금

은 매달 일정 금액을 쌓아가는 상품인 만큼 무조건 자동이체를 하고 지속적으로 이체가 되는지 확인해야 한다. 그래야 잔액 부족이나 기타 사유 등으로 이체가 안 되어 목표 금액을 모으지 못하고 중도해지하는 것을 예방할 수 있다.

만약 중도에 납입이 중지되었다면 그냥 해지하지 말고 미납금액을 납입한 후 만기이연일수만큼 경과하여 해지하면 손해가 없다. 만기이연일수는 '총납입지연일수 누계 ÷ 계약월수'이다. 특히 예전에 가입한 금리가 높은 적금인 경우 훨씬 유리하지만 일정 요건을 충족해야 하는 경우가 있으므로 개별 상품을 확인해야 한다. 예를 들어 3년짜리 적금을 6개월(누적일수 630일) 지연했다가 납입한다면 630 ÷ 36 = 17.5로, 즉 18일 후로 만기가 연장이 되어 최초 약정금리로 원리금을 수령할 수 있다.

둘째, 중도해지에도 요령이 있다.

생활을 하다 보면 부득이하게 목돈이 필요한 경우가 발생할 수 있다. 무조건 해지라는 최악의 방법을 쓰지 말고, 영업점을 방문하여 직원에게 상담을 받는 것이 좋다. 정기예금으로 예치한 경우에는 분할인출이 가능한 상품도 많이 있어 필요한 금액만 일부 해지하면 해지 금액은 중도해지가 아니라 경과된 기간만큼의 정기예금 기본이율로 이자를 지급하고, 나머지 잔액은 그대로 만기까지 유지할 수 있다.

또한 적금을 해지하는 것보다 대출이 유리한 경우도 많이 있다. 중도해지가 안 되거나 만기가 얼마 남지 않은 경우, 그리고 자금의 일시적인 융통을 위해 짧은 기간 동안 자금이 필요한 경우에는 해당 예금이나 적금을 담보로 대출을 받을 수 있다. 준비서류도 없으며 가입 상품에 따라서 적립 잔액의 100%까지 즉시 받을 수 있으며, 대출이자는 해당 예금이나 적금 금리에서 1.5% 이내로 가산한 대출금리를 적용받는다. 그러나 해당 상품보다 더 비싼 이자를 부담해야 하므로 절대 장기간 사용해서는 안 된다.

[표 2-8] **적금 만기 3개월 전에 예금담보대출을 취급한 경우의 예**

구분	조건	적용 이율	만기 시 발생 이자	실제 수령 이자
적금	3년제, 월 100만 원	3.00%	세후 1,408,590원	1,089,840원
예금담보대출	3천만 원 3개월	4.25%	318,750원	

그리고 고금리 예금이라서 예금담보대출의 금리가 높은 경우에는 예금을 담보로 일반 대출을 받거나 그간의 거래기여도를 바탕으로 신용대출도 문의하여 유리하게 대출받을 방안을 모색하는 것이 좋다. 부득이 여러 계좌를 해지해야 한다면 손해를 최소화하기 위해 가입 시기가 얼마 되지 않은 상품, 금리가 더 낮은 상품, 소액인 상품을 우선으로 해지하는 것이 좋다. 그런데 이런 여러 조건들을 생각하기 귀찮다면 창구 직원에게 상담을 요청하여 가장 유리한 방안을 찾는 것이 좋다.

셋째, 만기 후 이자는 거의 없으므로 만기 관리를 철저히 해야 한다.
금융감독원 금융소비자보호처가 조사한 결과에 의하면 2013년 말 현재 은행의 정기예금과 적금 중 만기 이후 고객이 찾아가지 않은 규모가

134만 5천 건에 10조 1,923억 원 수준으로 전체의 1.7%에 달하며, 이 가운데 1년이 초과된 것이 37%를 차지하고 있다. 이는 은행들의 만기 경과 안내 부족과 낮은 금리 적용에 대한 설명 미흡 등 소극적인 고객 관리 활동과 함께 고객들의 무관심이 낳은 결과다.

대부분의 은행들은 만기가 지난 정기예금이나 적금에 대해서는 만기 경과 후 1개월까지는 해당 상품의 우대이율을 제외한 기본이율의 50% 정도를 지급하고, 1개월이 경과하면 연 0.1~1.0% 수준의 아주 낮은 이율을 적용하고 있어 불이익이 상당히 크다.

은행의 입장에서는 만기 경과 시 입출금통장 수준의 높은 수익을 챙길 수 있어 적극적인 안내 활동이 부족한 부분도 일부 있으며, 고객이 이사나 전화번호 변경 등으로 연락이 두절되어 안내가 불가한 경우도 상당히 많은 편이다. 그러므로 이사나 휴대전화번호 변경 등 연락처가 바뀌면 바로 변경 신청을 해야 하며, 철저하게 만기 관리를 해야 한다. 은행 창구를 방문하는 것이 불편한 경우에는 자동 재예치나 만기 시 지정계좌 자동입금 서비스 등을 활용하는 것도 방법이다.

CHAPTER 1 · 재 테 크 의 기 본 이 자 시 작 – 예 금 · 적 금

내 집 마련의 첫걸음, 주택청약통장

　사회초년생들이 결혼을 준비하고 미래를 설계하면서 가장 중요하게 생각하는 것 가운데 하나가 내 집 마련이다. 많은 사람들은 안정적인 삶을 위해 본인 이름으로 된 집을 꿈꾼다. 하지만 내 집 마련은 마음먹는다고 해결되는 것이 아니다. 요즘처럼 하늘 모르고 치솟는 부동산 가격 상승은 삶의 의욕을 꺾고 결혼도 다시 생각하게 만든다.

　지난 정부에서는 청약제도 간소화와 청약에 대한 진입 장벽을 낮춤으로써 신규 분양시장에 활기를 불어넣고 주택거래 심리도 자극하는 부동산 시장 활성화 조치를 취하였다. 하지만 저금리와 갭투자 등으로 인해 가계부채가 급증하고 부동산 가격이 상승하는 등 부동산 투기가 확대되면서 2017년 '8·2 부동산 대책' 등 고강도의 정책들이 쏟아져 나오고 있다.

　그럼, 지금부터 내 집 마련을 위한 청약통장 가입에서부터 청약까지 하나씩 살펴보자.

아파트 청약을 하려면 제일 먼저 청약 관련 통장이 있어야 한다.

청약통장은 크게 4가지로, 국민주택에 청약할 수 있는 '청약저축', 전용면적 85㎡ 이하의 민영주택에 청약할 수 있는 '청약부금', 예치 금액에 맞춰 민영주택에 청약할 수 있는 '청약예금', 그리고 국민주택이나 민영주택에 구분 없이 어디든지 청약할 수 있는 '주택청약종합저축'이 있다. 이 4가지 중에서 본인이 주택의 유형이나 규모, 자금 여력 등을 감안하여 선택할 수 있으나, 2015년 9월부터 아파트 청약통장이 주택청약종합저축으로 일원화되고, 나머지 3개 통장 가입자는 예전 규정대로 청약이 가능하도록 주택법이 개정되었다.

[표 2-9] **청약통장의 종류**

구분	청약예금	청약부금	청약저축	주택청약종합저축
가입 대상	만 19세 이상 개인 (외국인, 재외동포 포함)		만 19세 이상 무주택 세대구성원(외국인, 재외동포 불가)	제한 없음
신청 가능 주택 유형	모든 민영주택	85㎡ 이하 민영주택	국민주택	제한 없음
	민간 건설 중형국민주택(전용면적 60~85㎡ 이하)			
취급 은행	전국 16개 은행		우리, 기업, 농협, 신한, 하나, 국민은행	
저축 방식	면적별 청약 예치금을 일시금으로 예치	매월 일정액을 적금 형태로 납입	매월 10만 원 이하 일정액을 적금 납입	매월 2~50만 원 이내에서 자유롭게 납입
주택 규모 선택	통장 신규 시점에 결정		향후 청약 시점 결정	
소득공제	해당사항 없음		요건 충족 시 소득공제 가능	

※ **국민주택**: 정부의 예산 지원을 받거나 한국토지주택공사가 공급하는 전용 85㎡ 이하 주택
민영주택: 민간 건설업체가 자기자본으로 분양하는 주택

통장 하나로 모든 청약이 다 되는 '만능 통장'

주택청약종합저축은 국민주택이든 민영주택이든 상관없이 일단 가입하여 불입한 후, 청약 시점에 본인의 청약 요건과 상황에 맞춰 주택 유형을 선택하는 청약 상품으로 국내에 거주하는 재외동포와 외국인 거주자도 가입할 수 있다.

이 상품의 만기는 정해져 있지 않고 당첨 시까지이며, 적립 금액은 매월 2만 원 이상 50만 원 이내에서 자유롭게 납입할 수 있다. 주택청약종합저축은 잔액이 1,500만 원 미만인 경우 잔액 1,500만 원까지 정기예금처럼 한꺼번에 예치할 수도 있으며, 잔액이 1,500만 원 이상인 경우 월 50만 원 이내에서 자유 적립할 수 있다.

또한 2018년 1월 현재 약정이율이 1년 이상 연 1.5%, 2년 이상 연 1.8%로 은행의 정기예금 금리보다 높아서 최대 입금 가능 금액인 2,700만 원(1회차 1,500만 원 + 24회차 선납 1,200만 원)을 신규 개설하여 재테크 용으로 활용하는 사람들도 있다.

이 상품의 적용이율은 시중 금리를 감안하여 국토교통부에서 정하고 있으나 서민 대상 상품이며 금리에 후행하는 경향을 보이고 있어 현재까지 은행 평균금리보다 항상 높았다. 하지만 변동금리로서 정부의 고시에 의해 변동될 수 있으며, 금리 변경 시에는 각 납부 회차별 변경일 기준으로 변경 후 금리가 적용됨에 유의해야 한다.

주택청약종합저축은 주택청약 자격을 부여하며, 일정 요건을 갖춘 근로자에게 소득공제 혜택도 있어서 반드시 가입해야 할 상품이다.

주택청약종합저축 소득공제 혜택

① 대상자 : 총 급여액이 7천만 원 이하 근로자인 무주택 세대주
② 소득공제 요건 : 과세연도 12월 31일까지 가입 은행에 '무주택확인서'를 제출한 자
③ 소득공제 한도 : 해당 과세연도 총 납입 금액(연간 240만 원 한도)의 40%(96만 원 한도)
④ 추징 대상 : 특별중도해지 사유를 제외하고 가입일로부터 5년 이내 해지하거나, 국민주택 규모(85㎡)를 초과하는 주택에 당첨된 자는 기간 제한 없이 무조건 추징 대상임.
　특별중도해지 사유 : 사망, 해외 이주, 천재지변, 퇴직, 사업장의 폐업, 3개월 이상의 입원 치료 또는 요양을 요하는 상해나 질병 발생, 저축 취급기관의 영업 정지
⑤ 추징 금액 : 무주택확인서를 제출한 과세연도부터 이후에 납입한 금액(연간 최대 240만 원 이내) 누계액의 6%(지방세 포함 6.6%)

※2015년부터 소득공제 한도가 연간 120만 원에서 240만 원으로 확대되었으며, 중도해지에 따른 추징 시 실제 소득공제로 감면받은 세액이 추징금액에 미달하는 경우에는 이에 미달하는 사유를 증명하는 경우 실제로 감면받은 세액을 추징한다.

최초로 청약을 신청하기 전까지 표 2-10의 지역별 예치금액을 기준으로 본인이 공급받을 수 있는 주택의 면적을 선택해야 한다.

[표 2-10] 거주 지역별 청약예금 예치금액 기준

구분	청약 가능 전용면적			
	85㎡ 이하	102㎡ 이하	135㎡ 이하	모든 면적
서울, 부산	300	600	1,000	1,500
기타 광역시	250	400	700	1,000
기타 시, 군	200	300	400	500

(단위 : 만 원)

2017년 '8·2 부동산 대책' 발표로 청약관련 제도가 많이 변경되었다. 기존에 1순위 자격은 수도권에서는 청약통장 가입 후 1년(수도권 외 6개월)이 경과하고 납입 횟수 12회(수도권 외 6회) 이상이거나, 납입 금액이 청약지역별 예치금액 이상이었다.

하지만 현재는 수도권, 지방에 관계없이 투기 과열 지구 또는 청약 조정 대상 지역에서는 청약통장 가입 후 2년이 경과하고 납입 횟수가 24회 이상이거나 납입 금액이 청약 지역별 예치금액 이상이 되어야 청약 1순위 자격이 주어진다.

[표 2-11] **주택공급 1순위 기준**

구분		국민주택	민영주택
수도권	투기 과열 지구 청약 조정 대상 지역	2년 경과, 24회 이상 납입	2년 경과, 기준 금액 이상 납입
	일반 지역	1년 경과, 12회 이상 납입	1년 경과, 기준 금액 이상 납입
지방	투기 과열 지구 청약 조정 대상 지역	2년 경과, 24회 이상 납입	2년 경과, 기준 금액 이상 납입
	일반 지역	6개월 경과, 6회 이상 납입	6개월 경과, 기준 금액 이상 납입

또한 민영주택 공급 시 가점제를 우선 적용하여 입주자를 모집해야 하는 주택 비율이 85㎡ 이하 민영주택의 경우 투기 과열 지구에서는 75%에서 100%, 청약 조정 대상 지역에서는 40%에서 75%로 확대되었다.

85㎡ 초과 민영주택의 경우에는 투기 과열 지구는 종전대로 50%, 청약 조정 대상 지역은 그간 가점제 적용을 하지 않았으나 30%를 적용한다.

유주택자(주택을 소유한 세대에 속한 자)는 가점제 적용이 제외되고 투기 과열 지구 및 청약 조정 대상 지역에서 가점제 적용 비율이 확대됨에 따라 무주택 실수요자가 주택을 우선 공급받을 수 있는 기회가 확대되었다.

청약 자격의 발생순위 산정 시에는 매월 납입금을 순차적 월부금으로 간주하므로 매월 정해진 날짜에 입금하지 않으면 지연일수가 적용되어 순위 발생이 늦어질 수 있으며, 미리 납부한 경우에는 24회차까지 가능하지만 청약 순위는 해당 회차가 인정되는 일자에 도달해야 발생한다. 또한 미성년자가 가입한 경우에는 국민주택 청약 시 납입 회차는 최대 24회차만 인정하고, 민영주택 청약 시(가점제 적용할 경우) 가입 기간은 최대 2년만 인정한다.

그러면, 현재 청약예금이나 부금에 가입(85㎡ 이하) 중인데 100㎡의 아파트에 청약하려면 어떻게 할까?

'예치금액 변경'을 통해 청약을 하면 된다. 예치금액 변경이란 청약예금이나 청약부금 가입 후 면적별 예치금액을 증액하거나 감액하여 청약 가능한 주택의 면적을 변경하는 방법을 말한다. 청약 시점에 주택 규모를 결정할 수 있는 주택청약종합저축과 달리 청약예금·부금은 가입 시점에 주택 규모가 결정되어 있어 상황 변화에 따른 주택 선택에 어려움이 있었다. 그래서 예치금액 변경 등 제한사항들을 완화하여 주택 규모 변경은 횟수에 제한 없이 예치금 변경 시 즉시 가능하며, 현재의 예치금액 이하의 주택에 대해서는 자유롭게 청약을 허용했다.

그리고 큰 면적으로 변경하는 경우에는 최초 입주자 모집 공고일 전일까지 변경해야 청약이 가능하다. 거주지 기준은 주민등록표상의 거주지를 의미하며, 주택청약 관련 상품 가입 이후에 다른 지역으로 거주지를 이전한 경우에는 청약 신청 전까지 최종 주소지에 해당하는 지역별 예치금액 기준으로 변경하여야 한다.

청약 접수에 있어 특별공급분은 사업 주체에서 직접 접수하며, 일반공급분에 대해서는 청약자가 청약통장을 가입한 은행의 영업점이나 금융결제원의 아파트청약 사이트(www.apt2you.com)를 통해서 08시부터 17시 30분까지 접수가 가능하다. 이 사이트는 분양 정보에서부터 청약, 그리고 당첨 확인까지 주택청약과 관련한 모든 정보를 담고 있어서 활용하면 유용하다.

청약할 때 은행에서는 청약 자격에 대한 확인(검증)을 하지 않으며, 향후 당첨자에 한하여 사업 주체인 건설회사가 확인하므로 사전에 청약 자격을 반드시 확인해야 한다. 청약 신청 이후에는 취소나 정정이 불가하며, 당첨된 통장은 실제 계약 체결 여부와 상관없이 다시 사용할 수 없다. 다만 분양 전환되지 않는 임대주택에 당첨된 청약통장은 주택 유형(임대, 분양)에 관계없이 재사용이 가능하다.

또한, 청약통장의 가입자 명의 변경은 주택청약종합저축, 청약예금, 청약부금은 가입자가 사망한 경우에만 가능하며, 청약저축은 가입자가 사망, 혼인 그리고 가입자의 배우자 또는 세대원인 직계존비속으로 세대주가 변경된 경우에 한해 가능하다.

금융결제원에 따르면 2015년 5월 말 기준 주택청약종합저축 가입 계좌가 1,623만 좌로 전월 대비 약 18만 좌가 늘었다. 청약제도 변경으로 청약 1순위 요건이 1년으로 완화되어 청약 1순위 가입자가 현재 1,034만 명으로 크게 증가했고, 분양권 전매제한 완화와 분양권 상한제 폐지,

그리고 전세난에 따른 실수요자들의 적극적인 청약 참여와 일부 투기 수요까지 가세하면서 청약시장의 열기는 더욱 높아질 것으로 판단된다.

그러므로 실수요자들은 청약 시 분양 주택의 교육 환경, 교통 여건, 주거 환경, 각종 편의시설 등을 종합적으로 검토하여 판단해야 한다. 분양 광고는 기본적으로 과대 선전이 기본이므로 모델하우스뿐만 아니라 공사 현장 및 인근 아파트 등을 방문하여 주변 환경과 시세 등을 꼼꼼히 비교한 후 청약에 참여해야 한다.

알아두면 유용한 부동산 정보 관련 홈페이지

- **주택도시기금 포털** http://nhuf.molit.go.kr
  국토교통부와 주택도시보증공사에서 통합운영(2015년 7월)하는 포털로서 국민주택기금을 이용한 주택구입, 전세자금대출, 주택청약 관련 정보 제공

- **R-ONE 부동산통계정보시스템** http://www.r-one.co.kr
  각종 통계 작성기관에 분산되어 있는 부동산 관련 통계자료를 신속하고 편리하게 제공

- **한국토지주택공사 전월세지원센터** http://jeonse.lh.or.kr
  각종 전월세 정보, 대학생 전세임대 정보, 법률 상담, 대출 상담 등을 제공

- **온나라 부동산정보 통합포털** http://www.onnara.go.kr
  부동산의 위치, 분양정보, 부동산 개발 정보 등을 제공

- **KB부동산R-easy(알리지)** http://nland.kbstar.com
  KB국민은행에서 제공하는 부동산 시세 및 통계자료. 수익형 부동산 쇼핑몰, 부동산 상담 등 부동산 자산관리서비스 제공

CHAPTER 2

스마트하게
빌리는
지혜
―
대출

가계부채 문제는 더 이상 간과할 수 없는 최대의 사회문제로 부각되고 있다. 대출은 본인의 경제적 능력 범위 내에서 적절하게 활용하는 것이 좋다.

CHAPTER 2 · 스마트하게 빌리는 지혜 – 대출

부채 정리가 우선이다

급증하는 가계부채

세상이 몰라보게 변했다. 자금이 부족했던 시절에는 대출을 받기가 어려웠고, 서민들은 대출을 받기 위해 몇 년씩 부금을 들어 대출 조건을 충족시키고 사정하던 상황이었다면 지금은 넘쳐나는 자금을 운용하지 못해 은행원들이 대출 세일을 하러 찾아 다니고, 고객들은 대출금리를 비교하며 대출 갈아타기에 열중하는 모습을 어렵지 않게 볼 수 있다.

올해 들어 한국은행의 기준금리가 두 차례 인하되면서 대출금리가 사상 최저 수준으로 하락했고, 총부채상환비율 DTI, Debt To Income ratio 과 주택담보인정비율 LTV, Loan To Value ratio 등 부동산 대출 규제가 완화되면서 대출에 대한 저항감도 낮아졌다. 그리고 전세값 급등에 따른 주택 매입 수요가 늘어나면서 주택담보대출의 증가세가 가파르게 이어지고 있다.

현재 주택담보대출의 70%가 이자만 내는 대출이고, 200만 가구 가까이가 원금 상환은 엄두도 못 내는 현실 속에서 1,100조 원이 넘어서는 가계부채 문제는 한국 경제의 뇌관이라고 많은 경제 전문가들이 지적하고 있다. 더구나 2015년 하반기부터 예상되는 미국의 금리 인상에 따라 한국도 금리 인상에 나설 가능성이 크다. 이 경우 가계부채 상환 부담이 커지면 가처분소득이 줄어들게 되어 소비는 더욱 위축되는 등 악순환이 이어질 것이기에 가계부채 문제는 더 이상 간과할 수 없는 최대의 문제로 부각되고 있다.

한국은행이 2015년 6월 말 내놓은 「금융안정 보고서」에 의하면 주택담보대출을 받아 다른 빚을 갚는 비율이 1년 사이 14% 급증하였으며, 100만 원을 벌면 38만 원을 빚 갚는 데 쓰는 등 가계부채가 위험 수위에 있다고 한다.

통계청이 금융감독원, 한국은행과 공동으로 전국의 2만 표본가구를 대상으로 조사한 「2014년 가계금융ㆍ복지조사 결과」에 의하면 2014년 3월 말 현재 가구의 평균 부채는 5,994만 원이며, 금융부채를 보유한 가구 중 원리금 상환이 부담스럽다는 응답이 71.8%로 상당히 높았다. 더구나 대출기한 내에 부채를 갚을 수 없다는 응답이 35.5%로 경제적으로나 심리적으로 상당한 어려움을 호소하고 있는 상황이다.

부동산 불패가 이어지던 시절에는 대출을 지렛대 삼아 시세차익을 많이 얻었지만 요즘 하우스푸어 문제처럼 계획 없이 남들 쫓아가다 가는 경제적으로 어려움에 직면할 수 있으므로 본인의 경제적 능력 범위 내에서 적절하게 활용하는 것이 좋다.

자산관리의 시작은 부채 정리부터

아무리 저금리 시대라고 하지만 대출금리는 예금 금리보다 항상 높기 마련이며, 언제나 마음의 짐으로 짓눌려 살아갈 수밖에 없는 존재이다. 예전처럼 주택 가격이 하늘 모르고 올라가던 시절에는 대출을 받아 주택을 구입해도 남는 장사였다지만 요즘처럼 주택 보급률이 100%를 넘고 지역에 따라 미분양 아파트도 늘어나며, 고령화 및 핵가족화하는 사회현상 속에서는 내 집 마련을 위해 투자된 부채에도 고민이 깊어지고 있는 것이 현실이다. 살다 보면 생길 수 있는 부채가 처음 생각과는 다르게 점점 쌓여만 가는 부담 속에서 어떻게 하면 효율적으로 부채를 정리할 수 있을까?

첫째, 모든 자산과 부채를 드러내야 한다.
빚을 정리하는 첫걸음은 나와 가족의 모든 부채를 노출하는 것이다. 보통은 주택담보대출이나 규모가 있는 대출만 생각하기 쉽다. 그러나 마이너스통장, 약관대출, 현금서비스 등 소규모 대출까지 포함하며, 반드시 가족 전체의 부채를 파악해야 한다.
이렇게 드러난 부채를 바탕으로 부채현황표를 만든다. 부채현황표에는 금융회사별로 금리와 상환 스케줄을 작성하여 한눈에 볼 수 있도록 정리한다. 그리고 특정 목적의 대출을 제외하고는 대출을 가지고 있으면서 적금을 가입하는 것은 좋지 않다. 재테크의 1순위는 적금이나 펀드가 아닌 대출 상환으로부터 시작이기 때문이다. 그리고 본인도 모르게 잊고 있는 납입이 중단된 적금이나 보험 등 숨어 있는 자산을 파악하여 정리해야 한다.

둘째, 대출 현황을 정확하게 파악하고 금리를 비교한다.

대출이자가 싼 은행으로 대출을 갈아타려는 대환 대출자들은 최저금리를 찾기 전에 먼저 현재 받고 있는 대출의 금리, 중도상환수수료 등을 미리 파악해야 한다. 요즘은 주택 등 우량한 담보나 양호한 신용등급을 가진 고객에게는 대출 유치를 위한 경쟁이 치열하게 이루어지고 있는 것이 현실이다. 그러므로 주거래 은행 외에도 최대한 여러 금융회사를 방문하여 대출금리를 비교해보는 것이 필요하다.

셋째, 부채 통합 작업을 실시한다.

대출이 여러 금융회사에 흩어져서 대출 조건이 제각각이라면, 더구나 본인과 가족들의 채무까지 있다면 관리에 어려움을 느낄 뿐만 아니라 대출별로 금리가 다를 수밖에 없다. 이때 최소한의 금융회사로 대출 건수를 줄일 수 있다면 부채를 관리하는 데 편리하다. 또한 평균 대출금리를 낮추어 이자 부담을 줄이고 체계적인 상환 스케줄을 만들어 관리할 수 있다.

넷째, 부채를 정리하는 데에도 순서가 있다.

대출을 상환함으로써 얻어지는 이득이 큰 부채부터 줄이는 것이 가장 중요하다. 이자 부담을 감안하여 보통은 금리가 비싼 고금리 대출, 금액이 적은 대출, 만기가 빠른 대출 순으로 정리하는 것이 좋다. 하지만 연체가 오래된 대출 등 신용에 치명적인 영향을 미칠 수 있는 악성부채는 금리와 상관없이 먼저 정리해야 추가적인 신용 하락을 막을 수 있다. 그리고 금융 비용이 적은 담보대출보다는 신용대출을 먼저 상환해야 한다. 예전에 받은 고정금리 담보대출은 현재 높은 이자를 부담하는 경우가 대부분이므로 대출받은 은행을 방문하여 금리 인하를 요구하거나 여러 은행과 상담을 통해 더 낮은 금리의 대출로 갈아타기를 한다. 또한 부동산을 담보로 대출 가능금액이 나온다면 기존 대출을 포함한 담보대출로의 전환도 모색해볼 수 있다.

다섯째, 서민금융 지원제도를 적극 활용한다.
소액 대출을 다수 보유하고 있는 사람들은 제2금융권이나 사금융권의 높은 이자를 부담하는 경우가 많이 있는데 이들 대부분은 신용등급 6~10등급의 저신용자로서 은행권의 대출 이용이 어려운 것이 현실이다. 이런 경우에는 한국자산관리공사의 바꿔드림론이나 저축은행의 햇살론, 은행권의 새희망홀씨대출, 미소금융 등 서민대출상품을 활용하여 10%대의 낮은 금리로 전환함으로써 부담을 줄일 수 있다.

CHAPTER 2 · 스마트하게 빌리는 지혜 – 대출

신용대출은 어떻게 받나요?

　예금이나 부동산 등 담보를 사용하지 않고 본인의 신용을 바탕으로 금융회사로부터 받는 대출을 '신용대출'이라고 말한다. 신용대출은 대출절차가 담보대출에 비해 간단하고 신속하다는 장점이 있으나, 대출이자는 상대적으로 더 비싸며 대부분 대출 가능금액이 적은 편이다.
　각 금융회사에는 업무 목적에 따라 개발하여 활용하는 신용 평점 시스템 CSS, Credit Scoring System 이 있다. 개인 고객의 신용카드 발급, 대출 승인, 채무보증 자격심사, 대출한도 / 금리 결정 등 각종 금융 거래의 의사결정은 이러한 CSS를 기준으로 이루어진다.
　거래 고객을 대상으로 신용 위험을 예측하는 신용 평점의 산출은 해당 금융회사가 자체 보유하고 있는 대출 상환 이력, 현재 보유 채무, 각종 신용거래 현황 등의 내부 거래정보와 고객이 금융회사에 제공한 정보, 그리고 코리아크레딧뷰로나 NICE평가정보사 등 신용정보회사의 신용정보도 일부 사용된다.

CSS를 활용한 신청 평점은 신용 거래를 신청한 고객을 대상으로 한 신용 평점으로 대출 승인 여부나 신용카드 발급 여부와 같은 신규 거래의 의사결정에 활용되며, 행동 평점은 현재 금융회사와 거래 중인 고객을 대상으로 일정 시점마다 향후 부실 가능성을 평가하는 신용 평점으로 대출의 연장, 금리 변경, 신용카드의 한도 조정 등의 결정에 활용한다.

신용대출은 크게 4가지 종류로 나눌 수 있다.

첫째, 신용평가 등급에 의한 일반 신용대출이다.

은행에서는 신용대출을 접수하면 은행 기여도, 거래 현황과 함께 고객이 제출하는 직장, 소득자료 등을 바탕으로 CSS를 활용하여 종합적으로 판단한 개인신용평가 등급을 산출하며, 이에 따라 대출 가능금액과 대출 적용 금리가 결정된다.

둘째, 주거래 고객 등급에 의한 신용대출이다.

고객의 소득이나 재직 증빙서류 없이 은행 거래 실적을 종합한 주거래 고객 등급을 기준으로 CSS 평가 등급별로 대출 한도와 대출 적용 금리가 부여된다.

셋째, 직업군에 의한 신용대출이다.

근로소득이나 사업소득이 있는 의사, 변호사, 회계사 등 전문직업군에 대한 신용대출은 전문자격증 취득기간 및 소득 등을 감안하여 대출 금액을 산정하며, 소득이 없는 전문자격증 취득자도 대출이 가능하다.

또한 상장회사, 정부투자기관, 학교, 종합병원, 언론기관, 금융회사, 그리고 은행이 자체 선정한 우량기업체의 임직원인 경우에도 CSS 등급별로 신용대출이 가능하다.

넷째, 협약에 의한 신용대출이다.

공무원의 경우 공무원연금공단과의 협약에 의해 퇴직금 또는 재직 기간에 따라 '융자추천서'를 근거로 하여 바로 신용대출을 받을 수 있다. 협약에 의한 대출은 공무원뿐만 아니라 군인, 교직원, 사립학교 교직원도 가능하다.

신용대출을 받으려고 할 때 가장 중요한 요소는 신용등급이다. 은행에서의 신용등급은 개인의 신용도, 직장 재직 여부, 연소득, 기대출 유무, 거래 실적 등을 종합적으로 산출하며, 이를 근거로 대출 한도 및 대출금리가 결정된다. 그리고 상품의 종류도 다양하여 급여 이체, 재직하는 회사, 재직 기간 등에 따라 안내되는 상품이 달라지며, 대출상품과 고객의 신용도, 은행 거래 실적에 따라 대출 한도와 대출금리가 달라지므로 영업점 창구를 방문하여 구체적인 상담을 통해 가장 유리한 상품을 선택하는 것이 좋다. 결국 고객의 종합적인 신용에 따라 대출 한도와 대출금리가 결정되므로 신용은 곧 자산이다.

참고로 신용 관리와 관련하여 잘못 알고 있는 것 중에 하나는 금융기관을 통한 신용정보 조회는 신용도에 영향을 미치지 않는다. 예전에는 과다한 신용정보 조회 기록이 신용도에 마이너스 요인이 되었으나 현재는 신용도 평가항목에서 제외되어 영향을 미치지 않는다. 오히려 본인의 신용 관리를 위해 꾸준히 개인의 신용도를 확인할 필요가 있다.

마이너스대출은 가능한 사용하지 마라

신용대출이라고 하면 가장 먼저 떠오르는 것이 바로 마이너스대출(통장자동대출)이다. 마이너스대출은 참으로 편리한 통장이다. 대출 금액을 약정해놓고 사용하지 않으면 대출 이자가 나가지 않고, 필요할 때 필요한 금액을 약정한 한도 이내에서 카드론이나 현금서비스보다도 훨씬 낮은 금리로 1년 365일 언제나 사용할 수 있는 예비통장이다. 그리고 월급이나 목돈이 일시적으로 들어와도 대출 잔액이 줄어들어 이자 부담이 줄어드는 효과가 있다.

그러나 문제는 현실적으로 봤을 때 마이너스대출을 약정해놓고 사용하지 않는 사람은 거의 없다는 사실이다. 입출금이 자유롭다 보니 쉽게 빼서 쓰는 경향이 있고, 일시상환 대출보다 0.5% 높은 금리로 상당수의 사람들이 약정 한도를 가득 채워서 쓰고 있는 것이 현실이다.

그리고 따로 이자를 납부하지 않고 대출 잔액에 매달 이자가 가산되어 원금이 늘어나기 때문에 대출이라는 인식도 잊게 하는 마력을 가지고 있다.

결국 대출에 대한 자기통제력이 약한 사람이라면 마이너스대출보다는 일반대출로 받아서 대출을 줄여 나가는 연습이 필요하다. 그리고 장래를 위해 마이너스대출을 약정해놓지 말고 필요한 그 시점에 대출을 받는 건전한 금융습관이 필요하다.

개인 신용관리 7계명

계명 1. 소액이라도 연체는 단 하루도 하지 않는다(휴대전화 요금, 공과금 포함).
계명 2. 본인의 소득과 상환 능력에 따라 적정 규모의 대출을 받는 등 건전한 대출 습관을 갖는다.
계명 3. 주거래 금융기관을 만든다.
계명 4. 신용정보를 주기적으로 확인한다. 신용 관리를 위해 가장 먼저 해야 할 것은 자신의 신용정보를 아는 것이다.
계명 5. 주소지가 변경되면 해당 금융기관에 반드시 통보한다.
계명 6. 신용 한도를 미리 설정하고, 설정된 한도 내에서 자신의 소득에 맞게 지출해야 한다.
계명 7. 자동이체를 최대한 이용한다.

(출처 : 코리아크레딧뷰로 - AllCredit)

CHAPTER 2 · 스마트하게 빌리는 지혜 - 대출

담보대출은 어떻게 받나요?

　대출을 받고자 할 때 가장 관심이 큰 것은 도대체 얼마나 받을 수 있는가에 대한 부분이다. 부동산 시세가 2억 원 하는 아파트에 대해 2억 원만큼의 대출을 해주는 은행은 없다. 대출을 규제하기 위한 정부의 각종 규제도 있고, 은행에서 리스크를 강화하기 위해 가장 보수적으로 운용하기 때문이다.

　담보대출은 주택, 상가, 부동산 등을 은행에 담보로 제공하고, 실질적인 담보의 가치 범위 내에서 돈을 빌리는 대출을 말한다. 은행은 담보 제공 의사를 확인하고 제공되는 부동산의 가격을 조사한 후 여러 가지 운용비율을 적용하여 대출 가능금액을 산정한다.

　고객이 주택을 담보로 대출을 요청했다고 가정해보자.

　제일 먼저 할 일은 담보로 제공하는 주택의 가격을 산정하는 것이다. 대출을 취급하는 금융회사는 감정평가기관인 한국감정원이나 감정평가

법인의 감정평가금액, KB국민은행의 아파트 시세 등을 적용하여 담보조사가격을 결정한다. 담보물의 담보조사가격을 결정한 뒤에는 담보사정가격을 산출하게 된다. 우선 담보조사가격에 담보인정비율과 담보회수율 중 적은 비율을 곱하여 금액을 산출하고, 산출된 금액에서 먼저 담보로 제공된 선순위 설정금액과 주택임대차보호법에 의한 우선변제보증금을 차감한다.

즉, 담보사정가격이란 담보로 제공하는 주택 등의 가격에서 은행에서 정해놓은 담보별 회수율을 곱하고 여기에서 주택임대차보호법에 의해서 최우선적으로 보호받는 우선변제보증금, 그리고 선순위 채권을 차감한 해당 담보물의 실질적 담보가치를 의미한다.

예를 들어 서울특별시 소재 2억 원짜리 아파트(방 3개)의 담보사정금액은 담보인정비율 70%, 담보회수율 65%, 타 은행 선순위 설정액 1천만 원, 전세보증금 1억 원이라고 가정한다면, {2억 원×65%} - 1천만 원 - 1억 원 = 2천만 원이다.

다음으로 LTV와 DTI의 적용 여부를 확인해야 한다.

LTV는 담보 대상 부동산의 담보 가치 대비 대출 금액의 비율을 말한다. 은행은 대출금을 갚지 않는 경우 담보 부동산을 처분하여 대출채권 상환에 충당하며, 이때 경매 처분하거나 부동산 가격 하락 시 부족한 금액이 발생하지 않도록 일정한 담보인정비율 이내에서 담보대출을 취급하고 있으며, 현재 70%를 적용하고 있다. LTV 한도가 70%이고 집값이 1억 원이라면 선순위 채권이 전혀 없다고 가정할 경우 7천만 원까지 빌릴 수 있다.

DTI는 본인의 연간 총소득에서 신청하는 대출을 포함한 모든 부채의 대출 원금 및 이자를 상환할 수 있는 비율을 말한다. 모든 주택의 담보대출을 신규 취급할 때 적용하는 채무상환능력평가라고 할 수 있다. 예전에는 부동산 담보만 있으면 무조건 담보사정가격까지 대출이 이루어졌으나, 요즘에는 은행 자산의 건전성을 강화하고 부동산 투기를 잠재우기 위해서 채무자의 소득에 근거한 채무상환능력 범위 내에서 대출을 받고 제때에 상환하도록 강화되었다. 현재 기본 DTI는 60%이며, 고정금리 대출인 경우 5%, 거치 기간 1년이내 분할상환 대출인 경우 5%를 추가로 올릴 수 있으며, 최대 70%까지 가능하다. 연소득이 1억 원이고 갚아야 할 전체 대출원리금이 5천만 원이라면 DTI는 50%가 된다

최종적으로 고객이 대출받을 수 있는 금액은 DTI를 충족하는 최대 가능금액과 담보사정 금액 중에서 작은 금액 이내로 정해진다. 다만, 고객의 상환 능력이 충족되지 않더라도 대출 신청분을 포함하여 동일 담보 부동산에 전체 금융회사 합산 1억 원 이내인 경우, 금리나 조건 변경을 위해 기존에 받은 대출을 다시 받는 경우, 비거치식 분할상환으로 대출받는 등의 경우에는 담보사정 금액 이내에서 대출이 가능하다.

정부의 6·19 부동산 대책으로 조정 대상 지역 주택 담보의 LTV가 60%로, DTI가 50%로 각각 10% 낮아졌으며, 8·2 부동산 대책으로 투기 과열 지구 및 투기 지역 내에 있는 주택을 담보로 대출을 받는 경우 LTV와 DTI가 40%로 한층 엄격해졌다. 다만 서민, 실수요자에 대한 대출 규제는

50%로 10% 완화하는데, 대출 조건은 무주택 세대주이면서 부부 합산 연소득 7천만 원(생애 최초 구입자는 8천만 원) 이하, 주택 가격 6억 원 이하의 주택을 구입한 대출자이다.

또한 지역에 상관없이 주택담보대출을 1건 이상 보유한 다주택자들은 추가로 주택담보대출을 받을 때 LTV, DTI 비율을 10%씩 차감하여 강화된 30%를 적용받는다.

# 주택임대차보호법

주택임대차보호법은 국민의 주거생활을 보호하고 생활안정을 위하여 주거 목적의 건물 임대차에 적용하는 법으로 소액임차인과 대항력 있는 임차인으로 나눌 수 있다.

❶ 소액임차인의 최우선변제보증금

거주 주택의 경매신청 등기일 이전에 주택을 인도받고 살면서(점유) 주민등록 전입신고를 한 경우에는 대항력이 발생하며, 향후 집이 경매로 넘어갔을 때 보호대상 보증금 이내인 경우 선순위 담보권자(은행 등)보다 우선하여 우선변제 보증금 이내에서 보증금을 받을 수 있다. 단, 주택 가액의 1/2 범위 내에서 보호해준다.

그러나 주의해야 할 점은 소액임차인의 최우선변제보증금 기준이 임대차계약 당시 기준이 아니라 선순위 저당권 설정일자 기준이라는 점이다.

주택 소액임차인의 최우선변제보증금 (2016년 3월 31일 적용)

주택소재지	보호대상 보증금의 범위	우선변제 보증금의 범위
서울특별시	1억 원	3,400만 원
수도권 등 과밀억제권 지역	8,000만 원	2,700만 원
광역시(군 제외) 용인, 안산, 김포, 광주, 세종	6,000만 원	2,000만 원
그 밖의 지역	5,000만 원	1,700만 원

❷ 대항력 있는 임차인

거주 주택의 경매 등으로부터 주택임차인이 보호받기 위해서는 주택을 인도받고 살면서(점유) 주민등록 전입신고를 하고, 확정일자를 받은 경우에는 3가지 요건 중 최종일자 다음 날을 기준일로 하여 후순위 권리자나 일반 채권자에 우선하여 매각대금을 먼저 받을 수 있는 권리를 갖는다.

· **담보 제공하는 주택에 직접 거주하는데 왜 우선변제보증금액을 차감하나요?**

은행의 입장에서 보면 대출을 신청한 고객이 계속해서 거주하던 중 연체로 경매개시에 들어가는 경우 악의적으로 친척이나 지인과 허위 계약서를 작성하고 주민등록 전입신고까지 마친다면 우선변제보증금을 가져감으로 인해 대출금을 일부 회수하지 못하는 상황이 발생할 수 있고, 실질적으로 그런 사례들이 상당히 발생하고 있다.

그래서 대출신청 시점에 담보제공 부동산에 대한 담보가격조사와 함께 직접 방문조사를 통해 해당 주소지 전입세대 조사 및 세입자 거주 여부를 확인하고 있으며, 직접 거주함에도 불구하고 담보사정가격에서 방수 1개 이상을 우선변제보증금액만큼 차감하는 것이다.

CHAPTER 2 · 스마트하게 빌리는 지혜 – 대출

대출금리, 그것이 궁금하다

대출금리 적용 방식

대출 최고 가능금액과 함께 최대 관심은 실질적으로 적용되는 대출금리일 것이다. 은행의 대출금리를 결정하는 요소는 크게 자금을 준비하는 데 따른 원가와 은행의 마진이다.

원가에 가산되는 비용들을 살펴보면 ❶시장에서의 자금 조달 비용 ❷고객의 신용도에 따라 발생하는 부도율과 손실률 등을 감안한 신용원가 ❸인건비, 물건비, 세금 등 업무원가 ❹신용보증출연료나 교육세 등 법적 비용 등이 있으며, 이를 종합적으로 감안하여 결정한 후 은행의 적정한 마진을 합산하여 고객에게 대출금리로 제시하게 된다.

대출금리는 크게 고정금리, 변동금리, 혼합금리로 나눌 수 있으며, 고객이 결정하게 된다.

고정금리는 대출을 처음 받을 때 결정한 금리를 대출 만기일까지 동일하게 적용하는 금리를 말한다. 고정금리는 확정된 이자율을 가져가기 때문에 향후 큰 폭으로 상승할 위험을 회피할 수 있고 안정적으로 상환 및 자금 계획을 이어갈 수 있는 장점이 있으나, 은행이 금리 변동의 위험을 떠안아 위험관리 비용이 발생하기 때문에 변동금리 대비하여 0.5~1% 이상 이자가 비싸다는 단점이 있다.

변동금리는 사전에 고객과 일정한 주기(3개월, 6개월, 12개월 등)마다 금리를 재산정하여 적용하기로 약정하고, 금리 재산정일에 은행이 고시한 기준금리를 변경하여 적용하는 금리를 말한다. 변동금리는 향후 금리 하락 시 더 낮은 금리 혜택을 가져갈 수 있으며 통상 고정금리보다 싸다는 장점이 있다. 그러나 대출받는 사람이 금리 변동에 따른 리스크를 부담해야 하며, 현재 1%대의 기준금리에서 향후 금리가 올라갈 가능성이 있기 때문에 금리 상승에 대한 리스크를 무시할 수 없다는 큰 단점이 있다.

혼합금리(고정+변동)는 일정 기간 동안은 고정금리를 적용하고, 그 이후에는 변동금리를 적용하는 금리를 말한다.

결국 대출 기간이 길고 큰 금액을 빌리는 경우에는 장기적인 계획을 세워서 대출금을 갚아 나가야 하는데, 이럴 경우 일반적으로 향후 금리가 낮아질 것으로 예상되면 변동금리를, 반대로 높아질 것으로 예상되면 고정금리를 선택하는 것이 유리하다.

고정금리 vs 변동금리, 어떤 것을 선택하는 것이 좋을까?

기본적으로 대출 받을 때는 조금이라도 금리가 낮은 상품에 눈길이 가게 마련이다. 2015년 3월에는 정부에서 내놓은 안심전환대출의 광풍이 휩쓸었다. 서민보다는 중산층 이상의 대출 고객을 대상으로 총 31조 7천억원이 취급되었으며, 고정금리, 분할상환대출로 전환하는 대신 연 2.6% 내외의 낮은 금리가 적용되었다. 요즘 시장 금리는 계속 떨어지는 가운데 향후 미국의 금리 인상 얘기가 들려오다 보니 주택담보대출 고객들은 고정금리와 변동금리 사이에서 관심과 고민이 더욱 깊어지고 있다.

변동금리는 매달 중순 은행연합회가 발표하는 코픽스(COFIX) 금리(은행의 자금조달비용을 반영해 산출되는 주택담보대출 기준금리)를, 고정금리는 채권(국고채, 은행채 등) 금리와 연동해 결정하고 있다. 변동금리의 경우 기준금리 인하는 다음달 코픽스 금리에 반영되며 계속 떨어지고 있기 때문에 연 2%대 초반까지 금리가 내려갈 가능성도 있으며, 일부 은행 변동금리는 이미 안심전환대출(2.65%) 적용금리보다도 낮다. 반면 매주 월요일 적용금리가 바뀌는 고정금리는 기준금리 하락에도 불구하고 최근 채권금리가 오르면서 두 달 사이 상승했다.

예전부터 변동금리가 고정금리 비하여 더 낮았고, 현재도 낮은 것이 사실이다. 하지만 당장 몇 푼이라도 아끼려는 마음에 더 낮은 변동금리를 선택하는 것이 옳은 것인가에 대한 고민도 필요하다.

현재 기준금리가 1.5% 수준으로 지금 수준이 바닥이라는 인식과 설령 향후에 금리가 더 하락하더라도 일정 수준의 한계가 있다는 점에서 2%

대의 고정금리라면 충분히 금리 경쟁력이 있다고 많은 사람들이 공감하고 있다. 또한 2015년 하반기부터 흘러나오는 미국의 금리 인상 여파가 몰아친다면 향후 시중 금리가 올라가면서 대출이자 부담은 급속하게 늘어날 수 있다는 점도 생각해야 한다. 대부분의 주택담보대출은 상환 기간이 15~30년 정도의 장기간으로 미래의 금리를 예측하는 것이 어렵기 때문이다.

그렇다면 고정금리냐 변동금리냐의 선택의 갈림길에서 가장 중요한 판단 요소는 대출의 목적과 기간이 될 것이다. 내 집 마련을 위한 대출은 부족한 재원을 마련하기 위해 대출금을 활용해야 하기 때문에 본인의 상환 능력을 감안하여 기간을 기준으로 선택하는 것이 좋다. 단기간에 상환이 가능하다면 변동금리를 선택하고, 10년 이상 장기 대출로 선택해야 한다면 금리 변동에 따른 리스크를 제거하고 본인의 재무목표 달성을 안정적이고 원활하게 해줄 수 있는 고정금리가 적당하다.

그러나 고정금리, 변동금리에 대한 선택도 중요하지만 대출 기간, 중도상환수수료, 상환 방식의 선택 등도 중요한 판단 요소임을 명심해야 한다. 현재 시중 은행에는 자체 주택담보대출 상품 중 순수 고정금리형 대출은 거의 없다. 고정금리 대출인 경우에도 변동금리가 혼합된 대출 방식(예 : 3년 또는 5년 고정금리, 이후 변동금리 등)이 대부분이다.

결국 현재의 내 조건을 기준으로 최저로 적용되는 고정금리와 변동금리 상품을 모두 파악한 후 상호 비교해 결정하는 것이 좋다. 중요한 선택의 갈림길에서 선택은 결국 본인의 몫이다.

기본금리의 결정 방식

가계대출 금리는 기본금리에 금리를 더하거나 빼서 산출한다. 대출금리의 중심이 되는 기본금리는 대출이자율 중 MOR 또는 COPIX를 기준으로 하며, 대출을 실행하는 날의 금리에 따라 이자율을 적용한다. 그리고 대출을 실행할 때 약정한 '금리재산정주기'에 재산정하여 적용한다.

기본금리는 MOR기준금리와 COFIX기준금리로 나눌 수 있다.

MOR(Market Opportunity Rate)은 은행의 시장자금조달금리로서 시장에서 조달하는 기본금리에 신용도나 대출 종류에 따른 위험도 등을 감안하여 금리재산정주기 또는 고정금리 기간에 따라 결정된다. 이때 기간이 3개월인 경우에는 CD91일물 유통수익률, 6개월 이상의 경우에는 동일한 잔존만기를 가진 AAA등급 금융채 유통수익률을 적용하게 된다.

현재 은행에서 사용하는 MOR 중 CD91일물 유통수익률은 한국은행, 금융채 유통수익률은 금융투자협회가 고시하는 전주 최종영업일 전 영업일 종가이다. 일반적으로 MOR 6개월 또는 12개월이 신용대출의 기준금리에 많이 사용된다.

COFIX는 2010년 2월 처음 도입된 주택담보대출 기준금리로서 9개 은행들의 정기예금, 적금, 부금, 양도성예금증서 등 수신금리를 잔액 비중에 따라 가중평균해서 산출한 자금조달비용지수를 말한다. 전국은행연합회에서 매월 15일 발표되며, 대출실행일 직전 영업일 전국은행연합회에 최종 고시되어 있는 신규취급액기준 COFIX 또는 잔액기준 COFIX 중 고객이 선택한 금리를 적용한다.

변동금리로 대출을 받기로 결정했다면 가장 중요한 요소가 금리의 변동성 문제일 것이다. 그러면 COFIX 중 어떤 기준을 선택하는 것이 유리할까? COFIX를 도입한 이래 금리가 계속해서 낮아지며 신규취급액기준 COFIX가 잔액기준 COFIX보다 계속 낮은 금리를 유지해왔다.

[표 2-12] **COFIX의 변화 추이**

구분	2010 06	2010 12	2011 06	2011 12	2012 06	2012 12	2013 06	2013 12	2014 06	2014 12	2015 06
잔액 기준	3.92	3.72	3.93	3.97	3.90	3.52	3.11	2.88	2.77	2.52	2.29
신규 취급액 기준	3.01	3.33	3.70	3.77	3.62	3.09	2.65	2.66	2.57	2.16	1.78

금리의 변동성은 신규취급액기준 COFIX가 잔액기준 COFIX보다 더 크다. 이 얘기는 신규취급액기준 COFIX가 시장의 금리 움직임에 더 민감하게 반응한다는 것을 의미한다. 쉽게 말하면 신규취급액기준 COFIX는 지난 한 달 동안의 실적으로 시장 상황을 바로바로 반영하여 움직이므로 금리가 하락하거나 상승할 때 대출 고객들에게 빨리 반영되므로 금리하락기에 유리하다. 반면에 잔액기준 COFIX는 과거부터 전월까지 누적되어 있는 많은 자금으로 인해 최근 시장을 반영하는 실적의 영향이 적고 더딜 수밖에 없으며, 금리상승기에 유리하다.

주택담보대출인 경우 장기 상품임을 감안하여 대출 기간, 향후 금리 동향 등을 충분히 감안하여 리스크를 적게 가져가는 방향으로 선택할 수 있다.

제도상의 가감금리 적용

기본금리가 정해졌으면 그 기본금리를 기준으로 은행 제도상 정해진 가감금리와 영업점에서 정하는 가감금리가 있다. 현재 대출재원이 넘쳐나고 은행 간 경쟁이 치열해지면서 주택담보대출의 영업점 가감금리는 거의 적용하지 않고 본부의 승인을 받아 최저 수준으로 적용하고 있는 것이 현실이다.

대출 시 적용하는 우대금리는 은행을 이용하는 금융소비자들에게 되돌려주는 혜택으로 주거래 은행을 선정하여 평소 거래 실적을 쌓아놓을 필요가 있다.

우대금리 혜택을 받을 수 있는 경우를 예를 들면 은행 3개월 거래 실적, 신용카드 3~12개월 이용 금액 기준, 급여 이체나 연금 이체 실적이 있는 경우, 적립식 펀드나 연금계좌 신규 가입 등이다.

그러나 최근 저금리에 따른 은행의 마진이 점점 축소되면서 기준금리가 하락함에도 불구하고 우대금리를 축소하거나 가산금리를 높이는 사례가 있으므로 꼼꼼히 챙겨야 한다.

CHAPTER 2 · 스마트하게 빌리는 지혜 – 대출

대출과 관련하여 꼭 알아야 할 사항

대출을 받게 되면 금융회사의 채권 보전 등을 위하여 필수적으로 부담해야 하는 비용이 발생한다. 또한 채무자는 본인의 경제적 여건에 따라 대출상환 방법을 선택해야 하며, 금융소비자로서의 권리도 스스로 챙겨야 한다. 지금부터 대출과 관련하여 반드시 알아두어야 할 사항들을 살펴보자.

수수료 등 비용

❶ 중도상환수수료

중도상환수수료는 대출금이 만기 전에 상환됨으로써 은행이 대출 취급 시 발생했던 비용 등을 보전받기 위하여 채무자로부터 받는 수수료를 말한다. 수수료 계산은 {중도상환하는 원금×수수료율×(남은 일수÷총 대출 기간)}이며, 이때 남은 일수는 상환 방법과는 상관없으며, 대출기간이 3년을 초과할 때는 3년째가 되는 날을 대출기간 만료일로 한다.

수수료율은 은행별, 대출 종류별로 조금 차이가 있으나 1.5% 이내 이며, 대출만기가 3개월 이내로 남았거나 대출받은 지 3년이 경과된 경우에는 중도상환수수료를 면제받는다.

예를 들어 10년만기 주택담보대출 1억 원을 1년 만에 상환하여 다른 은행 대출로 갈아타는 경우에는 1억 원×1.5%×(730÷1,095)=1,000,000원이다.

❷ 근저당권 설정 비용

주택을 담보로 근저당권을 설정하는 경우 발생하는 등록면허세, 지방교육세, 등기신청 수수료, 법무사 수수료는 은행이 해당 채권을 보전하기 위한 행위이므로 은행이 부담하도록 되어 있으며, 국민주택채권매입비(근저당권 설정 금액의 10/1,000)는 고객이 부담한다. 다만, 감액 등기하거나 대출금을 전액 상환하고 말소 등기를 하는 경우에는 고객이 비용을 부담한다.

❸ 인지세

인지세법에 의해 대출을 약정할 때 납부하는 세금으로 대출 금액에 따라 세액이 다르게 적용되며, 현재는 고객과 은행이 50%씩 부담하도록 하고 있다.

[표 2-13] **대출 금액에 따른 인지세**

대출 금액	인지세액	대출 금액	인지세액
4천만 원 초과~5천만 원 이하	4만 원	5천만 원 초과~1억 원 이하	7만 원
1억 원 초과~10억 원 이하	15만 원	10억 원 초과	35만 원

대출 상환 방법

통계청의 「2014년 가계금융 복지조사 결과」에 의하면 담보 또는 신용 대출의 상환 방법 중 만기일시상환 방법이 전년 대비 일부 감소했으나, 가장 큰 비중을 차지하고 있다.

[표 2-14] **대출 상환 방법의 선택 비율**

만기 일시상환	원금 분할상환	원리금 균등분할상환	원금 / 원리금분 할상환+일부만 기상환	기타 (마이너스 통장 등)	합계
35.3 %	16.0 %	20.0 %	14.6 %	14.1 %	100 %

❶ 만기일시상환 방식

평소 이자만 납부하다가 원금을 만기일에 상환하는 방식으로 평소에는 부담이 제일 적으나 만기에 한꺼번에 상환해야 하는 문제가 있다. 채무자의 입장에서는 약정한 만기일까지 이자만 부담하므로 상환 여력이 부족한 경우 주로 선택하며, 은행의 입장에서는 원금이 계속 유지됨에 따라 이자 수입을 챙길 수 있어 선호하는 경향이 있다.

❷ 분할상환 방식 – 원금균등, 원리금균등, 혼합상환

원금균등 분할상환 방식은 원금을 매월 같은 금액으로 분할하여 상환하고, 이자는 매월 상환된 원금을 제외하고 산정하여 나중에 납부하는 방식이다. 초기에 내는 돈이 많기 때문에 초반에 부담은 더 크지만 시간이 지날수록 이자가 줄어들어 매월 납입하는 금액이 줄어들게 된다.

[표 2-15] **원금균등 분할상환 방식의 예시**

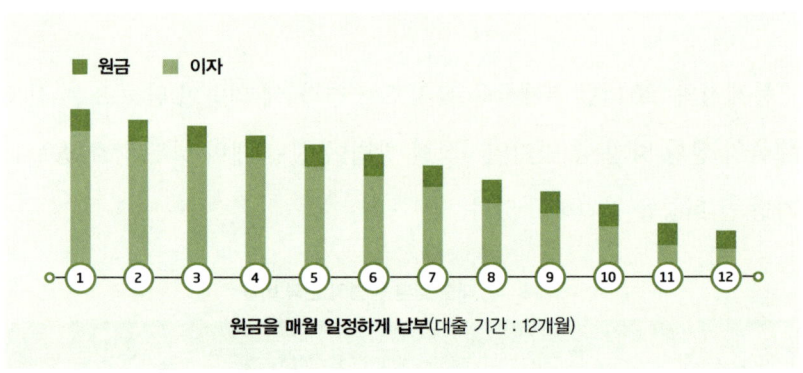

원리금균등 분할상환 방식은 원금과 이자를 합하여 매월 같은 금액으로 상환하는 방식이다. 매월 동일한 금액을 지출하다 보니 관리가 편리하다는 장점이 있다. 초기에는 이자를 많이 내고 원금을 적게 내다가 서서히 이자가 줄어들면서 원금이 늘어나는 구조로 이루어진다. 그러다 보니 대출만기 전에 상환을 하러 오는 분들 중 대출 기간의 절반이 지났음에도 총 대출금의 1/3 수준밖에 상환되지 않았다는 사실에 놀라는 경우가 생기기도 한다.

[표 2-16] 원리금균등 분할상환 방식의 예시

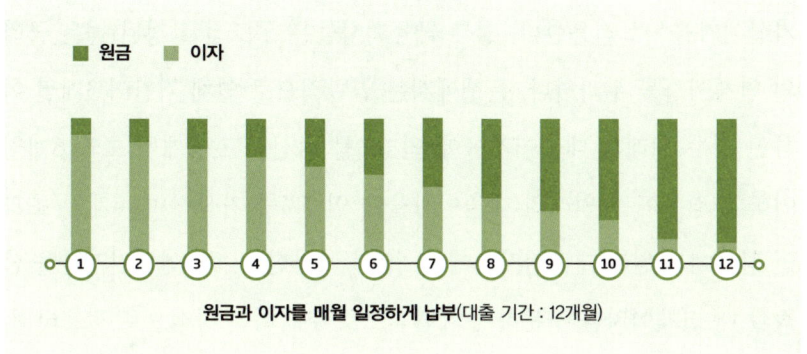

혼합상환 방식은 대출받는 시점부터 분할상환 기간 동안은 대출금의 50% 이상을 원리금균등 분할방식에 의해 상환하고, 나머지 금액은 대출 만기일에 일시상환 방식이다.

❸ 한도거래

한도거래는 대출 금액의 사용한도를 정해놓고 그 한도 이내에서 자유롭게 사용하는 거래를 말한다. 대출원금은 만기일에 통장에 입금하여 상환하고, 대출이자는 통장의 예금 잔액에서 차감하거나 대출의 원금에 가산하는 방식이다.

연체이자(지연배상금)

연체이자는 이자나 원금을 납입하기로 약속한 날에 내지 않을 때 부과하는 패널티 성격의 이자를 말하며, {대출이자율＋연체 기간별 연체가산이자율}로 적용한다. 일부 금융회사들은 무조건 고정된 높은 금리의 연체이자를 부과하나, 은행에서는 일반적으로 연체 기간이 3개월 이하인 경우 원래의 대출이자율에 연 6%를 가산하고, 3개월 초과 6개월 이하인 경우에는 원래의 대출이자율에 연 7%를 가산하며, 6개월 초과인 경우에는 원래 대출이자율에 연 8%를 가산한다. 즉, 연체이자율을 산정할 때 연체이자를 구분하여 계단식으로 부과하는 방식으로 적용하며, 최고 연 15% 이내에서 적용하고 있다.

만기일시상환 대출은 만기일 다음 날부터 원금 전체에 대해 연체이자를 계산한다. 그러나 이자만 납입 중이거나 원리금 분할상환식 대출은 연체가 발생하더라도 1개월(주택담보대출은 2개월) 이내에는 이자에 대한 연체이자만 계산하고, 1개월 경과 다음 날부터는 원금 전체에 대해 연체이자가 발생한다.

그리고 연체했을 경우 반드시 기억해야 할 점은 납입해야 할 연체이자를 완전히 정리하지 않으면 계속해서 원금 전체에 대해 연체이자가 부과된다는 점이다.

승진하거나 소득이 늘었다면 금리인하요구권을 활용

채무자의 신용등급이 계속 올라가는데 대출 시점에 정해진 기준에 의해 장기간 똑같은 금리가 적용되는 것은 상식적으로 불합리하다. 그래서 채무자는 대출받은 이후에 본인의 신용 상태에 현저한 변화가 있는 경우에는 증빙자료를 첨부하여 은행에 제출하면서 금리 변경을 요구할 수 있다.

금리인하요구권은 은행, 보험회사 등 모든 금융기관이 적용 대상이며, 그 사유는 우량 직장으로의 변동, 승진, 전문자격증 취득, 은행의 우수고객 선정, 자산의 증가 등 본인의 신용 상태가 나아진 모든 조건이 해당된다. 그러나 은행에 따라 금리인하요구권의 대상이 되는 대출과 채무자의 요구 사유가 조금씩 다르므로 사전에 확인해야 하며, 은행의 개인신용평가시스템에 의한 평가 결과에 따라 금리 인하가 되지 않을 수도 있다.

금융감독원 자료에 따르면 금리인하요구권이 2014년 3월까지 1년 동안 9만 286건(대출 금액 43조 6천억 원)이 접수되어 이 가운데 실제 낮아진 경우는 8만 5,178건으로 은행의 수용률이 94.3%를 차지한다.

원래 옛날부터 존재하는 고객의 권리였으나 수익 감소 및 업무량 증가를 이유로 은행 등 금융회사들이 적극적으로 홍보하지 않은 탓에 금융소비자들이 잘 인식하지 못했으나 금융소비자들의 권리에 대한 목소리가 커지면서 금융감독원도 발 벗고 나서고 있어 향후에는 고객들의 혜택이 더욱 늘어날 것으로 예상된다.

CHAPTER 2 · 스마트하게 빌리는 지혜 – 대출

효과적으로 대출 받는 노하우

솔직히 대출을 획기적으로 잘 받는 방법은 없다. 평소 생각을 바꾸고 발품을 팔아서 조금 더 노력하는 만큼 더 낮은 금리로 대우받으면서 대출을 받을 수 있을 뿐이다. 여기에서는 기본적이지만 반드시 생각해서 행동해야 할 대출 노하우를 정리했다.

첫째, 대출은 무조건 은행에서 받는다.
대출금리를 결정하는 가장 큰 요인은 대출 재원을 끌어오는 데 들어간 조달비용이다. 은행은 일반 고객들로부터 낮은 금리로 예금이자를 주고 낮은 금리로 대출을 해주지만, 제2금융권인 보험사, 저축은행 등은 높은 금리로 예금이나 보험료를 받아서 더 높은 금리로 대출을 해주고 있다.
전국은행연합회의 2015년 6월 기준 국민은행의 신용등급별 일반신용대출 금리 현황을 보면 평균 3.92%인 가운데 고신용자(1~3등급)의 경우 3.18%, 저신용자(7~10등급)의 경우 5.44%로 대출 이용 고객 대부분이 낮은 대출금리를 적용받는 것을 알 수 있다. 그러나 저축은행의 2015년 1분기 가계신용대출 취급 비중을 보면 은행권에서 인수한 저축은행을 제외하고는 대부분 25~35% 수준에서 대출금리가 적용되었다. 더구나 최근 대부업체들이 저축은행을 인수하는 사례가 생기면서 고객의 신용등급과 상관없이 법정 최고 금리 수준의 대출금리를 적용하고 있어 사회적 이슈가 되고 있다.

또한 연체이자율 측면에서 볼 때 국내 은행들의 최고 연체이자율은 기간별 연체가산율 연 6~8% 내외로 적용하여 최대 연 15% 수준이나, 저축은행은 대출금리도 엄청 높은 데다가 기간별 연체가산율도 연 10%를 초과하여 결국 연 34.9%를 부담하는 사례들이 대부분이다.

결국 본인의 이자 부담을 줄일 생각이라면 당연히 저축은행, 새마을금고, 보험회사 등의 제2금융권보다 은행을 활용하는 것이 효과적이다. 그러기 위해서는 본인에게 맞는 주거래 은행을 정하여 지속적인 거래와 함께 신용도를 높이기 위해 노력해야 한다.

둘째, 신용대출보다 담보대출을 활용한다.

본인의 신용을 근거로 한 신용대출은 준비서류가 없거나 간편하여 많은 사람들이 활용하고 있다. 신용대출은 고객의 직업, 소득, 거래실적 등을 감안하여 신용도에 따른 대출금리의 차이가 크며, 담보대출 금리보다 더 높은 금리가 적용된다.

하지만 금융회사의 입장에서 볼 때 담보대출은 근저당권 등 담보를 확보함으로써 향후 발생할 수 있는 대출 상환에 따른 위험을 회피할 수 있고, 시중에 자금이 넘쳐나서 오히려 은행이 대출 실적에 목말라하기 때문에 고객의 신용도는 거의 반영되지 않는다. 대출금리도 가장 낮은 수준이다. 그러므로 상호간 금리 차이가 크기 때문에 장기간 사용할 자금이거나 대출 금액이 큰 경우에는 담보대출을 활용하는 것이 훨씬 유리하다. 1억 원을 빌리면서 금리 차이가 1.5%가 난다면 1년 이자 부담 비용만 해도 150만 원이 차이가 난다.

마이너스통장인 경우 큰 금액이 아니라서 대부분 신용대출로 약정하고 있으나, 본인이 해당 은행에 적금이나 예금을 가지고 있다면 그 상품을 담보로 제공하고 낮은 금리로 이용할 수 있다. 이때 담보로 제공된 적금이나 예금은 금리 손해가 전혀 없으며, 해약만 제한이 된다. 예금을 중도에 또는 만기가 되어 찾는다면 대출 조건 변경을 하면 되므로 고객은 전혀 불편할 것이 없다.

셋째, 발품을 팔아서 비교 후 내게 맞는 대출을 찾는다.

국내 대출 시장은 한정되어 있고 수익을 위한 금융회사들 간의 경쟁은 더욱 치열해지고 있다. 이제는 대출 세일의 시대로 접어들었으므로 대출 수요자들이 상대적 우위에 서게 되었다. 그러므로 은행 직원이 하라는 대로 대출 종류, 금리 적용 방식 등을 일방적으로 선택할 것이 아니라 상담 후 스스로 결정할 수 있어야 한다. 지금 대출상품에 대한 지식이 부족해서 결정할 수 없다면 부지런하게 발품을 팔며 돌아다니면 된다. 몇 개 은행 창구를 찾아가서 일반적인 상담만 받아도 공통적으로 상담해주는 내용이 있고, 어떤 직원이 잘해주는지 알 수 있다. 그것을 통하여 현재 시장의 흐름과 대출상품의 장단점을 비교해볼 수 있고, 결국 내게 맞는 상품을 결정할 수 있는 능력이 생긴다.

넷째, 대출 받은 이후에도 신상품에 관심을 가진다.

고객들은 힘들게 대출을 받고 이자나 원리금을 꼬박꼬박 내면서도 본인 대출에 대한 관심은 접어두고 있는 경우가 대부분이다. 하지만 대출상품도 은행별로 신상품이 계속 출시되고 있으며, 정부에서 의도적으로 출시하는 저금리용 대출상품도 나오고 있다. 그러므로 대출을 받은 이후에도 승진이나 소득 증가 등의 사유가 발생하면 금리인하요구권을 활용하여 금리 인하를 받고, 갈아탈 수 있는 신상품이 나오면 창구에 방문하여 상담을 통해 적극적인 의지를 보여야 한 푼이라도 줄일 수 있다.

특히 정부에서 추진하는 대출들은 정책적으로 추진하는 것이 대부분이기 때문에 자금의 한도와 대상자가 한정적인 만큼 빠른 시간 내에 관심을 갖고 활용하는 것이 좋다. 일부 고객들은 중도상환수수료 부담을 얘기하지만 같은 은행에서 갈아탈 때 면제되는 은행도 있고, 이를 부담하더라도 더 이익인 경우도 있으므로 적극적으로 확인하는 노력이 필요하다.

다섯째, 충분히 설명을 듣고 사본은 잘 보관한다.

대출과 관련해서는 은행이 아쉬운 상황임에도 불구하고 아직도 대출을 받으러 오는 상당수의 고객들은 은행 창구에서 주눅이 들어 있다. 낯

설고 어려운 용어는 고객을 당황스럽게 만들고, 작성하거나 자필 서명해야 할 곳도 엄청나게 많다. 또한 창구 직원도 많이 감소했으며, 대출 진행도 전산 시스템 등 여러 상황들로 인해 더 복잡하고 오랜 시간이 걸리다 보니 모르는 것을 하나하나 꼼꼼히 물어보기도 어려워서 충분한 상담이 이루어지기 어려운 것이 현실이다.

하지만 이런 상황에도 불구하고 향후 문제가 발생했을 경우 책임은 고객이 지게 되므로 충분하게 설명을 듣고 서명을 해야 한다. 그리고 작성하는 서류 일체는 은행에서 고객용 사본을 내주도록 되어 있으므로 받아서 잘 보관한다. 향후 문제가 발생할 경우 중요한 증빙자료로 활용되기 때문이다.

여섯째, 절대 연체하지 않는 등 신용 관리에 힘쓴다.

장기간 연체를 하게 되면 원금에 대한 연체이자가 발생하므로 금전적인 손해가 클 뿐만 아니라 개인의 신용도에도 엄청난 피해를 가져온다. 대출원금이나 이자(마이너스통장의 약정한도 초과 포함) 등을 3개월 이상 연체하는 경우에는 신용정보관리규약에 의하여 3개월이 되는 날을 등록사유발생일로 하여 그때로부터 10일 이내에 연체 등 정보거래처로 등록된다.

정보가 등록되면 모든 금융거래가 중지되는 등 불이익을 받게 되며, 연체금액을 상환하여 등록 사유가 해제된 경우에도 등록되어 있던 기간과 금액에 따라서 해제된 기록이 1년 이상 남아 금융 거래에 불편을 초래할 수도 있다. 그러므로 연체가 발생하거나 상환에 어려움을 겪는 경우에는 본인뿐만 아니라 은행도 대출 회수에 대한 문제와 건전성 평가 등으로 인해 사후 관리 차원에서 적극적인 지원을 하므로 사전에 은행을 방문하여 함께 고민하면서 해결방안을 모색하는 등 적극적으로 신용 관리에 힘써야 한다.

CHAPTER 3

돈
잘 쓰는
습관
―
신용카드

신용카드는 현금을 소지할 필요가 없으므로, 편리하고 또한 안전한 지불 수단이다. 하지만 무분별한 소비를 가져올 수 있으므로 본질적인 기능에 근거한 합리적인 사용이 요구된다.

CHAPTER 3 · 돈 잘 쓰는 습관 – 신용카드

대한민국은 카드 전성시대

대한민국의 신용카드 회원 7,012만 명

대한민국은 외형적인 측면에서 봤을 때 '신용카드의 나라'라고 할 수 있다. 2014년 말 기준으로 볼 때 신용카드 발급 수는 9,232만 장으로 휴면카드 감소, 카드사 정보유출사고 등으로 전년 대비 9.5% 감소하였으나, 체크카드는 소득공제 등으로 사용이 활성화되어 전년 대비 3.3%가 증가한 1억 77만 장이 발급되어 사상 처음으로 신용카드 발급 수를 앞질렀다.

카드 사용에 있어서도 작년 한 해 동안 체크카드의 적극적인 사용에 힘입어 613조 원이 넘는 이용 실적을 보여주는 등 눈부시게 성장하고 있다. 업종별 이용 현황이 가구원 수 감소, 디지털 기술의 대중화, 사회 문화적 변화 등으로 크게 변하고 있으며, 1만 원 이하 소액결제 비중이

40%를 넘어서는 등 소액결제가 점점 확산되고 있다.

신용카드는 신용카드 가맹점에서 물품을 구매하면 그 이용대금을 카드사가 카드 회원 대신 가맹점에 지불한 후 회원은 자신의 정해진 결제일자에 카드사에 결제하게 된다. 이때 카드 사용시점부터 결제일까지 신용 거래를 인정할 수 있는 신용 있는 사람에게 발급해주는 카드를 말한다.

그리고 체크카드는 신용이 있는지 여부를 판단하지 않고 신용카드 가맹점에서 본인의 통장 잔액 범위 내에서 물품을 구매할 경우 카드 결제 계좌에서 즉시 출금되어 결제되는 카드를 말한다.

[표 2-17] **신용카드와 체크카드의 비교**

구분	신용카드	체크카드
발급 자격	18세 이상, 카드사에서 정한 일정한 자격 요건을 충족하는 고객	14세 이상, 입출금통장 보유 고객 (교통 기능이 있는 경우 18세 이상)
예금 인출	가능(해외는 불가)	가능
현금서비스, 할부 거래	가능	불가
연회비	있음	없음

신용카드의 다양한 결제 방식

국내 카드사의 2014년 말 카드 자산 중 가장 큰 비중을 차지하는 것은 일시불 또는 할부 형태로 물품을 구입하거나 용역을 제공받는 등에서 발행하는 신용판매 부분으로 전체의 66%를 차지한다.

그러나 수수료 및 대출이자가 비싼 카드 대출은 꾸준히 증가하고 있으며, 금리 하락에 따른 자금조달비용 감소 등으로 카드사들의 순이익은 증가하고 있다.

[표 2-18] **신용카드 자산 현황**

구분	신용판매 (일시불, 할부)	카드 대출			카드 자산 총계
		현금서비스	카드론	카드 대출 합계	
금액	55.9	8.8	20.5	29.3	85.2
전년 대비 증감률	5.1	△7.4	12.0	5.4	5.2

(2014년 말 기준) (단위 : 조 원, %)

❶ 결제 방식 : 일시불 vs 할부

일시불 결제는 물품이나 서비스를 구매함에 따라 전표 매출이 발생하고 해당 결제일에 이용금액 전액이 일시에 청구되며, 신용공여기간 동안 별도의 수수료가 발생하지 않는다.

할부 결제는 5만 원 이상인 물품을 구입하는 경우 대부분 2~24개월 범위 내에서 할부 기간에 걸쳐 동일 금액을 분할해서 결제하는 방식이다. 그러나 할부 기간에 대한 이자 부담은 회원이 부담해야 하며, 할부 기간이 길수록 할부 이자율은 높아진다. 또한 할부 이자율은 고객의 거래 실적에 따른 신용도에 따라서 달라진다. 할부 거래는 비싼 물품의 결제 부담을 줄일 수 있는 장점이 있으나, 비싼 할부 이자율을 부담해야 하며, 지출 통제에 대한 어려움으로 과소비의 가장 큰 원인이 될 수 있다는 단점이 있다.

부득이 물품을 구입해야 한다면 카드사들이 매출 증대를 위해 진행하는 무이자할부 행사를 활용하는 것이 좋으며, 그것이 없는 경우 할부 기간을 줄이거나 이자율 구간을 활용하여 할부 기간을 정하는 것이 좋다.

상품이나 서비스 대금을 신용카드 할부로 결제한 경우에는 철회권과 항변권 행사가 가능하여 상품의 하자나 계약불이행 등 금융소비자에게 발생할 수 있는 불이익을 예방할 수 있다.

[표 2-19] **신용카드 할부 철회권 및 항변권**

구분	할부 철회권	할부 항변권
정의	상품이나 서비스를 제공받은 날로부터 7일 이내에 철회(취소)할 수 있는 권리	할부 계약 기간 중 잔여 할부금의 지급을 거절할 수 있는 권리
성립 요건	물품이나 서비스의 하자 여부와 상관없이 무조건 철회 가능	계약이 무효, 취소, 해지된 경우 상품이나 서비스의 일부 또는 전부가 인도 또는 제공되지 않는 경우 물품구입 후 하자가 발생하여 계속 사용이 불가한 경우
적용 조건	거래금액 20만 원 이상이고, 할부 기간 3개월 이상인 거래	
적용 제외	사용에 따른 가치가 감소하는 물품 회원의 책임 있는 사유로 훼손된 경우 상행위를 위해 구매한 경우 리볼빙 이용금액	상행위를 위해 구매한 경우 할부금을 이미 완납한 경우 리볼빙 이용금액
행사 방법	철회 / 항변 요청서(신용카드매출전표 뒷면 참고) 작성 후 가맹점과 카드사에 발송	

❷ 대금 결제

신용카드를 사용하고 대금을 결제하는 기간까지의 카드 이용 기간을 '신용공여 기간'이라고 한다. 2005년 대략 18~47일이던 신용카드 신용공여 기간은 현재 전체 카드사 평균 14~43일로 축소되었다. 대금 결제

일은 회원이 급여일이나 자금 입금일을 중심으로 자유롭게 선택할 수 있다. 카드 이용대금 및 이에 수반되는 모든 수수료를 회원이 정한 결제일자에 정해진 방법(자동이체 결제, 가상계좌입금 결제, 지로납부 등)에 의해 결제하면 된다. 자동이체로 결제하는 경우 이용대금 결제일의 은행 영업 마감 시간(16시) 이후에 입금하면 거래 은행의 사정에 따라 자동인출이 되지 않아 연체가 발생할 수 있으며, 카드사나 은행에 따라서는 결제일 이후 2~3일 간격으로 인출되는 경우가 있으므로 유의해야 한다.

정해진 일자에 결제가 되지 않으면 연체가 되면서 카드는 지급정지가 된다. 연체이자는 회원의 신용도에 따라 달라지며, 연체 기간별로 연체이자율은 차등 적용한다. 연체가 발생하면 연체이자율이 엄청 부담이 될 뿐만 아니라 개인의 신용도에도 심각한 영향을 미칠 수 있다. 이때 최소의 금액으로 결제하고 나머지 결제 금액을 다음 달로 이월하여 연체가 발생하지 않도록 하는 결제방식이 **리볼빙(일부결제금액이월약정) 결제 서비스**이다. 카드 이용대금 중 카드사와 회원이 미리 약정한 최소결제비율 이상을 결제하면 다음 달 결제일에 잔여 결제 금액과 리볼빙 이자율을 합산하여 납부하는 결제 방식이다. 쉽게 말해서 결제할 자금이 부족한 경우에 최소 금액만 결제하고, 나머지 금액은 대출이자(리볼빙 이자)와 함께 다음 달 결제일에 결제하는 방식이다.

리볼빙 결제는 회원의 신청에 의해 약정을 하며, 적용 대상은 국내외 일시불 이용 금액으로 현금서비스와 할부 이용 금액은 제외된다. 보통 최소 결제 금액은 리볼빙 결제 원금 잔액의 10~30%와 현금서비스, 할부금 및 이자율이며, 여기에 리볼빙 이자율이 추가된다.

❸ 신용카드 대출

회원은 현금서비스 이용한도 이내에서 자동화기기, 전화, 인터넷 등을 이용하여 현금서비스(단기 카드 대출)를 받을 수 있다. 1일 인출 한도는 본인의 현금서비스 잔여 한도 내에서 최대 200만 원까지이며, 현금서비스 수수료는 회원 등급별로 정해진 수수료율을 적용한다. 현금서비스는 한도 이내에서 단기간 동안 자유롭게 사용할 수 있는 단기 대출이지만 수수료율이 비싸고 과도하게 사용하면 개인의 신용등급에 부정적인 영향을 주므로 부득이 사용하게 되면 최대한 빠른 시간 내에 정리하는 것이 좋다.

카드론(장기 카드 대출)은 카드사가 본인 회원에게 제공하는 대출로, 일정 기간 동안 일정 이자율에 따라 원리금을 상환하는 서비스이다. 카드론 이용에 동의한 회원에 대하여 가처분소득, 카드론 이용 기간, 신용상태 등을 고려하여 대출 가능 금액을 부여한다.

카드론은 일반대출처럼 회원의 선택에 따라 원금(원리금)분할 상환방식, 거치 후 원금(원리금)분할 상환방식, 만기일시 상환방식, 마이너스방식 등으로 상환할 수 있다. 카드론도 현금서비스처럼 취급수수료와 중도상환수수료가 없고 쉽게 대출을 받을 수 있어서 편리하지만, 회원의 신용도(이용 실적 및 연체 경력 등)에 따라 연 7.5~25.8%의 이자를 부담해야 하기 때문에 가능한 받지 않도록 해야 한다.

그리고 카드론도 고금리 대출이기 때문에 향후 신용등급의 개선 등 객관적인 근거가 있다면 서류를 준비하여 금리 변경을 요구할 수 있다.

실물 없는 모바일카드

과거에도 모바일카드가 있었지만 플라스틱 형태의 실물 카드를 먼저 발급받아야 했던 규제가 풀리면서 단독으로 발급되는 모바일카드가 출시되고 있다.

모바일카드는 크게 유심형USIM 카드와 앱형App 카드가 있다. 유심형 카드는 근거리무선통신NFC 단말기에 휴대전화를 갖다 대기만 하면 결제가 이루어지며, 휴대전화가 꺼진 상태에서도 사용할 수 있는 편리함이 있다. 그러나 NFC 기능이 탑재된 단말기에서만 이용할 수 있어 현재 이용 가능한 가맹점이 적으며, 휴대전화를 분실하는 경우 카드 정보의 도난 우려가 크다는 단점이 있다.

앱형 카드는 모든 휴대전화 단말기에서 사용 가능하며, 대부분의 가맹점에서 사용할 수 있고 휴대전화 분실에 따른 카드 정보 도난 우려도 없다는 장점이 있다. 그러나 앱을 실행시켜 바코드나 QR코드 등의 결제방식으로 이용해야 한다.

모바일카드를 발급 받으려면 카드 발급 심사 단계를 거쳐 휴대전화 본인 소유 확인 등의 절차를 밟는다. 신청이 완료되면 휴대전화 단말기에 앱을 설치한 후 카드를 발급(다운로드)받으면 된다.

이 카드는 실물 카드 발급이 없이 휴대전화에 담아서 다닐 수 있어 편리하고 연회비가 저렴하며, 보다 빠르게 발급받을 수 있어 젊은 층의 관심이 높다. 또한 핀테크를 활용한 다양한 방식을 접목하여 상품 및 프로세스의 개선을 통한 모바일카드의 사용이 더욱 활성화될 것으로 기대된다.

CHAPTER 3 · 돈 잘 쓰는 습관 – 신용카드

내게 맞는 신용카드 제대로 선택하는 법

내게 맞는 신용카드 찾기

요즘 카드사마다 엄청나게 많은 종류의 카드가 있고, 유사한 카드의 홍수 속에서 나에게 맞는 최적의 카드를 고르는 일은 한마디로 고역이 아닐 수 없다. 많은 소비자들이 마트에서 원하는 물건을 골라서 담듯 본인이 좋아하는 카드사를 선택하고 나서 자신의 라이프스타일과 니즈에 맞춰 부가서비스를 골라 담으면 좋겠지만 국내에 출시된 모든 카드는 희망하지도 않고 사용할 일도 없는 서비스들을 함께 묶어 타 카드 대비 조금 더 혜택이 부가된 상품들로 구성되어 있는 것이 현실이다. 그러다 보니 좀 더 혜택을 보기 위해 카드를 몇 개씩 발급받기도 한다.

단순하게 주유 카드를 발급받고 싶다고 가정해보자. 이때 갖게 되는 고민은 ❶모든 주유소에서 혜택을 보는 것이 좋을지 아니면 내가 자주 이용하는 주유소 연계가 좋을지 ❷주유 할인에 특화할지 아니면 멀티 혜택으로 선택할지 ❸매월 주유 금액의 많고 적음에 따라 월이용한도와 전월사용금액 등 결정해야 할 사항이 많다는 사실이다.

신용카드 포털사이트인 '카드고릴라'에서 2015년 초에 직장인들을 대상으로 가장 우선시되는 신용카드 할인 혜택을 조사한 결과 1위는 대중교통 할인, 2위는 통신요금 할인, 그밖에 커피전문점 할인, 주유 할인, 인터넷쇼핑 할인 순이었다. 또한 2015년 카드 소비자 10명 중 7명이 신용카드의 부가서비스와 체크카드의 소득공제까지 두 마리 토끼를 잡겠다면서 올해 신용카드와 체크카드를 함께 사용하겠다고 답했다.

젊은 직장인들은 본인의 라이프스타일을 감안하여 몇 개의 카드를 만들어 적극적으로 혜택을 누리는 반면 장년층과 노년층은 예전부터 갖고 있던 카드를 혜택에 대한 생각도 없이 그냥 사용하는 것이 일반적이다. 복잡하게 따져보고 추가 발급받는 일 자체가 귀찮다 보니 카드의 기능과 혜택이 단순하기를 원하고, 이에 일부의 젊은 층도 공감함에 따라 시장에서는 각 카드사별로 무조건 할인이나 적립 형태의 카드가 인기를 끌고 있다.

모든 가맹점에서 무조건 할인이나 적립이 되는 카드가 전체적으로 인기가 있고 무난하기는 하나, 본인이 원하는 특정 생활에 대한 혜택은 독립적으로 제휴된 카드가 훨씬 유리하다. 대신 최대한 혜택을 보기 위해서는 카드를 여러 개 발급받아야 하고, 각각의 연회비와 전월 신용카드 이용실적 조건을 충족해야 하는 문제가 있다.

한편 프리미엄 신용카드는 일반 신용카드에 비해 높은 연회비를 납부하는 대신 차별화된 서비스를 제공하는 플래티늄, 프리미엄, VVIP카드 등을 포괄하는 개념이다. 1985년 '골드카드'가 국내에 등장하면서 신용카드 고객 등급의 세분화가 시작되어 1998년 연회비 10만 원 내외의 플래티늄카드가 출현하면서 본격적인 프리미엄카드의 서비스가 확산되기 시작했다. 또한 2005년 VVIP카드가 등장하면서 신용카드 상품 전체적으로 부가서비스 수준을 높여놓음에 따라 카드 간 차별화가 더욱 심해지고 활성화되었다.

[표 2-20] 국내 주요 신용카드사의 프리미엄 카드 상품 체계

등급 (연회비)	신한카드	KB국민카드	삼성카드	현대카드
VVIP (200만 원)	–	Tantum	라움 0	The Black
VIP (50~100만 원)	The Premier	TEZE	THE 0	The Purple
Premium (20~50만 원)	The Ace The Best	ROVL 미르	THE 1	The Red 2
Platinum (10만 원 내외)	The Classic	KB플래티늄	삼성플래티늄	–

이런 가운데 실속을 챙기면서도 특권을 누리고 싶은 젊은 소비층을 중심으로 최근 몇 년 사이 매스티지카드 회원 수가 급증하고 있다. 매스티지카드란 일반 신용카드보다 높은 연회비를 지불하지만 활용하는 것에 따라 더 많은 혜택을 받아갈 수 있기 때문에 요즘 많은 카드 소비자들의 관심을 받고 있는 것이다.

이 카드는 연회비가 20~30만 원 수준으로 다소 비싸지만 제공하는 바우처Voucher의 액면가가 주로 상품별 연회비와 유사한 수준이라 부담이

덜하고, 제공 서비스도 호텔 발렛파킹, 항공, 여행 등에 집중되어 있어 조금 여유가 있는 젊은 소비자들을 파고들고 있다. 매스티지카드의 발급자격 기준 완화와 더불어 카드사가 제공하는 프리미엄 서비스의 혜택을 효율적으로 활용하는 소비자가 증가하면서 향후 프리미엄카드의 대중화 현상은 지속될 전망이다.

신용카드 선택 시 고려해야 할 사항

한국소비자원의 조사에 의하면 소비자의 카드 선택 기준은 이용한도, 금융수수료 등 카드의 본질적 기능보다는 각종 할인 및 포인트 적립 등 부가서비스라고 한다. 전체 고객의 63%가 카드 선택 시 가장 중요한 고려 요인으로 부가서비스 관련 항목을 선택했다. 또한 최근 1년간 주 이용 카드 교체 고객의 경우 전체의 72%가 각종 할인이나 포인트 적립 등 더 좋은 부가서비스를 받기 위해 주 이용 카드를 변경했다고 응답했다. 그러다 보니 고객과 카드사 모두 부가서비스 경쟁에 집중하는 시장으로 변해가고 있다.

그럼, 내게 꼭 맞는 신용카드를 선택하기 위해 고려해야 할 사항들을 체크해보자.

첫째, 본인의 소비 성향을 먼저 파악한다.
신용카드의 종류에 따라 제공하는 부가서비스가 제각각이다. 그러므로 신용카드를 선택하기 전에 본인이 주로 이용하는 곳이 어디인지 그리고 주로 소비하는 업종 등의 소비 성향을 파악하는 것이 좋다. 일반적으로 누구나 이용하는 대형마트, 주유소, 커피전문점, 이동통신사도 각자에 따라 다른 것처럼 본인의 소비 패턴에 맞게 해당 회사와 제휴된 카드를 사용한다면 결제금액 할인이나 포인트 적립 등의 혜택을 더 누릴 수 있기 때문이다.

둘째, 본인의 월 지출액을 파악한다.

사실 본인의 소비 패턴에 맞게 신용카드를 아주 다양하게 발급받아 사용한다면 좋겠지만 연회비 문제뿐만 아니라 카드사들이 정해놓은 전월 이용금액 충족 문제에 봉착하게 된다. 카드사들은 체리피커(Cherry picker)를 방지하고 매출을 증가시키기 위해 신용카드 상품별로 제공하는 부가서비스 혜택을 받기 위해서는 전월 이용금액의 최저선을 정해놓고 있다. 체리피커란 고객을 끌어들이기 위해 만든 부가 혜택을 주로 챙기고 실제 돈은 별로 쓰지 않아서 기업에 손해를 끼치는 소비자를 말한다. 따라서 여러 신용카드의 서비스 제공 조건을 살펴본 후 본인의 월 평균 지출액 범위 내에서 충분히 충족 가능한 조건의 신용카드를 선택해야 혜택을 제대로 볼 수 있다.

셋째, 추가적인 혜택을 살핀다.

본인의 월 지출 금액과 소비 성향을 파악하여 그에 맞는 상품을 선택해야 한다. 만약 니즈에 맞는 맞춤형 카드를 선택하기 힘들다면 각 신용카드사 홈페이지에 있는 맞춤카드 찾기 프로그램을 활용하거나 신용카드 관련 포털사이트 '카드고릴라(www.card-gorilla.com)', '뱅크샐러드(www.banksalad.com)'를 활용하여 실질적으로 얻을 수 있는 혜택을 체크해보는 것도 좋은 방법이다.

넷째, 연회비를 체크한다.

최초 가입 시 연회비는 무조건 납부해야 하며, 제휴되는 서비스가 많을수록 제휴나 맞춤서비스 연회비 부담이 커진다. 국내외 겸용카드(VISA, Master, AMEX, JCB 등)는 국내뿐만 아니라 해외에서도 사용이 가능하지만 기본 연회비가 2배 더 비싸므로 해외에서 사용할 계획이 없다면 국내용으로 발급받는 것이 유리하며, 향후 해외사용 계획이 있다면 10일 전에 전화나 방문을 통해 간단하게 추가 발급을 받으면 된다.

CHAPTER 3 · 돈 잘 쓰는 습관 – 신용카드

신용카드 최대한 잘 활용하는 법

카드 포인트 활용하기

'포인트'란 카드사가 카드 사용을 촉진하기 위하여 카드 사용 시 결제 금액의 일부를 적립하고 일정 금액 이상이 되면 현금처럼 사용할 수 있는 제도로 마케팅 차원에서 활용하는 부가서비스의 성격을 갖는다. 언뜻 '공돈'처럼 보이지만 이미 신용카드로 지출한 돈의 일부를 돌려받는 것이다. 그런데 이 돈을 무심코 잠재우는 사람들이 적지 않다.

금융감독원에 따르면 국내 20개 카드사에서 2012년부터 3년간 소멸된 포인트가 4,075억 원에 달한다고 한다. 일반적으로 카드 포인트의 유효기간은 5년이며, 포인트의 유효기간이 지난 시점부터 월 단위로 소멸되므로 허공으로 날아가지 않도록 챙겨야 한다. 본인의 포인트는 해당 카드사 홈페이지나 이용대금 명세서 또는 여신금융협회 카드포인트 통합조회 사이트(www.cardpoint.or.kr)에 접속하여 실명인증을 거쳐 확인할 수 있다.

신용카드 포인트 활용방법은 ❶ 결제계좌를 통해 이체 받아서 현금으로 사용할 수 있다. ❷ 카드 결제대금을 포인트로 결제할 수 있다. ❸ 카드사 홈페이지에서 생활물품이나 서비스를 구매할 수 있다. ❹ 식당, 주유소 등 신용카드 가맹점에서 현금처럼 이용할 수 있다. ❺ 고객이 포인트로 기부하면 카드사가 현금으로 바꾸어 기부하는 방식으로 연말 소득공제 혜택까지 받을 수 있다.

포인트 선지급 서비스

신용카드 포인트 선지급 서비스는 카드사로부터 현금처럼 쓸 수 있는 포인트를 미리 받아 물품대금을 할인 받아 구매한 후 이 금액을 나중에 약정기간(최장 3년) 동안 카드 이용 실적에 따라 쌓이는 포인트로 되갚는 제도를 말한다. 예를 들어 200만 원짜리 냉장고 구입시 100만 원만 결제하고 나머지 100만 원은 향후 신용카드 포인트로 갚는 것이다.

이것의 장점은 구매 시점에 회원의 결제 부담을 줄이고, 선지급 포인트만큼을 나눠서 상환해 나가는 이점을 가지고 있으나, 해당 카드만 집중적으로 사용함에 따라 다른 카드 사용이 제약을 받는다는 부담과 함께 약정 포인트를 채우지 못하면 현금으로 일시에 상환해야 하며, 미상환 시 연체이율 등 불이익을 받을 수 있다는 점을 명심해야 한다. 결국 이 서비스는 할인 혜택이 아니라 할부 판매와 같다.

낮은 이자율(수수료) 중심으로 카드 활용하기

신용카드의 본질적 기능에 근거하여 가장 효과적으로 사용하는 방법은 무이자할부를 적극 활용하는 것과 카드 결제 후 최대 44일간의 신용공여기간을 최대한 적절하게 사용하는 것이다. 그러나 이것은 구매 금액의 착시현상과 함께 결제의 시차가 길며, 지출 관리에 많은 신경을 써야 하는 문제가 있다. 그러므로 가능하면 일시불 결제를 이용하고, 결제 금액이 큰 경우에는 무이자할부를 활용하는 것이 좋으며, 가능한 현금서비스와 카드론은 사용하지 않도록 한다. 이런 것을 자주 사용하면 신용도가 떨어져서 향후 은행 대출을 이용할 수 없게 될 수도 있다.

또한 부득이 신용카드 대출(현금서비스나 카드론)을 이용해야 하는 경우에는 더 낮은 이자율을 적용하는 카드사를 이용하며, 카드사가 같은 경우에는 이자율(수수료)이 싼 대출을 받는 것이 좋다. 일반적인 신용카드의 활용 순서는 일시불결제 > 무이자할부결제 > 할부결제 > 리볼빙 > 카드론 > 현금서비스 순이다.

체크카드와 신용카드의 콤보 상품 활용하기

❶ 체크카드 소액신용결제서비스

평소 체크카드로 사용 중 결제(출금) 계좌의 예금 잔액이 부족할 경우 사전에 약정한 소액신용결제서비스 한도 범위(보통 30만 원) 이내에서 신용카드처럼 편리하게 이용할 수 있는 서비스이다. 신용 상태가 양호한 회원에 한해 제공하며, 결제(출금) 계좌에서 부분 출금은 불가하다(결제건이 체크카드 승인이나 신용 승인 중 1개만 가능).

❷ 하이브리드카드(체크카드 + 신용카드)

체크카드와 신용카드가 1장으로 합쳐진 카드로 결제잔고형과 체크한도 지정형이 있다. 결제잔고형은 결제 계좌에 잔액이 있으면 체크카드로 결제하고, 없으면 전체 거래 금액을 신용카드로 결제하는 방식이다. 체크한도 지정형은 체크카드 건별 결제한도를 5만 원에서 최대 300만 원 범위 내에서 지정하여 체크카드로 결제하고, 건별 이용금액이 한도를 초과하는 경우 신용카드로 결제하는 방식이다.

이 카드는 체크카드의 소액신용결제서비스보다 신용카드의 한도를 회원이 더 자유롭게 활용할 수 있다는 장점이 있다.

결제일 준수하기

신용카드를 연체하게 되면 대략 연 21~29%의 비싼 연체이자 부담과 함께 신용등급을 하락시키는 중요한 요인으로 작용하게 된다. 그러므로 연체가 발생하지 않도록 주소가 변경되면 카드사에 반드시 통보하고, 가능하면 카드대금 결제는 자동이체를 활용하는 것이 좋다.

그러나 연체가 발생하면 최대한 신속히 정리하고, 전체 금액 상환이 어렵다면 카드사와 협의하여 대환대출 등으로 전환하여 정상화시키도록 노력해야 한다.

도난 분실, 피해 예방 및 대응 요령

　신용카드의 비밀번호를 철저히 관리해야 한다. 비밀번호는 결제계좌의 예금 출금, 현금서비스, 카드론, 전자상거래 등에서 카드를 이용할 경우 반드시 필요한 암호로 본인만이 알 수 있는 비밀번호를 설정해야 하며, 비밀번호를 메모해놓는 것은 바람직하지 않다.

　신용카드는 꼭 필요한 경우에만 발급받고 사용하지 않는 카드는 해지하여 신용카드 분실에 따른 불이익을 당하지 않도록 주의해야 한다. 그리고 카드가 불필요하다고 그냥 잘라버리지 말고 해지하는 것이 좋다. 또한 카드 사용내역을 알려주는 휴대전화 SMS서비스를 적극적으로 이용한다. 실시간으로 카드의 승인내역을 확인할 수 있어 분실이나 도난 시에도 바로 대처할 수 있다.

　카드의 분실, 도난을 당한 경우 그 사실을 알게 되는 즉시 카드사에 전화 또는 서면으로 신고해야 한다. 카드사는 신고 접수일로부터 60일 전부터 발생한 부정사용액에 대해 보상을 받을 수 있다. 단, 부정사용이 회원의 고의나 과실에 의한 경우 회원이 그 책임을 부담할 수도 있다.

　다음의 사유에 해당할 경우에는 이로 인해 발생하는 부정사용금액에 대해 보상받을 수 없으므로 특히 유의해야 한다.

❶ 현금서비스, 카드론, 전자상거래 등 비밀번호를 본인확인 수단으로 활용하는 경우(다만, 저항할 수 없는 폭력이나 자기 또는 친족의 신체에 대한 위험으로 인하여 비밀번호를 누설한 경우에는 예외로 한다)

❷ 회원이 고의로 인한 부정사용의 경우

❸ 카드에 서명을 하지 않은 경우

❹ 타인에게 카드 대여, 양도, 담보제공 등에 따른 부정사용의 경우

❺ 가족이나 동거인에 의한 부정사용

❻ 회원이 카드의 분실, 도난 사실을 인지하고도 정당한 사유 없이 신고를 지연한 경우

❼ 카드를 이용하여 상품구매 등을 위한 현금융통 등의 부당한 행위를 한 경우

CHAPTER 3 · 돈 잘 쓰는 습관 – 신용카드

해외 여행 시 신용카드 활용법

해외 여행 시 신용카드 사용이 보편화됨에 따라 해외에서 신용카드의 부정사용으로 인한 소비자의 피해 사례가 늘고 있다. 2014년 상반기에만 피해 신고 건수 9,285건, 피해액이 6,538백만 원에 이른다고 한다. 이에 따른 피해를 줄이기 위한 적극적인 노력이 필요하다.

첫째, 본인의 신용카드를 꼼꼼히 체크한다.
해외에서 사용하기 위해서는 VISA, Master, AMEX 등 국제 브랜드 카드사와 제휴된 카드만 사용이 가능하므로 카드를 확인한다. 또한 여권상의 영문 이름과 신용카드상의 이름이 다를 경우 카드 결제를 거부당할 수도 있으므로 이름이 일치하지 않으면 교체 발급을 받아야 한다.
신용카드의 유효기간과 결제일을 확인한다. 대부분의 카드사가 유효기간 만료일 1개월 전까지는 갱신 재발급해 보내주고 있으나 반드시 기간을 확인해야 한다. 해외 체류 기간 동안에 카드 대금이 연체되면 카드 사용에 제한을 받으므로 미리 결제대금을 확인해야 한다.

또한 분실사고 발생 시 부정사용을 조기에 차단하기 위해 본인이 소지한 카드사의 분실신고센터(콜센터) 전화번호를 미리 확인해둔다.

둘째, 출국 전 부정사용을 예방할 수 있는 안전조치를 취한다.

❶ IC칩 비밀번호 등록

해외에서 신용카드나 체크카드를 이용하는 경우 IC칩 비밀번호 입력이 필수인 경우가 많이 있다. 그러므로 해외 출국 전에 IC칩 비밀번호 등록 여부를 확인하고, 미등록 시에는 영업점을 방문하여 등록한다.

❷ SMS서비스 등록

휴대전화 알림서비스 SMS를 신청하면 국내외에서 사용한 신용카드의 결제내역을 즉시 알려주므로 부정사용 시 곧바로 조치할 수 있다. 특히 신용카드사마다 '부정사용방지모니터링시스템 FDS'에 따른 이상 징후 감지 시 이용자의 휴대전화에 문자가 발송된다.

❸ 해외출입국정보 활용동의 서비스 활용

해외출입국정보 활용동의 서비스는 신용카드의 해외 매출 승인 시 회원의 출국 여부를 확인하여 국내 거주 회원 카드의 부정사용을 예방해주는 서비스이다. 신용카드 회원이 카드사의 홈페이지 등을 통해 출입국

정보 활용에 동의하면 해외여행을 다녀온 이후에도 혹시 모를 카드 복제 등에 따른 부정사용을 예방할 수 있다. 이 서비스는 무료이며, 한 번 신청하면 지속적으로 서비스를 받을 수 있다.

셋째, 해외 가맹점에서 신용카드 결제 시 현지 통화로 결제한다.

2014년 중 국내 신용카드 회원이 해외에서 원화로 결제한 건수는 461만 건, 이용 금액은 8,441억 원으로 매년 증가하고 있다. 그러나 실제 가격에 3~8%의 원화 결제수수료뿐만 아니라 환전수수료도 이중으로 발생하여 카드 회원은 자신도 모르게 현지 통화 결제보다 약 5~10%의 추가 비용을 지불하게 된다.

해외에서 카드를 사용할 때 현지 통화로 결제하면 '현지 통화 결제 → 미국 달러로 환전하여 국제 브랜드 카드사(비자, 마스터 등)에 청구 → 국내 카드사가 원화로 환전하여 회원에게 청구'하는 과정을 거친다. 그런데 해외에서 원화로 결제하면 최초 현지 통화 결제 이전에 원화를 현지 통화로 환전하는 과정을 한 번 더 거치게 되어 수수료가 더 부과되므로 해외에서의 카드 사용은 현지 통화나 달러로 결제하는 것이 유리하다.

[표 2-21] **원화 결제서비스 이용 시 신용카드 해외 결제 과정**

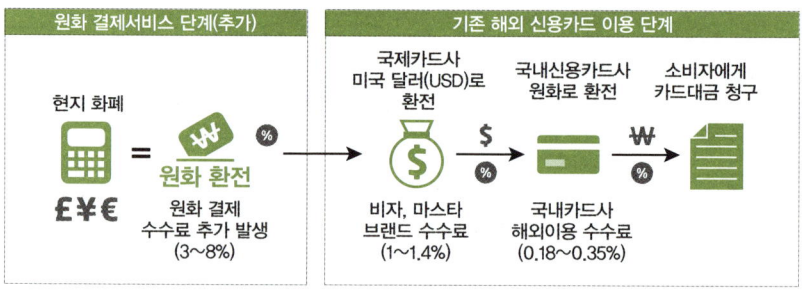

넷째, 현금 vs 신용카드 가운데 어느 것으로 결제할까?

해외에 나갈 때 고민 중의 하나는 현지 통화를 쓸 것인가 아니면 카드를 쓸 것인가 하는 문제다. 그에 따라 환전해야 하는 금액이 달라지게 된다. 현지 통화로 환전하는 경우 수수료율이 주요 통화(달러화, 유로화, 엔화)의 경우 1.75%이다. 주거래 은행을 이용하거나 환율우대 쿠폰을 활용하는 경우에는 우대환율이 80%까지도 가능하므로 우대율이 높은 은행을 찾아나서야 한다. 다만 주요 통화를 제외하고는 수수료율은 높고 우대율은 낮다는 점을 명심하기 바란다. 그리고 공항 환전소에서는 환율 우대가 전혀 없으므로 이용하지 않는 것이 좋다.

신용카드의 경우 해외 사용과 관련한 수수료는 1% 내외 수준이며, 해외에서 결제한 신용카드 대금은 사용 당일이 아니라 카드를 사용한 사용내역이 국제브랜드 카드사로부터 국내 카드사에 접수되는 날(일주일 이내)의 환율(전신환매도율)로 적용한다.

종합해보면 수수료 측면에서 주요 통화를 비교한다면 현금이 다소 유리하지만 분실, 도난의 위험이 있고 환율이 하락하는 추세일 때에는 현금보다 신용카드 사용이 다소 유리할 수 있다.

그러나 일반적으로 환율의 급격한 등락이 아니라면 향후 전망도 크게 의미가 없으며, 해외여행 면세한도 및 관광객들의 일반적인 사용금액 등을 감안하면 무엇을 선택하는 것이 유리한가보다는 조금 더 절약하는 것이 훨씬 효과적이다.

다섯째, 과다지출한 경우 귀국 후 할부 결제로 전환한다.

❶ 귀국 시 해외 일시정지 등록

해외에서 카드를 분실하거나 카드 사용 시 복제되어 부정사용되는 것을 방지하는 방법 중에 하나는 귀국 후에 해외 일시정지 등록을 하는 것도 좋은 방법이다. 국내에서 신용카드를 정상 사용하면서 해외에서의 부정사용을 예방할 수 있다. 그러므로 해외출입국정보 활용등의 서비스 또는 해외 일시정지 등록 중 하나는 활용하는 것이 좋다.

❷ 일시불이 부담이면 할부 전환

해외에서의 결제는 일시불만 가능하다. 만일 해외 사용금액이 많아 부담이 된다면 귀국 후에 카드사에 할부 전환을 요청하면 된다. 이때 비싼 할부 이자율은 부담해야 하므로 적정 수준 이내에서 지출하는 것이 좋다.

CHAPTER 3 · 돈 잘 쓰는 습관 - 신용카드

신용카드 소득공제

신용카드를 사용하는 중요한 요인 중에 하나는 소득공제 혜택이다. 올해 초 연말정산을 계산해본 사람들은 신용카드의 계산 방식을 보고 엄청 당황했을 것이다. 매년 땜질식으로 제도가 바뀌면서 소득공제 산정 방식은 복잡해지고 받는 혜택은 점점 줄어들고 있는 실정이다.

연말정산 미리 '체크'

신용카드 소득공제는 연간 300만 원을 최대 한도로 하며, 연소득(세전 기준)의 20%와 비교하여 적은 금액이 최대 공제한도이다. 소득공제율을 보면 신용카드 사용금액은 15%, 체크카드와 현금영수증은 2배가 높은 30%이기 때문에 체크카드의 사용을 늘리는 것이 좋다. 또한 전통시장 사용분과 대중교통 이용분은 각각 100만 원 한도로 추가 공제되며, 이곳에서 사용한 신용카드 사용분에 대해서는 30% 소득공제율을 적용해준다.

본인 및 공제대상 부양가족으로 등록된 사람의 사용 금액을 합산하며, 형제자매의 사용금액, 입사 전·퇴사 후 사용금액은 공제받을 수 없다. 신용카드로 결제한 의료비와 취학 전 아동 학원비, 장애인 특수교육비, 교복 구입비는 신용카드 공제와 특별 공제의 중복 공제가 가능하다. 그러나 취약 전 아동을 제외한 학원비 결제는 신용카드 공제만 가능하다. 그리고 신용카드 사용금액 중 자동차 구입비, 보험료 납부, 세금 납부, 상품권 등 유가증권 구입비, 해외 사용금액 등은 공제 금액에서 제외된다.

신용카드 소득공제 최대로 받는 법

신용카드, 체크카드, 현금영수증 합계액이 총 급여의 25%를 넘느냐를 계산해봐야 한다. 25%를 넘지 않으면 한 푼도 돌려받지 못하기 때문에 계산해볼 필요조차 없다.

맞벌이 부부인 경우에는 어느 한쪽으로 카드사용액을 몰아주는 것이 효과적이다. 연봉이 높을수록 적용하는 소득세율이 높아서 공제 효과가 커지기 때문이다. 그러나 신용카드 사용금액이 적은 경우에는 소득공제 가능 금액과 적용세율을 비교하여 선택해야 한다.

신용카드와 체크카드의 사용 비율을 정한다. 소득공제율이 신용카드는 15%, 체크카드와 현금영수증은 30%이기 때문이다.

[표 2-22] **연소득 6,000만 원인 김민국 씨의 경우**

구분	연소득 6,000만 원(과표 4,600만 원 가정), 카드 사용액 2,500만 원
공제 대상 금액	2,500만 원 − (총소득의 25% = 1,500만 원) = 1,000만 원

사용구분	신용카드로 전액 사용한 경우	체크카드로 전액 사용한 경우
소득공제 대상	1,000만 원 X 15% = 150만 원	1,000만 원 X 30% = 300만 원
환급액 (세율 24%+주민세 10%)	396,000원	792,000원

위 예시에서 최적의 카드사용 방법은 공제를 적용할 때 공제율이 낮은 신용카드부터 적용하므로 공제기준점인 1,500만 원까지는 신용카드를 사용하고, 초과 금액은 체크카드로 사용하면 된다. 그러나 신용카드 공제율이 낮다고 체크카드와 현금만 쓰는 것은 바람직하지 않다. 신용카드를 쓰면 마일리지 적립이나 제휴업체 할인 등의 다양한 혜택을 받을 수 있기 때문이다.

총소득이 높을수록 소득공제 한도 300만 원까지 카드 사용을 늘린다. 신용카드는 현재 세액공제가 아니라 소득공제를 적용하기 때문에 소득이 많을수록 높은 세율을 적용하여 환급액이 크게 늘어난다.

체크카드가 좋은 이유

체크카드는 2014년 말 기준으로 1억 장을 돌파했으며, 이용금액은 전년 대비 21% 증가한 112조 원을 넘어서는 등 폭발적인 인기를 누리고 있다. 그러면 왜 이런 인기를 누리는 것일까?

첫째, 과소비를 방지할 수 있다는 점이다.

사람들이 신용카드에 부정적인 반응을 보이는 가장 큰 이유는 생각지도 않게 지름신이 강림하여 과다한 지출이 발생한다는 생각 때문이다. 신용카드는 한 달 후에 결제하거나 몇 달 동안 할부로 나누어 내기 때문에 당장 돈이 없더라도 소비를 먼저 하는 행동을 제어하기 힘들다. 그래서 씀씀이에 대한 통제가 어려울수록 신용카드보다는 통장 잔액 범위 내에서 소비가 가능한 체크카드를 사용함으로써 과소비를 줄일 수 있으며, 카드빚에 대한 우려 없이 계획적인 소비가 가능하다.

둘째, 카드 사용자의 상당수가 직장인으로 연말정산 시 소득공제 혜택을 더 받을 수 있다.

정부의 세수 부족 속에서 소득공제 상품들이 축소되는 가운데 2012년부터 체크카드의 소득공제율이 30%로 확대되어 15%인 신용카드에 비해 더 많은 절세 효과를 볼 수 있기 때문이다. 절세 혜택이 계속 축소되는 속에서 건전한 소비문화 정착을 위한 소득공제율의 확대는 실제 혜택 대비하여 큰 효과를 보고 있는 것이다.

셋째, 카드사들이 체크카드 부가서비스를 강화하고 있다.

신용카드 시장이 포화상태가 되고 있는 속에서 특히 은행계 카드사들이 경쟁적으로 체크카드에 소액결제 서비스를 결합하거나 신용카드 수준에 가까운 부가서비스로 무장하고 공격적인 마케팅을 이끌고 있기 때문이다.

넷째, 편리한 카드 발급이다.
연회비 없이 신청 즉시 발급되며, 발급 자격에 제한이 없으므로 사용 용도나 계좌에 맞게 다목적으로 사용이 가능한 점을 들 수 있다.

CHAPTER 3 · 돈 잘 쓰는 습관 – 신용카드

신용카드 사용의 장단점

신용카드 사용에 따른 문제점

첫째, 과소비의 주범이다.

신용카드의 가장 큰 문제점은 외상 구매에 따른 과소비를 부추기고 충동 구매로 이어진다는 점이다. 신용카드를 자신의 능력에 맞게 사용해야 함에도 불구하고 본인의 지불 능력을 넘어선 카드 사용은 연체의 발생과 함께 카드 거래정지뿐만 아니라 다른 거래에도 많은 제약을 받을 수 있다.

그런데 왜 자꾸 쓰게 되는 것일까? 소비를 하는 경우 직접 눈으로 현금이 줄어드는 것이 보여야 의식을 하고 지출을 통제하게 되는데 신용카드는 플라스틱 형태로 사용하기 때문에 소비에 대한 체감을 못 하는 측면이 있다. 또한 물건 구입을 통한 만족의 시점과 대금 결제에 따른 고통의 시점이 다르다 보니 소비에 대한 인식이 다르고 지출 관리가 어려워진다. 결국 신용카드는 쓰기는 좋으나 모으기는 어려운 도구라고 할 수 있다.

둘째, 개인정보가 제휴서비스 업체에 과다하게 제공되며, 정보 유출 우려가 있다.

신용카드를 가입하려면 신용정보제공 활용동의서를 작성하며, 본인이 사용하지도 않는 수많은 제휴서비스 업체에 정보가 제공되고 있다. 2014년 1월에 있었던 카드사 고객정보 유출사고뿐만 아니라 인터넷 사이트 회원 정보의 유통 등 개인정보가 누출될 경우에는 신용카드의 부정발급, 현금서비스나 카드론 등의 부당 취급, 보이스피싱 등에 악용되어 사회문제로까지 확대될 여지를 갖고 있다.

셋째, 재무목표 달성이 어렵다.

신용카드는 기본적으로 편리하다. 자유롭게 맘대로 쓸 수 있고 사용한도도 계속 늘려주며, 다양한 서비스를 제공해준다. 달콤한 유혹에 빠져 있다 보니 잔액은 한 번도 줄어들지 않고 계속 빚이 늘어나다가 제 풀에 꺾여 쓰러지면서 끝이 난다. 결국 이런 사람들은 저축이나 투자를 할 여력이 없으며, 설령 모으던 자금이 있었다고 하더라도 카드대금을 충당하기 위해 중도해약하는 것이 일반적이다. 재무목표는 결혼, 자녀교육, 노후준비 등 인생의 큰 목표를 위해 달리는 마라톤인데 시작조차 할 수 없다면 희망이 없는 것이다.

신용카드 사용이 가져다주는 혜택

첫째, 매달 각종 할인혜택으로 가계에 보탬이 된다.

할인이나 부가서비스를 꼼꼼히 챙기는 사람에게는 신용카드가 곶감과도 같은 존재이다. 놀이동산 갈 때 4만 원이 넘는 자유이용권을 제값 주고 구매하는 사람은 없다. 영화를 보거나 버스를 탈 때, 주유소에서 기름을 넣을 때도 할인이 되거나 적립이 되는 신용카드의 사용은 기본이다. 대한민국 국민들의 라이프스타일에 맞춰 그에 맞는 카드가 나와 있고, 그것을 활용하지 않으면 상대적인 손해일 수밖에 없다.

모두가 체리피커까지는 아닐지라도 각자에게 제공되어 있는 부가서비스만큼은 얻어감으로써 가계에 보탬이 되도록 해야 한다. 이런 부가서비스는 매달 새롭게 당신을 찾아가고 있다.

둘째, 소득공제 혜택이 있다

2015년 초 연말정산 대란을 보면서 모든 봉급생활자들에게 최대 300만 원까지 소득공제 혜택을 주는 신용카드에 대한 관심은 뜨거울 수밖에 없다. 체크카드의 적극적인 사용 이면에는 지출 통제에 대한 소비자들의 의식 변화도 있지만, 소득공제 혜택이 계속해서 축소되는 가운데 다른 것보다 조금 더 우대해주는 정부의 정책이 있는 것이다.

셋째, 현금을 소지하지 않아 편리하다.

신용카드는 쇼핑이나 여행 시 많은 현금을 소지할 필요가 없어서 편리하고, 분실에 따른 위험을 줄일 수 있다. 또한 경조사나 자동차 구입 등 목돈을 지출해야 하는 경우 본인이 사용하는 신용한도 이외에 해당 증빙 서류를 첨부하여 제출하면 특별 승인한도로 신용카드를 이용할 수 있어 편리하다. 이를 통해 무이자할부나 차량 구입 시 포인트 적립 등의 혜택을 누릴 수 있다.

넷째, 가계부 대용으로 개인의 소비 패턴을 파악할 수 있다.
신용카드의 정상적인 사용 및 결제는 개인의 신용 관리에 도움을 준다. 신용카드를 사용하여 적절한 소비를 하고, 거래 기록을 통해 소비 패턴을 파악하는 가계부 역할을 해준다.

신용카드 발급 시 신용정보제공·활용 동의서에 반드시 동의해야만 카드 발급이 가능한가?

회원의 동의가 필요한 개인정보에는 필수적 동의사항과 선택적 동의사항이 있다. 필수적 동의사항은 법령상 의무이행을 위해 필요한 사항과 계약의 체결 및 유지를 위해 불가피한 사항으로써 이에 동의하지 않으면 신용카드 발급이 불가하다. 또한 부가서비스 제공을 위해 회원의 고객정보 제공이 필요한 경우 이에 동의하지 않으면 카드사는 해당 부가서비스를 제공하지 못한다. 하지만 선택적 동의사항은 카드사의 마케팅 목적 등을 위한 정보수집 등에 관한 사항이기 때문에 정보제공에 동의하지 않을 수 있다.

저것은 벽
어쩔 수 없는 벽이라고 우리가 느낄 때
그때
담쟁이는 말없이 그 벽을 오른다
물 한 방울 없고 씨앗 한 톨 살아남을 수 없는
저것은 절망의 벽이라고 말할 때
담쟁이는 서두르지 않고 앞으로 나아간다
한 뼘이라도 꼭 여럿이 함께 손을 잡고 올라간다
푸르게 절망을 다 덮을 때까지
바로 그 절망을 잡고 놓지 않는다

도종환의 「담쟁이」 가운데

PART
3

보탬이 되는
금융투자상품의
모든 것

CHAPTER 1

제로금리 시대 최고의 재테크
— 펀드

안정적인 자산 증대가 갈수록 어려워지는 현실. 이제는 본인이 좋든 싫든 간에 점점 적극적인 투자로 발걸음을 옮겨놓아야 하며, 그 중심에 간접투자의 대표주자인 펀드가 있다.

CHAPTER 1 · 제 로 금 리 시 대 최 고 의 재 테 크 – 펀 드

펀드, 이것만은 알아야 한다

   그동안 펀드 시장은 양적으로나 질적으로 많은 변화와 성장을 거듭해 왔다. 양적 성장을 추구하던 펀드 시장은 2008년 글로벌 금융위기를 맞으며 큰 충격과 허탈함 속에서 자성의 목소리를 키울 수 있었다. 이후 정부와 판매회사들은 투자자를 보호하기 위한 다양한 교육과 제도를 시행하게 되었으며, 투자자들은 안전자산으로 이탈하거나 '묻지마 투자'에서 벗어나 기대수익을 낮추고 객관적인 시각으로 시장을 바라보며 분산투자하는 노력을 하고 있다.

   한국금융투자자보호재단이 2015년 2월에 발표한 「2014년 펀드 투자자 조사 결과」에 따르면 조사 대상자의 28.7%가 현재 펀드에 투자하고 있으며, 보유자산 규모가 클수록 펀드에 투자하는 비율이 상대적으로 높은 것으로 조사되었다. 그리고 30~40대 전문·관리직, 사무직 종사자를 중심으로 평균 4.7개의 펀드를 보유한 가운데 이들이 선호하는 투

자 지역은 국내(69.3%), 가장 선호하는 펀드 유형은 혼합형(44.4%)과 주식형(36.4%)으로 조사되어 주식 시장의 불확실성이 높아짐에 따라 투자 위험이 다소 낮은 상품을 선호하는 것으로 보인다.

최근 기준금리 인하에 따른 저금리 기조와 저출산, 평균수명 증가에 따른 고령화 사회는 안정적인 자금 운용의 투자 방식으로는 자산 증대를 할 수 없도록 만들고 있다. 이제는 본인이 좋든 싫든 간에 점점 적극적인 투자로 발걸음을 옮겨놓아야 하며, 그 중심에 간접투자의 대표주자인 펀드가 있다.

펀드란 자본시장통합법에 의거하여 여러 사람들로부터 돈을 모아서 펀드매니저 등 투자 전문가들이 주식이나 채권, 파생상품 등에 대신 투자·운용하고 그 운용 수익을 투자자에게 돌려주는 실적배당형 금융상품이다. 즉 투자자들이 은행이나 증권회사 등 펀드 판매회사를 방문하여 펀드를 가입하면 판매회사는 투자 자금을 안전하게 보관하고 관리하는 수탁회사에 돈을 보낸다. 자산운용회사는 투자된 자금을 어떻게 운용할지 결정하여 수탁회사에 운용을 지시하면 수탁회사는 그 지시에 따라 주식, 채권 등을 사고판다. 이 수탁회사를 두는 이유는 자산운용회사가 마음대로 자금을 유용하지 못하도록 펀드 재산을 자산운용회사로부터 분리하여 안전하게 보관·관리하고 운용을 감시하기 위한 안전장치를 마련해두기 위함이다. 그리고 자산운용회사는 투자자의 돈은 구경도 못 하지만 투자된 자금의 적절한 운용에 따른 수익을 책임지는 곳이기 때문에 펀드에서 가장 중요한 주체이다. 그러나 꼭 기억할 것은 수익이 나든 손실이 나든 무조건 투자자 본인의 책임이라는 것이다.

상품의 기본 개념 이해하기

투자상품을 알아볼 때 일반적으로 가장 쉽게 접하게 되고 비교해볼 수 있는 기본이 되는 것이 투자상품 안내장이다. 이를 통해 기본적인 상품의 특성을 파악하고, 더 관심이 있다면 투자설명서 등을 통한 본격적인 상담을 진행하는 것이 좋다. 지금부터 펀드 투자의 첫걸음, 펀드 안내장의 내용을 이해할 수 있도록 하나씩 살펴보자.

[표 3-1] **투자상품 안내장의 펀드 개요**

상품명		KB 밸류 포커스 증권 자투자신탁(주식)		
상품 유형		투자신탁(주식형), 추가형, 개방형, 종류형, 모자형		
위험 등급		1등급(매우 높은 위험)		
자산 배분		KB 밸류 포커스 증권 모투자신탁(주식)에 90% 이상, 유동성 자산 등 10% 이하 (모펀드의 경우 국내 주식 60% 이상, 채권 및 유동성 자산 각 40% 이하)		
종류 구분		A	C	C-E
신탁 보수 (연)	총	1.410%	2.260%	1.750%
	판매	0.650%	1.500%	0.990%
	운용	0.715%		
	기타	0.045%		
선취판매수수료		납입금액의 1.0%	없음	
매입기준일		15시 이전 : 2영업일 기준가격 적용 15시 경과 후 : 3영업일 기준가격으로 적용		
환매기준일		15시 이전 : 2영업일 기준가격으로 4영업일에 환매금 지급 15시 경과 후 : 3영업일 기준가격으로 4영업일에 환매금 지급		
환매수수료		90일 미만 : 이익금의 70%		
벤치마크		KOSPI지수 100%		

❶ 펀드명 : KB 밸류 포커스 증권 자투자신탁(주식) - C

펀드의 이름만 보아도 이 펀드의 기본적인 구조를 한눈에 알 수 있다. 주민등록번호 체계가 생년월일로 시작하듯이 펀드 이름도 공통적으로 구성되는 체계를 갖고 있기 때문이다.

> **예시**
>
> KB – 펀드의 운용을 책임지는 자산운용회사의 이름
>
> 밸류 포커스 – 운용 대상이나 특징을 의미하며, 저평가된 가치주에 투자함.
>
> 증권투자신탁 – 운용대상이 주식, 채권 등 투자증권에 투자하는 펀드
>
> (주식) – 펀드의 자산 중 60% 이상을 주식에 투자하는 주식형을 의미함.
>
> C클래스 – 목돈이 아니라 적금처럼 계속 불입하는 형태의 투자 방식

❷ 상품의 유형 분류

자본시장통합법에서는 투자자금(집합투자재산)의 운용 대상, 운용 전략, 투자 종목의 성격 등에 따라 펀드(집합투자기구)를 다양하게 분류하고 있다. 증권펀드의 투자증권 종류에 따라서 펀드 재산의 60% 이상을 주식 및 주식 관련 파생상품에 투자하면 '주식형'으로, 60% 이상을 채권이나 채권 관련 파생상품에 투자하면 '채권형'으로 분류한다. 그리고 주식이나 채권 관련 투자 비율이 60% 미만이면 '혼합형'으로 분류하며, 이때 투자 비율이 높은 기준으로 주식혼합형, 채권혼합형으로 나뉜다.

우리가 일반적으로 가입하는 펀드의 상품 유형은 추가형, 개방형, 종류형인 경우가 대부분이다.

[표 3-2] **펀드의 상품 유형 분류**

분류 기준	명칭	주요 내용
추가 판매 여부	추가형	추가적인 판매가 자유로운 펀드
	단위형	일정 기간 모집하여 판매하고 종료하는 펀드
환매 가능 여부	개방형	환매가 자유로운 펀드
	폐쇄형	투자기간 중 중도환매가 금지된 펀드
수수료 구조	종류형	판매비용 부과 방식에 따라 여러 종류로 구분하여 판매하는 펀드
	전환형	지정된 몇 개의 펀드 내에서 자유롭게 전환이 가능한 펀드
펀드 모집 형태	-	독립적인 펀드로 운용
	모자형	동일한 운용자가 여러 펀드의 재산을 집중하여 통합 운용하는 모펀드와 모펀드가 발행한 펀드지분을 취득하는 자펀드로 구성됨. 자펀드가 모펀드에 투자, 모펀드는 자펀드를 통해서만 가입

펀드의 운용 전략에 따라 구분해보면 액티브Active 펀드는 적극적인 운용을 통하여 시장 대비 초과 수익을 목표로 운용하는 펀드로, 펀드매니저 의존도가 높고 비용이 높은 편이다. 패시브Passive 펀드는 시장수익률을 목표로 소극적으로 운용하는 펀드로, 주로 시스템을 통해 운용함에 따라 비용이 싼 편이며, 인덱스 펀드가 대표적이다.

❸ 비용 · 수수료

펀드는 전문가에게 위탁하여 운용함에 따라 운용 · 관리에 따른 비용이 들어간다. 펀드 투자의 비용은 투자자가 판매회사, 자산운용회사, 수탁회사에 전문적인 일을 위탁함에 따른 서비스 대가를 지불하는 돈을 말한다.

비용은 크게 거치식(임의식) 펀드(A형)에 투자하는 경우 1회성 대가로 주는 선취판매수수료와 투자 운용 기간 동안 서비스의 대가로 계속해서 지불하는 보수로 나눌 수 있다. 보수에는 상담, 계좌 개설 및 관리에 따른 판매 보수, 펀드의 운용에 따른 운용 보수, 펀드재산 보관과 관리에 따른 수탁 보수, 그리고 펀드 관련 사무지원에 따른 일반사무관리 보수가 있다. 매일 순자산가치를 산정하여 일정 보수를 연이율로 계산하여 차감하므로 기준가격 산정에 영향을 미친다.

적립식 펀드(C형)의 경우에는 펀드의 장기 투자를 유도하기 위해 1년 단위(C2, C3, C4)로 판매 보수를 점진적으로 낮추고 있으며, 영업점보다 인터넷으로 가입(C-E형)하는 것이 보수가 훨씬 싸다.

환매수수료는 수수료는 아니지만, 일정 기간 동안 중도 환매를 억제함으로써 자산운용의 안정성을 기하고, 환매에 따른 사무처리 비용을 충당하기 위하여 투자자가 부담하는 일종의 위약금 성격을 갖는다. 대부분의 적립식 펀드는 개별 투자 건별로 90일이 지나면 환매수수료가 없으며, 90일 미만인 경우 해당 투자 건에서 발생한 이익의 70%를 환매수수료로 부과하며, 이 수수료는 해당 펀드의 재산에 귀속시켜 다른 투자자들이 손해보지 않도록 하고 있다.

결국 적립식 펀드는 3개월 적금과 같아서 3개월만 지나면 언제든지 수수료 손해 없이 환매가 가능하다.

❹ 매입 · 환매 기준일

직접 주식 투자를 하는 경우에는 투자자마다 기준이 되는 가격이 모두 다르겠지만 간접투자 형태로 대행 처리되는 펀드의 경우에는 관리에 많은 어려움이 있다. 그래서 신규로 투자하거나 환매를 하는 경우 이에 따른 통일된 규칙을 정하게 되었는데 이것이 바로 Late Trading 규제이다.

Late Trading 규제는 투자자가 판매회사에 신규, 입금, 환매 청구 등을 하는 경우 기준시간을 정하고, 그 시간의 경과 여부에 따라 당일 신청분과 익일 신청분으로 구분하여 거래하는 제도이다. 이 규제를 만든 이유는 주식 편입 펀드의 경우 당일 펀드에 편입된 주식에 대해 투자자가 매매 가격을 알고 투자하는 경우 장 마감 후에 발생할 수 있는 불공정거래를 방지하고 투자자의 이익을 보호하기 위한 것이다.

Late Trading의 적용 대상은 역외 펀드를 제외한 모든 국내 펀드이며, 규제 시간은 주식 50% 이상 편입 펀드는 오후 3시, 주식 50% 미만 편입 펀드 및 채권형 펀드는 오후 5시, 국내 레버리지 펀드는 오후 1시로 정해져 있다. 예를 들어 오늘(금요일) 14시에 주식형 펀드를 신규하는 경우 오늘 15시 유가증권 시장 마감시점 종가 기준(즉 2영업일 기준가)으로 기준가격을 결정하여 월요일에 투자되며, 15시를 넘어서 신규하는 경우에는 월요일(2영업일) 마감시점 종가를 기준가격으로 화요일(3영업일)에 투자가 이루어진다. 그러므로 펀드 투자 시 오후 3시(15시)는 투자의 중요한 시점이 된다.

펀드의 투자 자금은 당일 바로 현금으로 찾아갈 수 없다. 환매 신청을 하면 시장에서 주식이나 채권을 매각하여 현금화한 후 지급하는 데 시간이 소요되기 때문이다. 영업점 창구나 인터넷을 통해 주식형 펀드를 환매 신청하면 신청일 포함하여 4영업일에, 채권형 펀드는 3영업일에 수령할 수 있으나 기준시간에 따라 기준가격의 적용일자와 가격이 달라지므로 반드시 확인해야 한다.

주식형 펀드의 경우 환매대금 수령은 4일째 가능하나 기준가격의 산정일자가 다르므로 시장 상황을 고려하여 15시 이전에 환매를 신청하는 것이 리스크를 줄이는 방법이다.

또한 해외 펀드인 경우 국가별 시차, 휴일 등의 영향으로 가입할 때는 3~4일, 환매할 때는 5~10영업일 정도의 시간이 소요되므로 이를 감안하여 환매 신청해야 한다.

CHAPTER 1 · 제로금리 시대 최고의 재테크 – 펀드

궁합이 맞는 펀드 판매회사를 찾아라

펀드 판매회사 잘 고르는 법

금융투자협회의 자료에 따르면 2013년 말 기준으로 적립식 펀드의 판매 비중은 은행 66%, 증권사 32%, 보험사 1.3%로 나타나고 있다. 이는 다수의 일반 투자자들이 펀드 판매회사로 은행을 가장 많이 활용하고 있다는 얘기이다.

한국금융투자자보호재단의 「2014년 펀드 투자자 조사 결과」에 의하면 펀드 가입 시 판매회사를 방문하여 펀드를 선택하는 비율이 약 66%로 판매직원의 추천에 의지하는 투자자가 2/3로 나타났으며, 연령이 높아질수록 그 비율은 더 높게 나타났다. 또한 펀드 정보를 어디에서 가장 많이 얻는지를 묻는 질문에 은행, 증권 등 판매회사 직원들을 통해 얻는다는 비율이 31%로 가장 많았다.

[표 3-3] 펀드 선택 시 판매직원 추천에 의지하는 정도

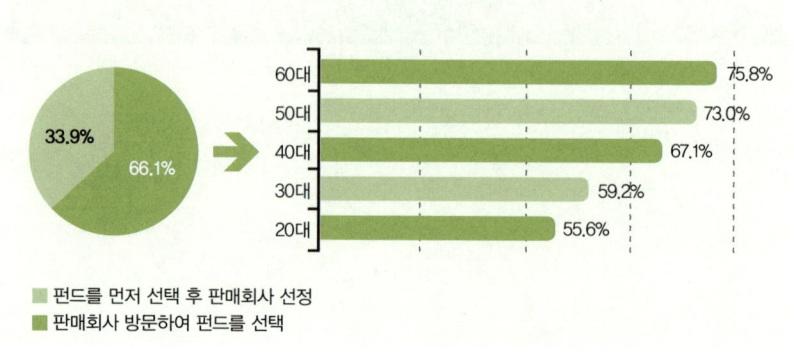

(출처 : 2014 펀드 투자자 조사, 한국금융투자자보호재단)

펀드의 종류는 더 다양해지고 상품의 구성은 더 복잡해지고, 초저금리 속에서 국내뿐만 아니라 세계 시장도 급변하는 시장 상황 등을 종합적으로 고려해볼 때 펀드 판매회사의 결정은 무엇보다 중요하다.

펀드의 수익률을 결정하는 곳은 신영자산운용, KB자산운용 등과 같은 자산운용회사이지만 좋은 펀드, 나에게 맞는 펀드를 골라서 추천해주고 지속적으로 관리를 해줄 곳은 펀드 판매회사이기 때문이다. 서로 비슷한 판매회사에서 상담 받고 오래 투자했음에도 불구하고 어느 판매회사를 선택했느냐에 따라서 투자 성과가 큰 차이가 나고 있음을 알 수 있다.

판매회사를 선택하는 방법에는 기존의 투자 경험, 개인의 성향, 전담 직원과의 관계 등을 고려하여 선택하겠지만 아직 결정하지 못한 투자자가 있다면 외부 기관이 투자자의 입장에서 평가한 결과를 참고하는 것도 좋은 방법이다.

[표 3-4] 2014년 주요 은행 펀드 3년 수익률 비교 및 판매 잔액

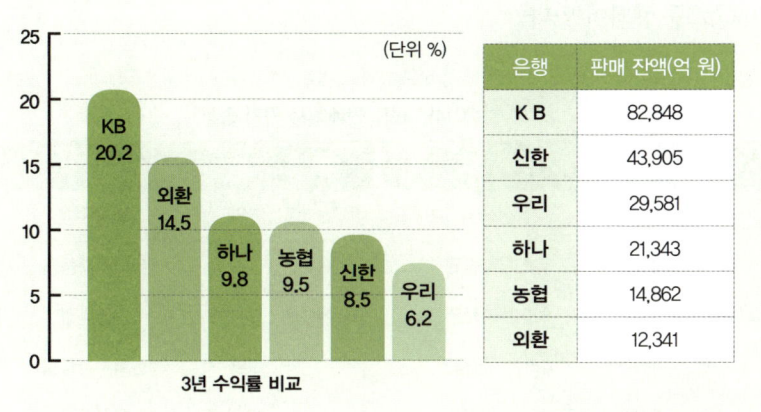

(출처 : 금융투자협회, 2014년 말 기준)

펀드는 증권회사, 은행, 보험회사에서 판매하고 있는데 투자자가 가장 주의해야 할 것은 불완전판매 행위이다. '불완전판매'란 판매회사가 실적에 급급해서 금융상품을 권유할 때 투자자의 자산 상태나 투자 성향을 제대로 파악하지 않고 판매하거나 상품에 대해 충분히 알기 쉽게 설명하지 않고 판매하는 행위를 말한다.

한국금융투자자보호재단은 펀드 불완전판매로부터 금융 투자자를 보호하고 건전한 펀드 판매문화 정착을 유도하기 위해 매년 펀드 판매회사를 평가하여 순위를 발표하고 있다.

일정 수준의 판매 계좌 수와 판매 금액을 가진 은행(10개), 증권사(19개), 보험사(2개)를 대상으로 하며, 펀드 표준투자권유준칙 등을 충실히 준수하는지의 적법성, 증시 전망과 상품 설명, 판매한 펀드 수익률 등의 전문성, 고객 배려 상담 진행 및 사후 관리 등의 윤리성을 종합적으로 평

가했다. 평가 항목은 모니터링(70%), 판매 펀드 성과(20%), 판매 집중도(10%)로 구성되어 있다.

[표 3-5] 2014년 펀드 판매회사 평가 종합

그룹	순위	판매회사	그룹	순위	판매회사
최우수	1위	삼성생명	우수	6위	외환은행
	2위	유진투자증권		7위	우리투자증권
	3위	하이투자증권		8위	신영증권
	4위	메리츠종금증권		9위	한화투자증권
	5위	KB국민은행		10위	삼성증권

(출처 : 한국금융투자자보호재단)

펀드 판매회사 고를 때 유의사항

앞서 살펴본 대외적인 평가 외에도 판매회사를 고를 때 확인해야 할 몇 가지 사항들을 살펴보자.

첫째, 창구 판매직원이 상품만 팔려고 하는 것인지 아니면 재무설계적 관점에서 투자자를 위해 상담하는 것인지를 확인한다.

투자 목적은 무엇이고, 손실 위험을 견딜 수 있는지, 다른 투자자산과의 포트폴리오 구성 등 적합한 상품을 찾으려고 노력하는지 등을 판단해야 한다. 주가가 상승하면 차익 실현을 위해 환매가 이어지는 현상을 볼 수 있는데 그 원인 중 하나는 판매회사의 수수료 때문이다. 판매회사는 환매 후 선취수수료를 떼는 A클래스의 거치형 상품을 재가입시킴으로써 수수료 수입을 챙길 수 있는 반면, 투자자는 실질수익률이 낮아지고 장기 투자의 걸림돌로 작용하기도 한다.

둘째, 판매하는 투자상품의 구성이 다양한지를 확인한다.

펀드 판매회사는 적극적인 리서치를 통해 시장에서 검증된 양호한 펀드상품을 발굴하여 제공해야 한다. 투자 성향이나 재무 상황에 맞는 투자자산의 포트폴리오를 구성하려면 투자기간, 리스크 등을 감안한 유형별 상품들이 다양하게 구비되어 있어야 폭넓은 선택의 기회를 가질 수 있다.

셋째, 계열사 펀드를 의도적으로 판매 유도하는지를 확인한다.

요즘은 인터넷을 통해 각종 펀드 관련 자료나 공시를 파악할 수 있다. 운용 실적이 좋아서 투자자도 인정할 수 있다면 모르지만 운용 실적이 좋지 않음에도 불구하고 계열사 펀드를 적극적으로 권유한다면 투자자보다는 회사의 이익을 우선시 하는 것이다.

넷째, 판매직원은 신뢰할 수 있는지를 확인한다.

투자자들의 상당수가 판매직원의 안내로 펀드를 선택하고 가입하기 때문에 판매직원의 역할이 무엇보다 중요한 만큼 그 직원의 상품에 대한 전반적인 지식과 판매 경력 등을 감안해야 한다. 이와 함께 투자자의 말을 잘 들어주고 이해하며, 대화하기 편안한 직원인지를 판단해서 선택해야 한다.

다섯째, 판매회사의 사후 관리 서비스를 확인한다.

펀드를 단기 차익으로 가져가는 사람도 있지만 대부분은 투자기간이 3년 이상이라고 한다. 결국 판매하고 끝나는 것이 아니라 지속적인 관심과 사후 관리가 필요하다. 판매회사 측에서는 자산운용회사가 제대로 운용하는지를 지속적으로 모니터링을 하면서 계속 판매를 할지 검토하고 중요한 펀드 관련 정보를 투자자에게 안내해야 한다. 또한 판매직원은 파악된 펀드 관련 자료를 바탕으로 투자자와 지속적으로 소통하면서 투자 전략을 공유하고 관리해 나가야 한다.

결론적으로 말하자면 투자자를 위해 준비하고 판매 이후에도 지속적으로 관리해줄 수 있는 판매회사를 찾아야 한다. 그 중심에 판매직원이 있으므로 전담 관리직원이 누구냐가 가장 중요하다. 그러므로 적어도 2~3군데 금융회사를 방문하여 상담을 통해 펀드 판매회사를 선정하는 것이 좋다.

CHAPTER 1 · 제로금리 시대 최고의 재테크 – 펀드

좋은 펀드 제대로 선택하는 법

 현재 판매되고 있는 수많은 펀드 중에서 나에게 맞는 펀드는 어떤 것인지, 그리고 투자하고 나서 높은 수익을 달성할 수 있는 펀드는 어떤 것인지 파악하고 선택한다는 것은 정말 힘든 일이 아닐 수 없다. 일반적으로 펀드를 선택하는 방법을 보면 판매회사 직원의 권유대로 선택하거나 현재 수익률이 높은 펀드를 선택하는 경우가 제일 많다. 판매회사 상담직원이 투자자의 투자 성향과 투자 목적에 맞는 펀드를 제대로 추천해주었는지, 그리고 현재의 수익률이 장래에도 계속 이어질지는 아무도 알 수 없다. 그렇지만 좋은 펀드를 선택하는 몇 가지 기준을 가지고 있다면 그에 따른 리스크는 일부 줄일 수 있을 것이다.
 그럼 투자 시기와 상관없이 일반적으로 좋은 펀드를 선택하는 기준을 알아보자.

첫째, 장기 운용 성과가 검증된 펀드를 골라야 한다.

최근 3개월, 1년 수익률이 아니라 3~5년간 꾸준히 성과를 보여야 한다. 누적 수익률이 우수한지보다는 연도별 수익률이 꾸준한지를 확인해 봐야 한다. 여기서 수익률이 우수하다는 의미는 펀드의 벤치마크 Bench Mark 뿐만 아니라 동일 유형 Peer Group 에 대비해서도 우위에 있음을 의미한다. 또한 현재의 수익률이 높다고 향후의 수익률을 보장하는 것은 아니며, 지금까지 단순하게 안전자산 대비하여 수익률이 높다, 낮다고 얘기하며 판단의 기준으로 삼던 생각은 버려야 한다.

A주식형 펀드의 최근 1년 수익률이 10%라고 할 때 이 펀드는 우수한 펀드일까? KOSPI 수익률이 15%라면 부진, 벤치마크(BM) 수익률이 5%라면 우수, 동일 유형 평균수익률이 7%라면 우수, 동일 운용사의 평균수익률이 13%라면 부진하다고 할 수 있다.

씨름이나 권투 경기에서 해당 체급별로 순위를 정하듯이 펀드의 성과를 비교할 때도 같은 그룹이나 유형의 벤치마크를 중심으로 상호 비교하여야 한다. 리스크와 기대수익이 서로 다른 주식형 펀드와 채권형 펀드의 수익률을 가지고 수익률을 얘기하는 자체는 투자에 있어서는 맞지 않는다. 이것도 판단하기 어렵다면 정확하지는 않으나 국내주식형 펀드는 KOSPI지수 상승률, 채권형 펀드는 정기예금 이상을 판단 기준으로 삼는 것도 하나의 방법이다.

둘째, 위험 대비하여 성과가 좋은 펀드를 선택해야 한다.

투자는 기본적으로 위험을 동반한다. 일반적으로 펀드의 수익률이 높은 만큼 손실에 대한 위험도 클 수밖에 없으며, 같은 종류의 펀드라고 해도 투자 전략이나 운용 능력에 따라서 위험에 대비한 성과가 달라진다. 투자자의 입장에서는 펀드의 총 위험(표준편차)은 낮고 수익은 높은 것이 좋으므로 펀드의 성과를 생각할 때는 반드시 위험과 수익을 동시에 고려하여 판단하는 것이 좋다.

셋째, 펀드의 운용 규모가 일정 수준 이상인 펀드를 선택한다.

우리나라 펀드 시장의 문제점 중 하나는 작은 규모의 펀드가 너무 많다는 점이다. 2015년 4월 현재 전체 공모펀드(2,268개)의 36.9%인 837개가 자투리 펀드(설립 1년 뒤 설정액이 50억 원 미만 펀드)라고 한다. 펀드의 규모가 작을 경우 투자 대상 종목을 선정하거나 분산투자하는 데 어려움을 겪을 뿐만 아니라 자산운용회사에서도 노력 대비 수익이 적으므로 관심이 줄어들면서 펀드가 애물단지로 전락하는 사례들이 많이 있다. 일반적으로 주식형 펀드의 경우 50억 원 이상 규모가 되어야 어느 정도 적절하게 운용할 수 있으며, 그 미만이면 운용에 어려움을 겪기 때문에 유의해야 한다.

결국 시간이 경과해도 규모가 아주 작은 펀드라면 투자자들과 자산운용사의 눈 밖에 있는 펀드이므로 투자하지 않는 것이 좋고, 만약 투자했다면 정리를 검토해야 한다.

넷째, 펀드의 자금 흐름이 양호한 펀드를 선택한다.

요즘 펀드 투자자들이 인터넷을 통해 펀드를 찾는 방식 중 대표적인 것이 수익률이 높은 펀드, 판매량이 많은 펀드, 조회수가 많은 펀드로 조회하는 것이다. 그런데 이렇게 3가지로 구분이 되어 있지만 결론은 3가지가 거의 같다는 점이다. 일단 수익률을 통해 관심을 받고 많이 조회해 보고 결국 많이 판매가 되는 구조로 이루어진다. 투자 자금이 계속 유입이 되면 자산운용회사의 입장에서 수익이 더 많이 발생하고 관심이 증대되며, 초과 수익을 위해 다양한 노력을 함으로써 타 펀드 대비 양호한 실적을 보여주는 선순환이 이루어진다.

다섯째, 운용 철학과 원칙이 확고한 자산운용회사의 펀드를 선택하는 것이 좋다.

「2014년 펀드 투자자 조사 결과」에서도 실제 펀드의 투자기간이 평균 약 36개월 정도로 장기 투자하는 성향들을 감안할 때 장기 운용 성과는 처음부터 내세웠던 운용 철학과 원칙을 일관되게 가지고 갔는지가 중요하다. 2008년 금융위기를 겪으면서 가치주를 중심으로 장기 투자를 이끌어가는 신영자산운용, 한국투자밸류자산운용, KB자산운용 등이 시장에서 두각을 나타내는 것은 당연한 일이다.

여섯째, 펀드의 비용과 매매회전율도 선택의 중요한 기준이다.

펀드의 보수, 수수료 등 비용이 싸다고 무조건 좋은 것은 아니지만, 같은 조건이라면 비용이 낮을수록 장기수익률 제고 효과는 커진다.

외적으로 보이는 총비용 외에도 펀드의 매매회전율을 확인해보는 것도 좋다. 매매회전율은 펀드 내 투자자산을 1년에 몇 번 거래하는지를 나타내는 지표로, 1년에 한 번 사고팔면 100%로 표시된다. 회전율이 낮은 것이 무조건 좋은 것은 아니지만 상대적으로 비용이 적게 들어가고 운용의 일관성이 있다는 것을 의미하며, 분명히 장기 투자 성과에 영향을 미치기 때문이다.

펀드 투자 시 비용 절감하는 법

펀드에 투자하여 높은 수익을 실현하면 비용에 대한 부담을 느끼지 못한다. 반대로 손실이 발생하면 환매를 하기도 부담스러워 일단 지켜보게 되는데, 이때 문제는 손실에도 불구하고 투자한 펀드에서는 매일 보수(수수료)가 빠져나간다는 사실에 투자자들의 불만이 증가한다.

초저금리 속에서 일반적인 주식형 펀드의 총비용은 정기예금보다도 더 높은 연 2%를 넘어서고 있다. 그러면 어떻게 해야 이 비용을 조금이라도 줄일 수 있을까?

첫째, 동일한 조건이라면 수수료가 싼 펀드에 투자한다.

펀드의 비용은 시스템보다 펀드매니저가 직접 운용할수록, 리스크가 클수록, 조건이 복잡할수록, 투자회전율이 클수록, 투자 종목이 다양할수록, 투자 국가가 다양할수록 비싸질 수밖에 없다. 결국 이를 종합해보면 국내에 투자하는 인덱스 펀드가 일반 주식형 펀드보다 1% 정도 싸며, 상대적으로 가치주·배당주 펀드가 성장주 펀드 대비 다소 싸다. 그리고 주식 편입 기준으로 주식형 펀드, 혼합형 펀드, 채권형 펀드 순으로 비싼 비용을 부담해야 한다.

그렇다고 무작정 수수료가 싼 펀드에 투자해야 하는 것은 아니다. 비용보다 더 중요한 것은 본인의 투자 성향과 투자 목적에 적합한 가운데 더 높은 수익을 달성하는 것이며, 투자자산의 분산 차원에서 일부 감안해야 한다는 점이다.

[표 3-6] 펀드 유형별 총 비용 비교

펀드 구분	주식형	혼합형	채권형	해외주식형	해외채권형
총비용	2.2% 내외	1.5% 내외	0.8% 내외	2.5% 내외	1.2% 내외

※ 일반적인 비용 수준을 나타낸 것이며, 펀드에 따라 달라질 수 있음.

둘째, 판매회사들의 홈페이지를 통해 인터넷으로 가입하는 것이다.

「2014년 펀드 투자자 조사 결과」에 의하면 최근 펀드의 가입 채널 중 온라인 채널은 28.9%이며, 연령이 낮을수록 비율은 높게 나타났다. 같은 유형의 펀드인 경우 대략 0.5% 정도 싸며, 이것은 총 보수 중 창구 상담을 대체하고 인건비를 줄임에 따른 판매수수료 절감 효과이다. 하지만 인터넷을 통한 가입 시 투자자들은 펀드 선택에 대한 부담을 크게 가진다. 이를 해결하는 방법은 투자자가 각종 자료나 정보를 바탕으로 스스로 판단하고 행동할 수 있는 능력을 키우거나, 판매회사를 방문하여 상담을 받고 그것을 바탕으로 인터넷을 통한 신규를 하는 것이다.

일부 순수한 투자자 중에는 상담만 받는 얌체짓은 미안하다고 생각하는 경우가 있다. 성격상 마음이 찜찜하다면 인터넷으로 신규할 때 상담 직원을 권유 직원으로 등록하면 된다. 요즘은 신규 가입을 하게 되면 권유 직원의 단말기에 신규 메시지가 표시되어 가입을 확인할 수 있으며, 판매 실적으로 인정되므로 향후에도 당당하게 상담이나 관리를 받을 수 있다.

마지막으로 참고할 수 있는 것은 '펀드 슈퍼마켓'이다.

펀드는 기본적으로 공산품과 같아서 판매회사가 어디든지 상관없이 동일한 펀드는 동일한 수익을 가져다준다. 펀드 상품 자체에 중심을 두고 저렴한 수수료로 펀드에 가입할 수 있도록 2014년 4월에 출범했다.

펀드 슈퍼마켓은 국내 자산운용사에서 취급하는 대부분의 펀드를 판매하고 있으며, 비용 측면에서 선취수수료를 받지 않고 펀드 보수도 오프라인의 1/3 수준에 불과하다. 41개 자산운용사 및 유관 기관이 공동으로 설립하여 지원함에 따라 판매회사들보다 공정하고 객관적인 정보를 제공하고 있다. 새로운 판매 채널은 많은 장점에도 불구하고 환매 시점을 잡거나 전문가의 직접적인 상담 등 오프라인에서 누릴 수 있는 장점은 포기해야 한다. 처음 시작을 하려면 우체국이나 우리은행에서 사이버증권 계좌를 개설한 후 펀드 슈퍼마켓 사이트(www.fundsupermarket.co.kr)에서 회원 가입을 해야 한다. 현재 신규 가입은 조금씩 늘어나고 있으나 아직까지는 크게 활성화되지 않고 있다.

펀드는 변화하는 금융시장에 효과적으로 대응해 나아가면서 포트폴리오를 관리할 수 있는 능력이 필요한 투자상품이다. 결국 펀드와 자본시장에 대한 이해도가 높고 온라인 거래에 익숙한 투자자는 인터넷을 통한 투자가 합리적인 대안이 될 수 있다.

 **TIP!**

인덱스펀드

펀드의 운용 형태가 주가지수를 추종하도록 만든 것이므로 KOSPI200의 등락과 거의 같이 움직이도록 만들어져 있어 시장이 오르면 수익이 나고 떨어지면 손실이 난다. 결국 펀드 선택의 오류를 줄이고, 일반 주식형 펀드의 절반 정도의 수수료를 부담함으로써 장기 투자할수록 수익률이 높아진다는 장점을 가지고 있다. 그러나 공격적인 투자 성향을 가진 투자자의 입장에서는 지수를 초과하는 수익을 기대하기 어렵다는 단점이 있다.

상장지수펀드(ETF, Exchange Traded Fund)

증권거래소에 상장되어 거래되는 인덱스펀드의 일종으로서 주식처럼 매매할 수 있는 펀드를 말한다. ETF의 장점은 목표로 하는 시장의 전 종목에 투자하기 때문에 인덱스펀드처럼 분산투자 효과도 크고 비용은 저렴하며, 시장 가격을 보면서 주식처럼 매매할 수 있다. 또한 환매수수료가 없기 때문에 언제든지 사고팔 수 있는 장점이 있지만, 이 상품도 주식 투자인 만큼 원금 손실의 위험을 갖고 있으므로 시장의 흐름을 읽으면서 분산투자하는 것이 좋다.

CHAPTER 1 · 제로금리 시대 최고의 재테크 - 펀드

펀드 투자, 이렇게 하세요

거치식(일시납) 투자와 적립식 투자

펀드를 투자하는 방법에는 2가지가 있다. 정기예금처럼 목돈을 가지고 있어서 한꺼번에 투자할 수 있는 거치식 투자와 매달 적금을 넣듯이 소액으로 투자하는 적립식 투자가 있다. 하지만 펀드의 대부분은 어떤 방식이든 상관 없이 투자자가 원하는 대로 투자할 수 있다.

❶ 거치식 투자(펀드)

최초 투자 금액은 1백만 원 이상이며, 투자 자금을 한꺼번에 투자하기 때문에 투자 시점의 주가가 가장 중요하다. 대부분의 펀드가 가입 시점에 선취수수료를 떼고 투자되며, 시장 상황에 따라 자유롭게 환매를 할 수 있어 공격 투자 성향의 단기 투자자들이 많이 활용하고 있다.

펀드는 펀드매니저의 운용 능력에 따라 달라지지만 기본적으로 주식에 투자하는 것이기 때문에 주식 시장을 빼고 이야기할 수는 없다. 결국 충분한 시장 전망과 투자 위험을 분석하여 낮은 가격에 투자하고 높은 가격에 환매해야 한다. 거치식 펀드는 투자 시점 대비 환매 시점에 상승해야 수익이 난다.

❷ 적립식 투자(펀드)

적립식 투자는 정해진 주기별로 정기적으로 투자하는 정기적립식과 투자자가 자유롭게 투자하는 자유적립식으로 나뉜다. 매달 적금을 붓는 것처럼 소액으로 투자하는 것이기 때문에 투자 시점이 수익률에 크게 영향을 미치지 않는다. 투자 금액을 일정한 기간 동안 규칙적으로 투자를 하여 매수 시점과 시간의 조절을 통해 위험이 줄어들게 된다.

적립식 펀드의 수익률은 환매 시점의 주가에 의해 결정되므로 적절한 환매 시점을 찾는 것이 가장 중요하다. 환매 시점의 포착은 투자 성향, 목표수익률, 향후 시장 전망 등 여러 가지 요인을 종합적으로 판단하여 결정해야 한다. 꾸준히 적립식으로 투자하면 주가의 등락 속에서도 수익이 나는 등 상대적으로 손실 위험이 줄어드는 것을 알 수 있다.

실례로 2008년 금융위기를 겪으면서 거치식 펀드에 비하여 적립식 펀드의 원금 회복이 엄청 빨랐다는 것을 누구나 알고 있다. 이런 경험을 바탕으로 많은 투자자들이 거치식으로 투자하지 않고 적립식 펀드로 운용하는 사례가 늘어나고 있다.

적립식 투자, 이렇게 하세요

적립식 투자는 '주가는 술 취한 사람의 움직임과 같아서 예측할 수 없다'는 가정에서 출발한다. 매월 적금처럼 일정 금액을 나누어 계획적으로 투자하므로 자산 가격이 오르면 더 사고 싶어하고, 떨어지면 못 사게 하는 심리적인 문제를 해결해주기 때문에 성공 가능성이 상대적으로 높은 투자 방식이라고 할 수 있다.

그러면 어떻게 투자해야 성공 가능성이 높을까?

첫째, 장기간 투자한다.

적립식 투자의 전략은 분할 매입 방식을 통해 위험을 분산하는 것이다. 장기간 정기적으로 투자하는 경우 손실 발생의 위험을 상대적으로 줄여주기 때문이다. 그러나 적립식 펀드를 장기간 투자한다고 반드시 높은 수익이 나오는 것은 아니다. 시장의 큰 흐름이 2~3년을 주기로 반복됨에 따라 장기 투자를 통해 위험을 줄이고 적당한 목표수익률에 도달하면 환매를 통해 이익을 실현하는 것이 좋다.

[표 3-7] 투자기간에 따른 수익률 비교

구분	2년 투자	3년 투자	5년 투자
평균수익률(누적수익률)	13.0%	19.1%	36.5%
수익 확률	79.3%	84.1%	95.6%

※ KB자산운용 자료 : 분석 대상 기간 2001년 1월 ~ 2014년 6월. KOSPI 인덱스 투자, 매월 초일 자동이체 납입 가정 시

둘째, 자유적립식보다는 정기적으로 정액 투자 방식을 선택한다.

소액으로 꾸준히 저축하듯이 투자를 하면 매입단가 평균화 Cost Average 효과로 인해 수익 가능성이 커진다. 적립식 펀드로 가입할 때 자유롭게 투자하든 정기적으로 투자하든 상관없으나 자유적립식을 선택한 경우 추가적으로 납입하는 비율이 별로 높지 않으며, 부정기적으로 몇 번에 걸쳐 넣게 되면 매입단가 평균화 효과를 기대하기가 어려운 점이 있다. 만약 주가가 많이 하락했을 때 넣고 싶다면 매월 자동이체를 통하여 정기적으로 투자하면서 여유자금을 추가로 납입하는 것이 효과적이다.

셋째, 적립 기간 중 주가가 하락하더라도 절대 흔들리지 말고 꾸준히 투자한다.

주식을 한 번에 매입하는 것이 아니라 시간을 분산하여 매입하므로 상대적으로 위험이 줄어든다. 적립식 투자의 특징은 주가가 떨어지면 이미 투자한 금액은 손실이지만 이달 투자 금액으로 더 많은 주식을 살 수 있고, 주가가 올라가면 이달 투자 금액으로 주식은 덜 사지만 기투자한 금액은 이익이 되어 결과적으로 해당 주식의 평균 매입단가를 낮추는 효과를 가져올 수 있다. 그러므로 하락하는 시장에서도 계속해서 납입함으로써 향후 시장이 회복되면 수익을 얻을 수 있다. 적립식 펀드를 가입하고 시장이 계속 하락하면 박수를 쳐야 하는 이유인 것이다.

넷째, 가입하는 시점보다 환매하는 시점의 선택이 가장 중요하다.

거치식 펀드는 가입 시점이 제일 중요하고, 적립식 펀드는 환매 시점의 주가가 수익률을 결정한다. 시장은 지속적으로 등락을 거듭하는 속에서 무조건 5년, 10년 가지고 있는 것이 아니라 본인의 재무목표나 목표수익률에 도달하는 시점을 보고 여유 있게 환매 시점을 결정해야 한다.

물론 적립식 투자가 위의 방식처럼 한다고 해서 모든 문제를 해결해주는 만능도구는 아니다. 투자 자산이 계속해서 하락하면 이 투자 방식도 마찬가지로 손실을 피할 수 없고, 반대로 지속적으로 상승한다면 목돈을 일시에 투자하는 경우보다 수익률이 뒤질 수밖에 없다.

그러나 시장은 처음부터 끝까지 계속 오르거나 내리지 않고 등락을 반복하며 움직이는 것을 생각할 때 적립식 투자 방식은 충분히 유효한 투자 전략이다.

적립식 투자(펀드)가 좋은 이유

첫째, 투자 시점을 고민하지 않아도 된다.
가장 저점인 시점에 투자해서 가장 고점인 시점에 회수한다면 엄청난 수익을 달성할 수 있겠지만 문제는 아무도 그 시점을 알 수 없다는 것이다. 그래서 시장에서는 '무릎에서 사서 어깨에서 팔라'는 격언도 있지만 그것도 무척 어려운 일이다. 적립식 투자는 3년을 투자한다고 했을 때 오늘 투자 금액은 전체의 1/36에 불과하므로 시장의 오르내림에 크게 구애 받지 않고 투자 시점을 분산시켜 준다.

둘째, 변동성이 큰 시장에서 매입단가 평균화 효과를 얻을 수 있다.

매달 일정액을 투자하면 주가가 높을 때는 적게, 주가가 낮을 때는 많이 사게 됨에 따라 결과적으로 평균 매입단가를 낮아지게 하는 효과를 볼 수 있다.

[표 3-8] **매입단가 평균화 효과의 예시**

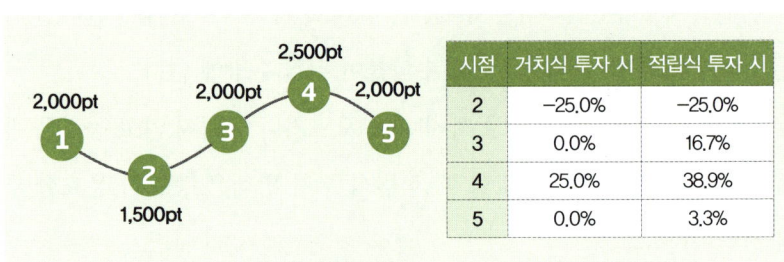

시점	거치식 투자 시	적립식 투자 시
2	-25.0%	-25.0%
3	0.0%	16.7%
4	25.0%	38.9%
5	0.0%	3.3%

※적립식 투자는 1~4시점에 정액 적립식으로 투자했을 때의 예시이며, 시장 상황에 따라 수익률이 변동될 수 있다. 거치식 투자는 1시점에 1회 투자를 가정한다.

하지만 적립식 펀드의 함정인 역평균화 효과도 생각해야 한다. 투자 이후 하락하다가 상승한다면 안정적으로 수익이 발생하겠지만 정반대로 계속 상승하다가 하락하는 사례가 발생한다면 크게 손실이 발생할 수도 있다는 점이다. 결국 매입단가 평균화 효과는 무조건 혜택을 주는 것이 아니라 등락을 반복하는 시장에서 오랜 기간 정기적인 투자를 통해 싸게 산 주식을 더 많이 보유하도록 하면서 목표 수익에 도달하는 시점에서 환매함으로써 투자 수익을 확정해야 한다.

셋째, 투자 종목과 투자 시점의 분산을 통해 위험을 줄일 수 있다.

매월 소액으로 다수의 우량 종목에 분산투자할 수 있어 단일 종목 투자에 따른 위험을 줄일 수 있으며, 일정 주기마다 투자 금액을 나누어 투자하므로 시간 분산을 통해 위험을 줄일 수 있다.

넷째, 매월 소액의 투자자금으로도 쉽게 시작할 수 있다.
최저 가입금액은 10만 원 이상이며, 자신의 수입 중 일정 금액을 적금처럼 부담 없이 장기 투자하는 데 부담이 적다는 점이다.

CHAPTER 1 · 제 로 금 리 시 대 최 고 의 재 테 크 – 펀 드

효율적인 펀드 관리와 리밸런싱

펀드 관리는 어떻게 하나?

영업 현장에서 보면 투자자들이 처음 펀드 가입에만 신경을 쓰고 그 이후에는 방치하는 경우가 많이 있다. 펀드 관리는 가정에서 한 달 동안의 가계부를 정리하듯, 기업이 1년마다 회계 결산을 하듯이 주기적으로 투자자의 현재 상황과 투자된 펀드의 운용 현황 등을 점검하고 필요에 따라서는 리밸런싱까지 하는 일련의 활동을 말한다.

먼저 투자자의 삶을 점검해야 한다. 펀드 투자 사유가 명확한 사람은 급변하는 시장 상황에서도 쉽게 흔들리지 않으므로 투자 목표에 변화가 없는지 확인한다. 그리고 투자 성향은 기본적으로 큰 변화가 없겠지만 소득이나 기타 상황에 의해서도 변할 수 있으므로 확인이 필요하다.

다음은 전체 자산의 포트폴리오 변동을 확인해야 한다. 투자가 시작된

이후 계속적인 납입으로 투자자산 간의 비중의 변화가 크게 있을 수 있으므로 이를 적절하게 조절해줘야 한다.

그리고 투자하고 있는 펀드의 운용 상황을 점검해야 하는데, 판매회사를 방문하여 판매직원과 상담하는 것이 가장 좋다. 그 외에도 펀드평가회사의 펀드 평가 관련 자료, 금융투자협회 공시자료 등을 확인하거나 펀드 사후관리서비스 중 하나인 자산운용보고서를 활용하면 된다.

펀드를 객관적으로 비교하는 방법

많은 투자자들이 본인이 투자한 펀드의 수익률은 잘 알지만, 과연 잘 운용되고 있는 것인지를 판단하는 것은 쉽지 않다. 이때 해당 펀드를 객관적으로 비교할 수 있도록 펀드를 평가하는 펀드 평가 기관들이 있다. 국내에는 제로인(펀드닥터), 모닝스타코리아, 한국펀드평가 등이 있으며, 각 회사별로 조금씩 다른 평가 기준을 사용하기 때문에 다른 평가가 나올 수는 있지만 큰 차이가 없는 만큼 새로 투자하기 위해 펀드를 찾고 있거나 투자 중인 펀드의 운용 상태를 점검하는 데 활용하는 것이 좋다.

여기서 주의할 점은 펀드 평가 기관들은 높은 수익률만으로 높은 등급을 주지 않기 때문에 평가 순위가 수익률과 차이가 날 수 있다는 것이다.

❶ 제로인의 펀드닥터

순자산 10억 원, 운용 기간 1년 이상의 모든 유형(테마주 제외)의 펀드를 평가하며, 펀드 등급은 수익률과 변동성(위험)을 동시에 고려한다. %순위% Rank는 모집단의 크기에 상관없이 특정 펀드의 상대적 순위를 한눈에 알 수 있도록 고안된 지표로, 예를 들면 %순위가 5라고 하면 전체 모집단 펀드 중에서 5% 이내에 드는 성적을 의미한다.

[표 3-9] 제로인의 펀드 등급 체계

등급	등급 표시		ZI % Rank	
	정식등급(3년, 5년)	가등급(1년)	%Rank	누적 %Rank
1등급	●●●●●	●●●●●	10	10
2등급	●●●●◐	●●●●◐	23	33
3등급	●●●◐◯	●●●◐◯	34	67
4등급	●●◯◯◯	●●◐◯◯	23	90
5등급	●◐◯◯◯	●◯◯◯◯	10	100

❷ 모닝스타

모닝스타의 스타 평가는 3년 이상의 운용 성과를 가진 동종 펀드들에 대하여 모닝스타의 위험조정수익률MRAR성과지표를 이용하여 등급을 부여한다.

[표 3-10] 모닝스타의 펀드 등급 체계

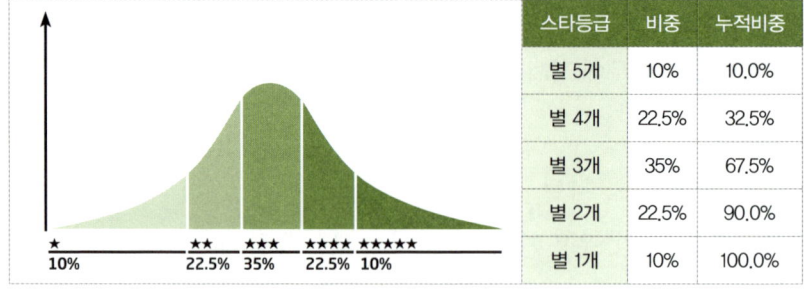

스타등급	비중	누적비중
별 5개	10%	10.0%
별 4개	22.5%	32.5%
별 3개	35%	67.5%
별 2개	22.5%	90.0%
별 1개	10%	100.0%

효과적인 펀드 리밸런싱

금융위기 이후 안전자산으로 이탈했던 자금들이 저금리 기조에 맞춰 서서히 펀드 등 투자자산으로 움직이는 양상을 보이고 있다. 이런 상황 속에서 자신이 보유한 펀드들을 재점검하는 것은 대단히 중요하다.

리밸런싱Rebalancing은 투자자의 투자 목표와 투자 성향에 맞는 자산배분 비율을 유지하면서 처음 투자 계획을 수립할 때 수립한 자산 배분의 균형을 맞추어가는 투자 전략을 말한다. 예를 들어 주식형 펀드와 채권형 펀드에 각각 50% 비율로 투자를 시작하여 1년 후 주식형 펀드의 가격이 내려가면 자산 비율이 40:60으로 바뀐다. 이때 채권형 펀드를 환매하여 주식형 펀드를 매입함으로써 재조정을 통해 자산 배분의 균형을 맞추는 것이다.

펀드의 종목을 선택하는 것과 투자 시점을 결정하는 것보다 더 중요한 것은 투자자 본인이 설계해놓은 자산의 포트폴리오를 어떻게 관리하느냐 하는 것이다. 리밸런싱을 할 때 가장 중요한 것은 투자자의 투자 성향이며, 일반적으로 1년에 한 번 정도는 반드시 실시해야 한다. 리밸런싱을 할 때 가장 먼저 할 일은 성과가 부진한 펀드를 먼저 찾아 교체를 검토해야 한다.

투자자들과 상담을 하다 보면 가장 많이 접하는 상황이 여러 개를 보유한 투자자가 상담 이후에 환매하는 펀드는 성과가 부진한 펀드가 아니라 높은 수익을 달성한 펀드라는 사실이다. 그 이유는 수익은 확정해서 갖고 싶고, 손실이 발생한 펀드는 본전을 찾으려는 심리 때문에 계속 유지한다는 것이다. 이러다 보니 성과를 더 얻을 가능성이 높은 펀드를 정리하고, 성과를 얻을 가능성이 낮은 펀드를 유지함으로써 전체적인 수익의 악영향을 가져오고 투자자는 지속적인 성과 부진으로 불만이 늘어나는 사례가 의외로 많다.

원래 리밸런싱은 전체 자산의 재분배를 의미하고 있으나, 현재 판매회사들의 대부분은 실적이 부진한 펀드에 대한 교체(리모델링)에 한정하여 진행되는 것이 현실이다. 그렇지만 리밸런싱의 시작은 개별 펀드에 대한 재점검이므로 실적이 부진한 펀드를 중심으로 투자자의 전반적인 자산 포트폴리오도 재점검하는 노력이 필요하다.

일반적으로 펀드 교체를 고려하는 경우는 일정한 목표수익률을 달성하여 수익을 확정하는 경우와 투자 중인 펀드가 실적이 부진한 경우이다. 가입 당시에는 인기도 있고 장점이 많은 펀드였지만 시간이 지나면서 운용 성과가 떨어져 천덕꾸러기로 전락했다면 일단 그 원인을 살펴보고 향후 개선될 가능성이 없다고 생각되면 과감하게 펀드를 교체해야 한다.

성과 부진의 원인으로는 펀드매니저가 수시로 교체되면서 운용 성과가 떨어지거나, 펀드 규모가 작아서 자산운용회사의 수익이 안 되다 보니 관심도 떨어지면서 이에 따른 성과 부진으로 이어지기도 한다. 또한 시장의 흐름과 맞지 않게 운용하거나 성과 부진이 계속 이어지면서 펀드 자산이 계속 감소하는 경우 등이다. 이런 경우에는 수익이 개선되는데 2배 이상의 결과가 있어야 가능하므로 현실적으로 어려운 점을 감안하여 교체를 준비해야 한다.

보통 펀드 환매를 신청하면 국내 펀드는 3영업일 후, 해외 펀드인 경우에는 2주 정도의 시일이 지나야 현금화되어 통장에 입금된다. 환매 시점과 환매자금 수령 시점이 차이가 발생함에 따라 많은 투자자들이 환매자금이 들어오면 며칠이 지나서 상담하러 오기도 한다.

가장 효과적인 방법은 환매 신청과 함께 향후 운용 전략과 방향을 정하는 것이 좋다. 적립식 펀드인 경우에는 환매 시점에 본인의 투자 성향과 투자 목표에 맞는 펀드를 선정하여 1회분을 신규한 후 향후 입금되는 환매자금은 적립식으로 분산하여 추가 불입하거나 시간적인 여유를 가지고 시장 상황을 주시하면서 ELS나 거치식 펀드 등 대체 상품에 투자를 검토해야 한다.

CHAPTER 1 · 제로금리 시대 최고의 재테크 - 펀드

투자자를 위한 안전장치 및 서비스

투자자를 보호하기 위한 안전장치

일반 투자자가 상품에 투자하는 경우에는 투자 목적, 재산 상황 및 투자 경험 등의 투자자 정보를 바탕으로 투자 성향과 상품의 위험등급에 맞는 적합한 상품을 추천받아야 한다. 하지만 나이가 있거나 경험이나 상품 지식이 부족한 투자자인 경우에는 제도적 장치를 통해 최대한 보호를 받아야 한다.

❶ 투자 성향 부적합 고객 가입제한 제도

이 제도는 판매회사에서 투자자의 투자 성향이나 투자 목적 등을 감안하지 않고 오로지 상품 판매만을 생각하여 실적의 대상으로 삼지 못하도록 만든 안전장치이다. 투자자의 투자 성향을 2등급 초과하는 투자 상품

의 가입을 제한함으로써 보수적인 투자자를 보호할 수 있다. 예를 들어 안정형 고객은 고위험 이상인 1등급, 2등급의 펀드 가입이 불가하고, 안정추구형 고객은 초고위험인 1등급 펀드 가입이 불가하다.

[표 3-11] **투자자의 투자 성향별 투자 권유 가능 상품 분류**

구분	5등급 (초저위험)	4등급 (저위험)	3등급 (중위험)	2등급 (고위험)	1등급 (초고위험)
공격투자형	○	○	○	○	○
적극투자형	○	○	○	○	투자 권유 불가
위험중립형	○	○	○	투자 권유 불가	투자 권유 불가
안정추구형	○	○	투자 권유 불가	투자 권유 불가	투자 권유 불가 **가입 불가**
안정형	○	투자 권유 불가	투자 권유 불가	투자 권유 불가 **가입 불가**	투자 권유 불가 **가입 불가**

하지만 투자자의 자발적이고 적극적인 의사가 있다면 무조건 가입을 막을 수는 없어서 몇 가지 예외사항을 만들어놓고 있다.

- 인터넷이나 모바일로 본인 책임하에 신규 가입하는 경우
- 투자 권유를 원하지 않는다고 신청한 투자자
- 특정한 목적(연금펀드, 재형펀드, 소득공제 장기펀드 등)으로 투자하는 경우

❷ **취약한 금융소비자에 대한 강화된 설명 의무**

소비자보호 모범규준에 따라 2014년 3월 31일부터 금융상품에 대한

전문적인 이해가 부족한 만 65세 이상의 고령자, 은퇴자, 주부 등 일반 투자자(취약 금융소비자라고 칭함)가 금융투자상품에 가입하는 경우에는 설명 의무를 강화했다. 원금 손실 위험, 투자에 대한 책임 문제, 수수료, 비용 등 투자자의 불이익 사항을 다른 정보보다 가장 우선적으로 설명하도록 함으로써 상대적으로 취약한 금융소비자를 보호하고 있다.

❸ 파생상품에 가입할 때의 제한사항

파생상품 투자 경험이 없는 만 65세 이상 투자자가 ELF나 ELS에 투자하는 경우 하루 동안 신규를 제한하고 심사숙고할 수 있도록 투자숙려기간 제도를 운영하고 있다.

또한 만 80세 이상 초고령 고객이 ELF나 ELS에 가입을 희망할 경우에는 혼자서 투자 판단에 따른 피해를 예방하기 위해 가족, 후견인 등으로부터 투자 결정에 도움을 받는 가족조력 제도를 시행하고 있다. 투자상품은 투자 이후에는 취소가 불가능하고 투자에 따른 리스크가 크기 때문에 초고령 투자자들의 판단력이 흐려져서 피해를 볼 수 있는 상황을 예방하기 위한 조치이다.

❹ 본인의 투자 성향보다 높은 투자상품 가입 제한

처음부터 투자자의 정보를 제공하지 않거나 또는 본인의 투자 성향보다 위험도가 높은 투자상품임에도 불구하고 금융회사로부터 투자 권유를 받지 않고 본인의 판단에 따라 투자하고자 하는 경우에는 해당 금융투자상품의 내용과 투자에 따른 위험성을 안내 받았다는 확인서를 작성하여 제출해야 한다. 이 확인서는 향후 발생할 모든 책임을 투자자 자신이 지겠다는 각서의 의미이므로 투자 성향보다 위험도가 높은 투자상품의 가입에 신중해야 한다.

투자자로서 받아야 할 서비스

펀드의 수익은 시장 상황과 함께 자산운용회사의 운용 능력 등 여러 가지 요인들이 복합적으로 작용하여 결정되기 때문에 시작보다는 사후관리가 더욱 중요한 상품이다. 그래서 비싼 비용을 부담하며 투자하는 것이고, 이에 따른 서비스를 받는 것은 투자자의 당연한 권리이다.

❶ SMS 수신

펀드를 신규할 때 반드시 신청해야 하는 것이 SMS 수신이다. 영업점을 방문하지 않아도, 그리고 투자한 펀드의 내용을 직접 확인하지 않아도 SMS를 통해 전반적인 진행 상황을 알 수 있으며 비용이 무료라는 장점이 있다. 매달, 매주 또는 지정된 날짜에 운용 중인 펀드의 수익률 발송, 만기도래 안내, 신규 시점에 지정한 투자자의 목표수익률과 하락에 따른 위험수익률 도달 안내 등을 통해 투자한 펀드의 운용 상황을 알 수 있다. 또한 자동이체 미처리 안내, 매입이나 환매 미처리 안내 등의 서비스를 기본으로 받아볼 수 있다.

❷ 자산운용보고서, 성과보고서

자산운용보고서는 자산운용회사에서 펀드 투자자에게 펀드의 전반적인 운용 현황을 알려주는 보고서로 3개월에 한 번씩 이메일이나 우편으로 발송하며, 성과보고서는 펀드의 입금액, 잔고좌수, 평가금액, 수익률 현황을 알려주는 보고서로 1개월마다 이메일을 통해 발송한다.

이 서비스는 신청한 투자자에게만 발송되는데 미수령의 비율이 절반을 넘어설 정도로 투자자들의 관심이 없는 것이 현실이다. 신규 가입할 때 신청서의 수령란에 반드시 기재한 후 해당 보고서를 받아서 꼼꼼히 챙겨 보아야 한다. 비록 사후 결과물이지만 전반적인 흐름과 방향을 알 수 있기 때문이다.

❸ 펀드 월간투자전략보고서

대부분의 판매회사들은 판매직원에 대한 정보 제공 및 교육 그리고 고객 관리 차원에서 매월 펀드 투자전략보고서를 작성한다. 이 보고서에는 국내외 시장 전망, 펀드 투자 전략, 모델 포트폴리오 등 전반적인 내용이 담겨 있으며, 판매직원들도 이를 바탕으로 상담에 활용하고 있다. 매월 이메일을 통해 판매회사들의 요건에 맞는 투자자들에게 발송하고 있다.

펀드를 직접 운용하는 자산운용회사의 투자 전략에서부터 판매회사의 사후 관리 방향까지 전반적으로 담고 있어서 펀드 시장의 흐름을 파악하기 위해 반드시 챙겨 봐야 할 보고서이다.

❹ 펀드 목표 달성 자동환매 서비스

펀드 가입 시점에 투자자가 원하는 목표수익률을 정해놓으면 향후 목표수익률에 도달하는 경우 투자자가 영업점을 방문하지 않아도 자동으로 환매되어 연결된 통장으로 입금해주는 서비스로 투자자의 환매 타이밍에 대한 고민을 해결해줄 수 있다.

❺ 환매 후 재신규 서비스

펀드 환매 신청일에 새로 신규하고자 하는 펀드를 예약 신규할 수 있는 서비스로 환매대금이 입금된 후 추가적으로 방문할 필요가 없어서 편리하다.

❻ 수시 상담 서비스

펀드 가입보다 중요한 것은 지속적인 관심과 관리활동이다. 장기간 투자하다 보면 당연히 시장의 변화에 따른 수익률의 등락을 경험하게 된다. 이때 판매회사에서 시장 동향을 파악할 수 있는 정보들이 제공되어야 하며, 만약 이런 서비스가 제공되지 않는다면 당당하게 요구해야 한다. 그리고 최소 6개월에 1회 이상 직접 방문하여 전반적인 상담서비스를 받을 수 있는 권리가 있다.

CHAPTER 1 · 제로금리 시대 최고의 재테크 - 펀드

펀드 투자의 장단점

펀드 투자의 문제점

첫째, 원금 손실 위험이 크다.

펀드는 투자형 상품으로 원금을 보장하지 않는다. 본인이 성실하게 잘 관리한다거나 전문 펀드매니저가 잘 운용한다고 해서 반드시 투자 원금을 지킬 수 있는 것도 아니다. IMF나 글로벌 금융위기 같은 대외적인 악재는 언제나 있어 왔고, 이는 개인이나 국가가 해결할 수 없는 문제라서 맞서 싸울 수도 없다.

그래서 직접투자를 하지 않고 전문가에게 위탁하는 간접투자 방식의 펀드에 투자하면서 장기투자, 분산투자, 적립식 투자 등을 통한 최소한의 안전장치들을 강구하지만 그렇다고 이런 방법이 근본적인 해결책은 될 수 없다.

둘째, 수익 달성 시점을 알 수 없다.

증권사에서는 매년 초 그 해의 주가를 전망하지만 맞추는 사례도 별로 없고, 제공되는 리포트는 항상 장밋빛이다. 정기예금의 경우 언제 얼마만큼 찾을 수 있다는 계산이 나오지만, 펀드는 시장 상황에 따라 달라질 수밖에 없다. 그러므로 안전자산은 단기의 목적자금에 활용하고, 투자자산은 장기적 관점에서 재무목표를 기준으로 투자하는 것이 좋다.

셋째, 민원이나 분쟁의 발생 가능성이 높다.

펀드는 판매수수료가 많으므로 금융회사가 판매 실적을 독려함에 따라서 투자자의 투자 성향을 무시하고 가입을 유도하거나 중도환매를 반복하는 사례들이 타 상품에 대비하여 많이 있다. 수익이 발생하면 문제가 없으나 손실이 발생하면 불완전판매에 따른 민원이나 소비자 분쟁으로 이어지는 사례가 많이 있으므로 주의가 필요하다.

펀드 투자의 장점

첫째, 세금이 거의 없고 높은 수익을 얻을 수 있다.

투자에 따른 리스크가 있는 만큼 분산투자, 장기투자를 통해 높은 투자 수익을 기대할 수 있으며, 펀드 투자 시 주식 매매에 따른 수익은 과세되지 않는다. 가장 많이 가입하는 주식형 펀드의 경우 대부분 90% 이상을 주식에 운용하므로 세금에 대한 부담이 거의 없다고 할 수 있다. 그래서 고액 자산가들이 조세 회피의 수단으로 일부 자산을 주식이나 펀드에 투자하는 것이다.

하지만 펀드라고 해서 무조건 절세 효과가 있는 것은 아님을 꼭 알아야 한다. 해외(투자) 펀드의 경우에는 매매 차익, 배당금, 환차익 등 펀드에서 발생한 모든 소득에 대하여 배당소득세 15.4%를 내야 하기 때문이다. 또한 국내에서의 금융 소득과 합쳐서 2,000만 원이 넘어가면 금융소득종합과세 대상자가 됨에 따라 다음 해 5월에 종합소득세 신고와 함께 추가적인 세금이 발생할 수도 있다.

[표 3-12] **해외 투자 시 과세 문제**

구분	종류	세금	세율	비고
해외 펀드	매매차익 배당금, 환차익	배당소득세	15.4%	
		금융소득종합과세	6.6~41.8%	2,000만 원 이상
해외 주식	매매차익	양도소득세	22%	
	배당금	배당소득세	15.4%	
		금융소득종합과세	6.6~41.8%	2,000만 원 이상

둘째, 저금리 시대 투자 대안 상품이다.

이제 본격적인 초저금리 시대가 도래했다. 안전하게 목돈 넣어놓고 이자를 받아서 사는 시대는 절대 다시 오지 않는다. 시간 여유도 많고 전문 투자지식도 있고 여유자금도 충분하다면 직접 투자하는 방법을 활용할 수 있겠지만 현실은 정반대 상황이다. 그렇다면 안전자산에서 투자자산으로 패러다임을 전환해야 하며, 가장 쉽게 접근할 수 있는 것이 간접투자의 대표주자인 펀드다. 큰 돈이 없다면 매달 꾸준히 투자하는 적립식 투자가 해답이 될 것이다.

셋째, 누구나 언제든지 부담 없이 가입할 수 있다.

펀드의 가장 큰 장점은 투자자가 누구든지 상관없고 365일 언제든지 가입할 수 있다는 것이다. 펀드매니저를 직접 만나지 않아도 투자자들로부터 모아진 자금을 알아서 잘 운용하고 일부 수수료만 떼어 간다. 상담이 필요하면 전문 상담 직원과 상담을 진행할 수도 있다. 적립식 펀드를 가입하면서 만기를 몇 년으로 할지 고민하는 투자자가 있다. 펀드 가입할 때 만기의 개념은 자동이체로 납입을 하는 시기, 환매수수료가 없어지는 시기를 의미할 뿐이다. 적금이나 예금은 만기가 지나면 이자를 주지 않지만 펀드는 만기가 없기 때문에 목표수익에 도달한 시점이나 투자자가 필요한 시점에 일부 금액 또는 전액을 찾아 쓸 수 있다.

판매회사에서 적극적으로 판매하는 이유

첫째, 저금리 시대에 적합한 투자 대안이다.

판매회사 입장에서는 시대가 바뀌거나 시장 상황이 급등락을 하든 상관없이 항상 새로운 상품을 출시하고 적극적으로 판매한다. 1년 전이나 한 달 전 상품을 가지고 같은 투자자에게 추천했을 때 좋아하는 고객은 없다. 펀드라는 큰 틀에서 시장 상황과 트렌드에 맞는 상품을 판매하는 것이다. 판매회사의 입장에서 보면 결국 다양한 상품을 통해 고객들에게 선택의 폭을 넓혀줌으로써 판매의 저변을 확대하고 이를 통해 더 많은 고객과 수익을 챙길 수 있는 것이다.

둘째, 수수료 수입이 많다.
주식형 펀드의 총 비용은 연 2.2% 내외이며, 이 가운데 판매회사에서 차지하는 판매수수료는 1.5% 수준이고, 채권형 펀드의 판매수수료는 0.5% 수준이다. 판매회사의 입장에서 볼 때 예금이나 적금은 마진이 별로 없는데 펀드는 상대적으로 엄청난 수익을 안겨다 준다.
그리고 더 좋은 점은 펀드의 수익이 발생하든 손실이 발생하든 상관없이 판매수수료는 평가금액을 기준으로 매일 꼬박꼬박 정산되어 들어온다는 점이다. 손실이 발생하면 투자자의 불만은 있겠지만 수수료 수입은 챙길 수 있고, 원금 손실 상태에서는 오히려 투자자들이 환매를 잘 안 하기 때문에 이탈 가능성도 줄어든다는 이면이 있다.

셋째, 수익 달성 시 환매한 후 재투자가 쉽게 이루어진다.
펀드는 특성상 단기간에도 수익의 변화가 심한 상품이다. 투자 성향에 맞게 목표수익률을 정하게 되고, 그 시점에 도달하게 되면 자동환매 서비스를 이용하거나 상담을 통해 환매를 하게 된다. 그러고 나서 그 자금은 전체 또는 다른 자산까지 더하여 추가로 다시 재투자하는 사례가 대부분이다.
투자상품의 수익을 맛본 사람은 기본적으로 투자상품 시장을 떠나지 않는다. 공격적인 투자자들이 적금이나 예금에 만족하지 못하는 이유와 같다. 결국 투자자는 투자자산의 비중이 점점 늘어나고 판매직원은 쉽게 재가입을 유도할 수 있으며, 이에 따라 판매회사의 수익도 늘어나는 것이다.

CHAPTER 2

중위험·중수익 상품의 대표주자

ELS
(주가연계증권)

최근 저금리에 따른 수익 감소로 마땅한 투자상품이 없는 상황에서 투자자와 금융회사의 니즈가 맞아떨어져 중위험·중수익 투자상품의 대표주자로 ELS가 떠오르고 있다.

CHAPTER 2 · 중 위 험 · 중 수 익   상 품 의   대 표 주 자 — E L S

ELS, 이것만은 알아야 한다

    요즘 증권사뿐만 아니라 은행 창구를 방문해도 정기예금을 하던 고객들이 ELS를 한다고 줄지어 설 정도로 ELS의 인기가 하늘을 찌르고 있다. 최근 저금리에 따른 수익 감소로 상대적으로 안정적인 투자처를 찾는 고객들이 주식의 리스크를 감소시키고 정기예금 대비 3배 수준의 안정적인 수익을 얻을 수 있다는 생각에 투자가 급증하면서 현재 ELS의 발행 잔액이 60조 원이 넘어설 정도로 광풍이 불고 있다.

[표 3-13] **파생결합증권 발행 잔액**

구분	공모		사모		합계
	원금 보장	원금 비보장	원금 보장	원금 비보장	
ELS	95,694	260,351	83,293	167,453	**606,791**
DLS	17,564	41,363	126,199	127,045	**312,171**

(출처 : 한국결제예탁원, 2015년 6월 1일 기준)   (단위 : 억 원)

ELS란 무엇인가?

마땅한 투자상품이 없는 상황에서 투자자와 금융회사의 니즈가 맞아 떨어져 중위험·중수익 투자상품의 대표주자로 떠오른 ELS에 대해 자세히 알아보자(참고로 종목형 ELS 상품은 고위험 투자상품이다).

파생결합증권 Securities Derivatives 이란 투자된 원금을 주식, 채권, 원자재, 금리 또는 그 지수 등과 연계하여 사전에 미리 정한 조건에 따라 약속한 투자 수익이 지급되는 투자형 금융상품을 말한다. 이들 가운데 국내외의 개별 주식이나 주가지수와 연계되어 수익률이 결정되는 파생상품을 '주가연계증권 ELS, Equity Linked Securities'이라고 하며, 주식이나 주가지수를 제외하고 금리, 이자율, 통화, 원자재(금, 유가, 곡물 등), 신용위험 등과 연계되어 수익이 결정되는 파생상품을 '파생결합증권 DLS, Derivatives Linked Securities'라고 한다. 이때 수익률을 결정하는 주식이나 주가지수, 금리, 이자율, 통화, 원자재 등을 '기초자산'이라고 한다.

파생결합증권은 원래 원금비보장형과 원금보장형으로 구분되어 판매되었으나, 금융소비자들의 투자에 대한 잘못된 인식을 방지하기 위하여 원금보장형은 2013년 8월 자본시장법 개정을 통해 채권(파생결합사채)으로 분류하고 있다.

한편, 채권처럼 만기에 원금과 함께 수익을 지급하되, 주식, 주가지수, 금리, 원자재 등 기초자산의 가격에 따라서 수익률이 달라지는 원금보장형 금융상품을 '파생결합사채 ELB, DLB'라고 한다.

파생결합상품은 증권사에서 상품을 개발하여 운용하며, 증권사와 은행에서 판매하고 있다. 지금부터 모든 파생결합상품의 대표적인 상품인 ELS를 중심으로 서술하기로 한다.

[표 3-14] **파생결합상품의 분류**

투자상품 구분	증권의 종류	기초자산	원금보장 여부
파생결합증권	주가연계증권(ELS)	개별주식 주가지수	원금비보장형
	파생결합증권(DLS)	이자율(금리) 통화(환율) 원자재(금, 유가 등) 신용등급	
파생결합사채	주가연계파생결합사채 (ELB)	개별주식 주가지수	원금보장형
	기타파생결합사채 (DLB)	이자율(금리) 통화(환율) 원자재(금, 유가 등) 신용등급	

ELS의 기본 구조 이해하기

ELS는 보통 채권과 주식, 옵션 등으로 구성되는데, 만기 시점에 원금보장과 비보장 여부에 따라 그 비중과 상품 구조가 달라진다.

❶ 원금보장형(ELB - Equity Linked Bond)

원금보장형 ELB는 기대수익률이 비보장형보다 낮으며, 대부분 KOSPI200 등 지수형으로 발행된다. 원금전액보장형과 부분보장(90~95% 수준)으로 나눌 수 있으며, 투자 원금의 대부분(약 90~95%)을 국공채 등 안전한 우량 채권에 투자하여 만기까지 보유함에 따라 발생하는 이자로 투자 원금을 회수하고, 나머지 5~10% 재원으로 옵션 등 파생상품에 투자하여 수익을 얻는 구조이다.

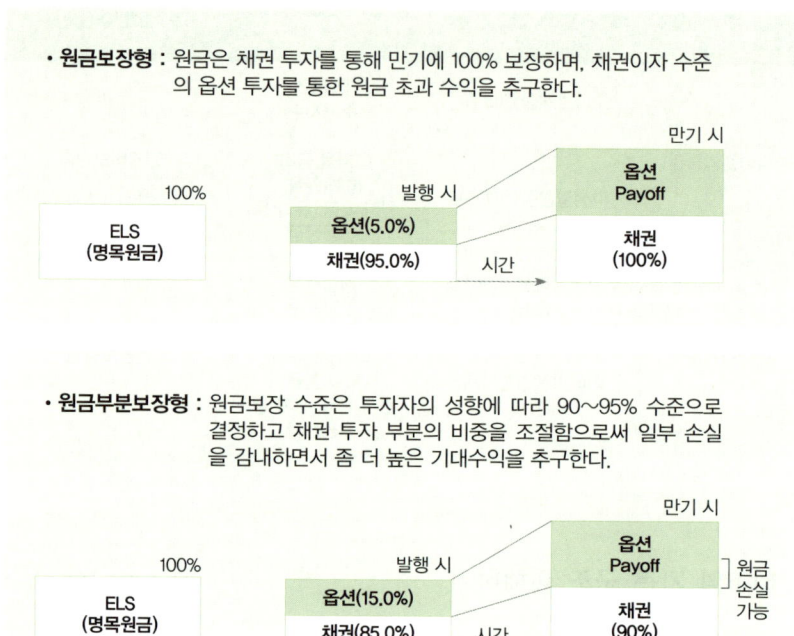

- 원금보장형: 원금은 채권 투자를 통해 만기에 100% 보장하며, 채권이자 수준의 옵션 투자를 통한 원금 초과 수익을 추구한다.

- 원금부분보장형: 원금보장 수준은 투자자의 성향에 따라 90~95% 수준으로 결정하고 채권 투자 부분의 비중을 조절함으로써 일부 손실을 감내하면서 좀 더 높은 기대수익을 추구한다.

❷ 원금비보장형(ELS - Equity Linked Securities)

원금비보장형 ELS도 주식, 채권 등으로 구성되는 것은 마찬가지이나, 만기 수익이 사전 확정되는 것이 아니라 기초자산인 주가지수나 개별 종목의 가격 변동, 헤지 전략에 따라 만기 수익이 달라진다. 절반 정도의 채권 매수와 나머지 절반을 기초자산에 투자하는 공격적인 구조를 가지고 있다. ELS 발행회사는 기초자산의 가격, 금리, 환율 등의 움직임에 따라 매일 기초자산을 고가 매도하거나 저가 매수하는 방식으로 헤지 운용하여 수익을 얻는 구조이다.

• **원금비보장형** : 주식, 옵션 투자를 통하여 주가가 하락하는 경우에도 미리 약정된 수익의 상환이 가능하도록 운용한다.

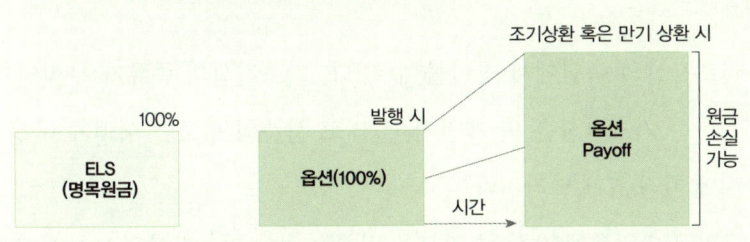

• **원금비보장형 ELS의 일반적인 유형**

❶ 스텝다운형 : 조기상환 주기별로 상환 조건을 최초 기준가격 대비 단계적으로 낮추어 약정한 수익을 지급할 가능성을 높여주는 형태로 구성되며, 가장 일반적인 상품의 유형이다.

❷ 월지급식 스텝다운형 : 스텝다운형 + 월지급 형태로, 매월 정해진 수익 조건이 충족되면 월 수익을 지급하고, 투자 원금은 조기 상환 주기마다 관측하여 정해진 수준 이상이면 조기 상환되는 형태로 금융소득을 분산시키는 효과가 있다.

❸ 리버스 스텝업형 : 스텝다운형이 일정 수준 이상이라면 수익을 지급하는 것과 반대되는 개념으로 일정 수준 이하라면 수익을 지급하는 형태의 ELS

❹ 2in1(투인원)스텝다운형 : 스텝다운형과 구조는 동일하나, 가입 시점 대비 하락률을 관측하는 게 아니라 하락률의 평균을 관측하여 상환가능성을 더 높인 형태의 ELS

ELS의 수익률에 영향을 주는 요인들

몇 년 전과 비교하여 ELS의 전반적인 수익률이 낮아졌으며, 동일 조건의 상품임에도 불구하고 판매회사나 판매 시점 등에 따라 수익률이 달라지는 것을 알 수 있다. 그러면 무엇이 ELS의 수익률에 영향을 미치는 것일까?

기초자산의 측면에서 찾아볼 수 있다. 기초자산의 종류가 무엇인지, 선정하는 기초자산은 몇 개인지, 그리고 상품의 구조를 어떻게 구성했는지에 따라 크게 달라진다.

그리고 수익률에 가장 큰 영향을 미치고 있는 기초자산의 변동성이 중요하다. 변동성이란 일정 기간 동안 주식, 채권, 또는 상품의 가격이 변동하는 정도를 나타내며, 기초자산의 급등락이 발생할 경우 변동성이 커지며, 특히 급등할 때보다는 급락할 때 변동성이 더 커진다. 참고로 시장에서는 S&P500 〈 KOSPI200 〈 Nikkei225 〈 FTSE100 〈 EuroStoxx50 〈 HSCEI의 순으로 변동성이 높으므로 상품을 구성할 때 변동성이 높은 지수를 사용하면 제시되는 수익률이 높아진다(변동성 90일, 기간 : 2013. 1. 1~ 2015. 6. 30 기준).

그리고 발행회사의 측면에서 볼 때 해당 회사의 경영 정책이나 발행(관리) 한도, 그리고 실제 자산운용자의 시장에 대한 전망을 어떻게 보는가에 따라 조금씩 달라지며, 이외에도 금리 하락 등의 요인이 수익률에 영향을 미친다.

최근 위험을 낮추는 ELS가 나온다는데?

최근 은행권까지 적극적인 판매의 나서자 증권사들은 상환 조건을 완화하는 등 상대적으로 안정성을 높인 다양한 형태의 ELS를 내놓고 있다. 대신 안정성을 높이게 되면 옵션 가격이 상승하여 투자수익률이 하락할 수밖에 없으며, 증권사들이 위험을 낮추는 상품들을 출시한다는 것은 상품의 다양화와 함께 ELS 시장의 손실위험 가능성이 커진다는 의미로 해석할 수도 있어 잘 판단해야 한다.

옵션(OPTION)거래란?

특정한 대상물(기초자산)을 사전에 정한 시점(만기일)에 미리 정한 가격(행사가격)으로 살 수 있는 권리(Call)와 팔 수 있는 권리(Put)를 일정한 대가(프리미엄)를 수수하고 매매하는 것을 말한다. 옵션거래의 매수인은 대금(프리미엄)을 지불하는 대신에 기초자산을 권리 행사가격으로 사거나 팔 수 있는 권리를 갖는다. 옵션은 의무가 아니고 권리이기 때문에 매수자는 본인에게 유리한 경우에만 권리를 행사하면 된다.

옵션거래의 매도인은 대금(프리미엄)을 받는 대신에 기초자산을 권리 행사가격에 팔거나 사야 하는 의무를 부담해야 한다. 그러므로 매도자는 매수인의 권리 행사가 있으면 무조건 의무(기초자산의 인수도)를 이행해야 한다. 즉 매수인은 권리만 존재하고, 매도인은 의무만 존재한다.

CHAPTER 2 · 중위험·중수익 상품의 대표주자 – ELS

ELS 투자 시 반드시 체크해야 할 사항

ELS(원금비보장형) 투자 시 반드시 체크해야 할 사항

[표 3-15] ELS 원금비보장형 예시 : 한국투자증권 TRUE ELS 5662회

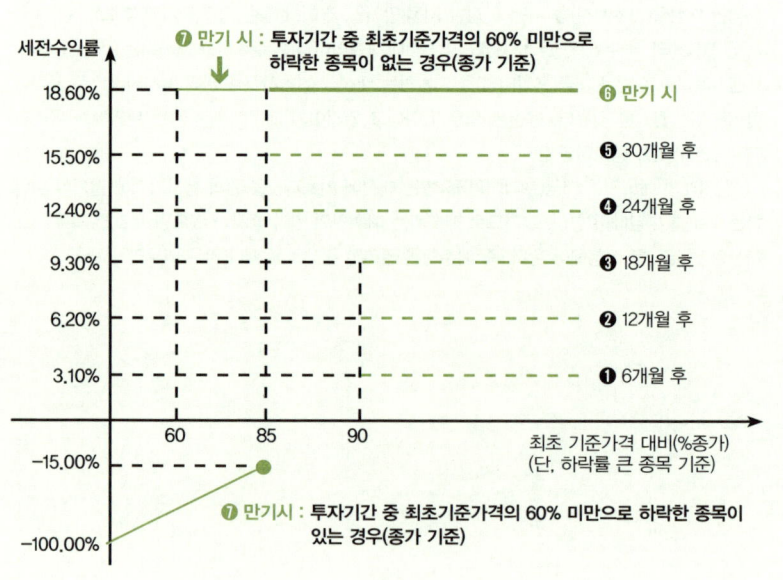

구분	내용
모집 한도	80억 원
청약 기간	2015.03.13~2015.03.17(13시 30분)
상품 유형	원금비보장 / 자동조기상환형 Step Down형 (90-90-90-85-85-85 / 60(종가))
기초자산	KOSPI200, HSCEI
원금 포함 최고 수익률	118.60%(연 06.20%)
원금 포함 더미	118.60%(연 06.20%)
만기 / 상환주기	3년만기 / 6개월 단위
최초기준 가격 평가일	2015.03.17

구분	내용	투자수익률
자동 조기상환	❶ 1차 자동조기상환 평가가격이 모두 최초기준가격의 90% 이상인 경우	03.10%(연 06.20%)
	❷ 2차 자동조기상환 평가가격이 모두 최초기준가격의 90% 이상인 경우	06.20%(연 06.20%)
	❸ 3차 자동조기상환 평가가격이 모두 최초기준가격의 90% 이상인 경우	09.30%(연 06.20%)
	❹ 4차 자동조기상환 평가가격이 모두 최초기준가격의 85% 이상인 경우	12.40%(연 06.20%)
	❺ 5차 자동조기상환 평가가격이 모두 최초기준가격의 85% 이상인 경우	15.50%(연 06.20%)
만기상환	❻ 위의 ❶~❺에 의한 자동조기상환이 발생하지 아니하고, 만기 평가가격이 모두 최초기준가격의 85% 이상인 경우	18.60%(연 06.20%)
	❼ 위의 ❶~❻에 의한 자동조기상환 및 만기상환이 발생하지 아니하고, 최초기준가격 평가일(불포함)부터 만기평가일(포함) 까지 매 거래소영업일에 기초자산 중 어느 하나라도 종가 기준 최초기준가격의 60% 미만으로 하락한 적이 없는 경우	18.60%(연 06.20%)
	❽ 위의 ❶~❼에 의한 자동조기상환 및 만기상환이 발생하지 아니하고, 최초기준가격 평가일(불포함)부터 만기평가일(포함) 까지 매 거래소영업일에 기초자산 중 어느 하나라도 종가 기준 최초기준가격의 60% 미만으로 하락한 적이 있는 경우 → 원금 손실	기준종목의 {(만기평가가격 / 최초기준가격) - 1} X 100%

이 상품은 스텝다운형 원금비보장형 ELS로 최대 원금 전액 손실까지 가능하며, 목돈을 최대 3년까지 투자하는 상품이므로 적극적인 투자 성향을 가진 투자자가 여유자금을 가지고 투자해야 하는 상품이다.

❶ 기초자산

이 상품은 한국의 KOSPI200지수와 홍콩의 HSCEI지수를 기초자산으로 한다. 가입 당시의 최초기준가격 평가일과 상환주기별 평가일의 기준가격을 비교하여 KOSPI200지수와 HSCEI지수 중 낮은 기준가격을 기준으로 해당 조건이 충족되면 자동으로 상환되는 구조이다.

2015년 1분기 중 발행된 ELS의 99%가 개별 주식 종목형이 아닌 주가지수를 기초자산으로 하는 지수형으로 발행되었다. 또한 과거에는 기초자산을 KOSPI200지수 1개를 사용하거나 KOSPI200지수, 홍콩의 HSCEI지수, 미국의 S&P500지수 중 2개를 주로 사용하였으나 시장 규모가 커지고 상품을 다변화하면서 유럽의 Euro Stoxx50지수 등을 포함하여 3개까지 사용함에 따라 투자자의 리스크가 더 커졌다.

❷ 만기 / 상환주기 및 조기상환 조건

대부분의 ELS는 만기가 3년, 상환주기는 6개월 단위가 대부분이며, 가끔 4개월 단위도 출시되나 상환주기가 너무 짧으면 조기상환에 따른 수익은 가져갈 수 있으나, 수익이 연수익률 기준이므로 수익에 대한 만족도 떨어지고 재가입해야 하는 절차상의 번거로움도 가져온다.

조기상환 조건이란 최종 만기 3년 이내에서 제시된 조건이 충족되었을 때 그 시점에서 상품이 자동 해지되어 수익을 투자자에게 지급하고 이후 계약은 자동 소멸되는 조건을 말한다. 보통 상품 조건에 '90-90-90-85-85-85'와 같은 방식으로 표시되어 있다

이때 조기상환 조건은 기준가격 대비하여 낮을수록 조기상환 가능성이 높아져서 좋으나 상대적으로 수익률은 낮아진다.

❸ Knock In(하한 베리어)

녹인(KI)은 원금비보장형에서 원금 손실이 발생할 수 있는 수준을 의미한다. 조기상환 조건을 단계적으로 낮추어 조기상환 가능성을 점점 높게 설계한 스텝다운형 ELS에서 조기상환 충족 여부와 상관없이 투자자를 지켜주기 위한 1차 안전장치라고 할 수 있다. 상기 상품의 조기상환조건 옆에 '60(종가)'를 의미하며, 가입 시점 대비 종가 기준으로 2개 기초자산의 기준가격이 60% 미만으로 내려가지 않으면 원금 손실 위험이 없다는 말과 같다. 투자기간 내내 조기상환이 안 되더라도 녹인 가격 아래로 내려가지 않으면 만기에 약정된 수익을 지급한다.

그러나 투자기간에 1회라도 녹인 가격 아래를 터치하면 투자자의 안전장치는 사라지게 되며, 조기상환 시점이나 만기 시점에 해당 조건을 충족해야만 약정된 수익을 가져갈 수 있다. 만약 조건이 충족되지 않으면 최종 만기 시점에서 기초자산 가운데 더 낮은 가격을 기준으로 최초 대비 하락한 비율만큼 원금 손실이 발생하게 된다. 그러므로 녹인은 낮을수록 안전하나 그에 따라 수익률은 낮아지게 된다.

ELB(원금보장형) 투자 시 반드시 체크해야 할 사항

[표 3-16] ELB 원금보장형 예시 : 한국투자증권 TRUE ELB 506회

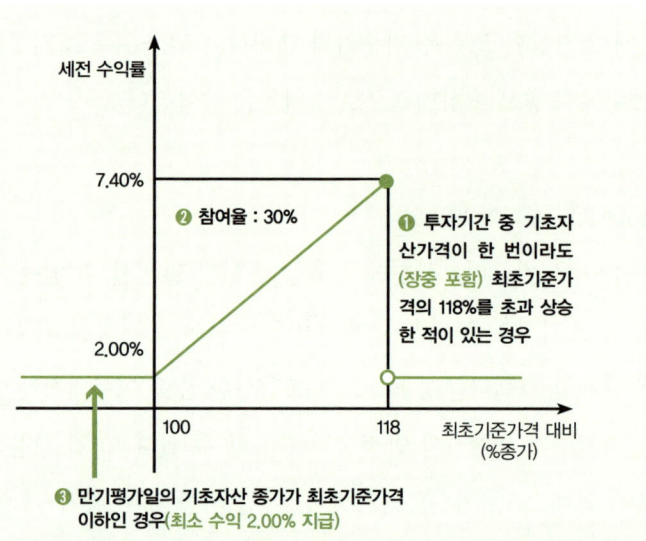

구분	내용
모집 한도	50억 원
청약 기간	2015.03.13~2015.03.17(13시 30분)
상품 유형	원금보장형 / 상승녹아웃형
	100-118(PR 30%)
기초자산	KOSPI200
원금 포함 최고 수익률	최대 107.40%(기본수익률 102.00% 포함)(1.5년만기 기준)
원금 포함 더미	102.00%(1.5년만기 기준)
만기 / 상환주기	1.5년만기
최초기준 가격 평가일	2015.03.17

구분	내용	투자수익률
만기상환	❶ 최초기준가격 평가일 다음 거래일로부터 만기평가일까지 기초자산이 장중 포함 최초기준가격의 118% 초과하여 상승한 적이 있는 경우	02.00%
	❷ 위의 ❶에 의한 만기상환이 발생하지 않은 경우	102.00% + Max(0%, (가격상승률) X 30%)
가격상승률(%) = (만기평가가격 − 최초기준가격) / 최초기준가격		

이 상품은 원금보장형 ELB 상품으로 목돈을 1년 6개월 투자하여 만기 시점에 최소 2.0%에서 최대 7.4%까지 수익을 얻을 수 있으며, 저위험 상품으로 여유자금을 가진 대부분의 투자자가 가입할 수 있는 상품이다.

❶ 기초자산

현재 판매되고 있는 ELB의 대부분은 기초자산으로 국내외 지수를 1개 사용하고 있다.

❷ Knock Out(상한 베리어)

투자자의 수익을 제한하기 위해 상승 제한선을 두는 것으로 상한비율을 높일수록 참여율은 낮아지며 상대적으로 수익은 줄어든다. 또한 투자기간 중 기초자산 가격이 한 번이라도 녹아웃의 기준(118%)을 넘어서면 만기 시점의 기준가격과 상관없이 만기일에 최소 수익으로 수익은 확정되는 단점이 있다. ELB는 결국 기초자산의 투자기간 내내 기준가격과 녹아웃 구간 사이에서 움직여야 수익이 발생하는 것이다.

그러므로 녹인이 비보장형에서 하락하는 기초자산에 대한 투자자의 안전장치라고 한다면 반대로 녹아웃은 참여율을 통해 얻을 수 있는 투자자의 수익을 막기 위한 발행사의 안전장치이며, 투자자의 족쇄라고 할 수 있다.

❸ 참여율

참여율은 만기 시점의 기준가격이 최초 시점 대비 100%~녹아웃 이내인 경우 투자자에게 추가적으로 지급하는 수익의 비율이다. 보통은 최소 수익에 더해서 주는 수익이다. 위 상품을 기준으로 만기 기준가격이 가입 시점 대비 10% 상승했다면 기본수익 2% + 추가 3%(10%×참여율 30%) = 5%의 수익을 1년 6개월 후에 얻을 수 있다.

❹ 만기 시점 KOSPI시장 전망

ELB는 기본적으로 원금보장형 상품이나 투자기간 내내 녹아웃 이내에서 안정적으로 상승해야만 수익을 가져갈 수 있기 때문에 투자 만기 시점의 기초자산에 대한 정확한 전망을 할 수 있어야 한다.

CHAPTER 2 · 중위험·중수익 상품의 대표주자 – ELS

ELS 제대로 선택하는 법

투자자금은 얼마나, 그리고 투자 시점은 언제가 좋은가?

ELS의 투자 금액은 판매회사에 따라 다르다. 보통 증권사는 최저금액 1백만 원부터 그리고 대행 판매하는 은행의 경우에는 최저금액 5백만 원부터 투자가 가능하다. 그러므로 경험이 없는 경우에는 적은 금액으로 경험을 쌓은 후 투자자금을 늘려가는 것이 좋다.

ELS의 투자 시점과 관련하여 일부 판매회사들이 상품 매진을 압박하며 마케팅 수단으로 활용하는 사례가 있다. 그러나 ELS는 국내 대부분의 증권사에서 매 주 단위로 수백 개씩 발행되고 있으며, 그 상품의 구성 내용 및 수익 구조도 커다란 변화 없이 기초자산이나 조기상환 조건비율 등 일부만 변경되어 계속 발행되고 있다.

그러므로 눈앞의 마케팅에 현혹되지 말고, 시간적인 여유를 가지고 충분한 상담을 통해 정확하게 이해하고 비교한 후 가입하도록 한다. ELS는 파생상품의 성격을 가진 고위험 투자의 대안 상품이므로 본인 자산의 일부만을 투자하는 것이 현명하다.

원금보장형과 원금비보장형 상품 중 무엇이 좋을까?

모든 상품은 장단점을 가지고 있다. 사전에 본인의 투자 성향을 먼저 분석하여 자신에게 적합한 유형의 상품을 선택하는 것이 가장 중요하다. 그리고 높은 수익률을 제시하는 상품일수록 손실의 위험이 크다는 점을 반드시 명심해야 한다.

[표 3-17] ELS의 장단점 비교

구분	원금보장형 (ELB)	원금비보장형(ELS)
장점	- 주가하락 시에도 원금이 보장됨. - 주가가 일정 범위 내인 경우 정기예금보다 초과 수익 발생.	- 주가가 녹인(대부분 50~60%)까지 하락하지 않으면 정기예금의 3배 내외의 수익 발생. - 일정한 범위 내에서 움직이므로 조기상환되는 확률이 상당히 높음. - 변동성 장세에서 수익 발생.
단점	- 만기시점의 주가지수를 예측하기 어려움. - 녹아웃 발생 시 주가 상승에도 불구하고 정기예금보다 낮은 수익 발생. - 주가가 일정 수준 이상 상승 시 상대적인 박탈감 발생. - 대부분 사례에서 원금 또는 기본수익만 지급되어 불만 제기.	- 특정기준일의 가격으로 수익을 결정(최근 이를 보완하는 신상품도 일부 있음). - 주가 상승에도 불구하고 최초 정해진 수익으로 지급함에 따른 상대적 박탈감. - 조기상환에 따른 반복적인 재가입으로 번거로움.

지수형과 종목형(개별 주식 등) 상품 중 무엇이 좋을까?

기본적으로 개별 종목을 기초자산으로 연계된 상품보다는 주가지수와 연계된 상품이 상대적으로 더 안전하다. 개별 종목은 기업의 사업구조, 매출, 이익, 기타 변수 등에 의해 오르내림이 상당히 심한 편이나, 주가지수는 해당 국가의 대표적인 개별 종목의 주가를 합산하여 산출하므로 상대적으로 움직임이 덜하며 안정적으로 움직인다.

다음은 보다 안정성 있는 ELS 선택 요령이다.

❶ 개별 종목형보다 상대적으로 안정적인 지수형을 선택하는 것이 좋다.
❷ 기초자산의 개수가 적을수록 안정적이다.
❸ 기초자산 간 상관관계가 작을수록 투자 위험도는 상승한다(최근 10년간 상관계수 : KOSPI200지수와 HSCEI지수는 0.61 / KOSPI200지수와 Euro Stoxx50지수는 0.36 / HSCEI지수와 Euro Stoxx50지수는 0.37).
❹ 상품의 수익률, 조기상환 조건(하락률), 녹인이 낮을수록 안정적이다.
❺ 기초자산, 조기상환 조건, 녹인 조건을 상호 비교하여 상대적으로 수익률이 높은 상품을 선택한다.

개별 종목은 무엇이 좋을까?

현재 판매되는 있는 ELS는 수익을 결정하는 기초자산만 다를 뿐 기본적인 특징들은 거의 같다. 그러므로 투자되는 개별 기초자산의 특성과 향후 전망에 대해 충분히 이해한 후 투자해야 한다. 타 상품 대비하여 높은 수익을 준다는 설명에, 또는 최근 가격이 많이 떨어졌다는 등의 일반적인 얘기에 현혹되지 말고 본인이 가장 잘 아는 상품을 가입하는 것이 좋다. 손실 발생 ELS의 대부분이 개별 종목형이며, 주식 시장의 가격제한 폭이 상하한 30%로 확대되어 개별 종목의 리스크가 확대된 점도 유의해야 한다.

투자기간의 결정 : 조기상환 기간 vs 만기

ELS는 만기가 통상 1년부터 5년까지 다양하며, 3개월 또는 6개월마다 조기상환의 기회를 부여함으로써 투자자금과 수익을 조기에 회수할 수 있도록 설계된 조건부 투자상품이다. 이는 조기상환 조건을 충족하지 못하는 경우에는 최종 만기까지 중도해지불가 상품임을 의미한다.

실제 영업점 창구에서 가입하는 투자자 중에는 6개월마다 조기상환 조건이 있는 만기 3년제, 5년제 상품에 가입하면서 6개월 후 조기상환자금으로 특정 목적에 사용하겠다는 경우가 있다.

그러나 ELS는 기본적으로 중도해지가 불가하다. 또한 해당 조건이 충족되어야만 투자원금과 수익을 되돌려주는 상품이므로 투자자금의 사용처와 사용기간을 따져 최종 만기를 먼저 고려해야 하며, 반드시 투자자금의 여유 기간이 충분한지를 판단한 후 가입해야 한다.

발행 증권사의 신용등급은 어떠한가?

ELS는 증권회사의 신용으로 발행하는 무보증, 무담보 증권이며, 증권사의 자의적인 운용에 전적으로 의존하고 있다. 결국 ELS를 발행한 증권회사가 재무상태 악화 등으로 지급 불능 상황이 발생할 경우 투자자는 수익뿐만 아니라 투자원금까지 지급받지 못할 가능성이 존재하며, 이는 원금보장형 상품도 마찬가지다.

그러므로 투자자들은 발행회사의 신용등급을 확인하고 신용등급이 높은 증권회사에 투자해야 한다. 또한 동일한 상품인 경우에 발행 증권회사의 신용등급이 낮을수록 수익률이 높아지는 경향이 있다.

[표 3-18] 증권회사별 신용등급

발행회사	신용등급	발행회사	신용등급
교보증권	A+	NH투자증권	AA+
대신증권	AA-	하이투자증권	A+
미래에셋대우증권	AA	하나금융투자	AA
삼성증권	AA+	한국투자증권	AA
신영증권	AA-	KB증권	AA
신한금융투자	AA		

※신용등급 기준 : AAA, AA, A, BBB, BB, B, CCC, CC, C
신용등급이 높을수록 돈을 갚을 능력이 높음. 회사채 등급이 BB(+) 이하인 경우 투기등급임.

발행 증권사의 신용등급은 회사가 돈을 갚을 수 있는 능력을 등급으로 표시한 것으로 ELS 상품설명서에 나와 있으며, 자세한 평가보고서는 한국신용평가, 한국기업평가, NICE신용평가 등 기업신용평가 사이트에서 확인할 수 있다.

상품의 수익 구조는 어떤 것이 좋을까?

투자 성향이 공격적이거나 투자 경험이 많은 경우에는 일반적인 ELS 보다도 조건이 복잡하고 어려운 상품을 통해 더 높은 수익을 기대할 수 있다. 그러나 투자 경험이 부족하고 안정적인 투자자인 경우에는 투자자가 이해하기 쉽고 단순한 수익 구조를 가진 상품을 선택하는 것이 좋다. 상품의 구조가 복잡하고 어려울수록 투자자에게 불리하게 설계되고 불완전판매를 할 가능성이 크므로 더욱 유의해야 하며, 설령 투자한다고 하더라도 적은 금액으로 시작하는 것이 좋다.

No 녹인 ELS가 더 안전한가?

요즘 No 녹인 상품들이 일부 판매되면서 녹인이 없기 때문에 녹인 ELS보다 No 녹인 ELS가 안전하다고 생각하는 투자자들이 의외로 많이 있다. 하지만 'No 녹인'이 'No 리스크' 상품을 의미하는 것은 아니다.

다른 모든 조건은 동일한 가운데 No 녹인 구조라면 더 안전한 상품이 맞다. 하지만 그럴 경우 행사가격이 높아져서 상품의 수익률이 많이 떨어지기 때문에 발행회사에서는 No 녹인 구조에 조기상환 및 만기시점의 상환 베리어 구간을 높이는 경우가 대부분이므로 정확히 파악하여 비교한 후 투자하는 것이 좋다.

CHAPTER 2 · 중 위 험 · 중 수 익   상 품 의   대 표 주 자 — E L S

ELS 투자, 이렇게 하세요

ELS는 목돈을 투자하는 상품으로 원칙적으로 중도해지가 불가하며, 상품의 구조도 복잡하다. 최근 ELS 투자로의 쏠림 현상도 있어 더욱 신중한 투자가 요구됨에 따라 기본적인 투자 절차를 알아본다.

첫째, 스스로 점검한다.
ELS는 일반적으로 이해하기 까다로우며 투자 위험이 큰 상품이다. 그러므로 여유자금을 가지고 얼마만큼의 자금과 투자기간을 가져갈지 스스로 결정해야 한다. 또한 본인의 투자 성향을 먼저 점검하여 투자 여부를 결정한다.

둘째, 가입 가능한 상품을 먼저 둘러본다.
ELS는 매번 유사한 형태의 새로운 상품으로 출시되어 3~5일 정도에 걸친 모집기간 동안 선착순 형태로 판매 중이므로 투자자는 적극적으로 투자할 상품을 찾아나서야 한다. 발품을 열심히 파는 만큼 본인에게 적합한 더 좋은 구조의 상품에 투자할 수 있다.

현재 가입 가능한 ELS 관련 상품 전체를 볼 수 있는 곳은 금융감독원 전자공시 사이트 'DART'가 있으나 각 내용에 대한 비교나 검토가 어려운 투자설명서의 공시에 불과하다. 그러므로 투자자 각자가 평소 거래하거나 관심 있는 금융회사 홈페이지 또는 영업점 창구를 방문하여 찾아야 한다.

셋째, 가입할 금융회사를 선택한다.

ELS는 증권사에서 발행하지만 가입은 증권사나 은행 창구에서 할 수 있다. 또한 온라인상에서 가입도 가능하나 투자 경험이 없는 경우에는 상품 특성상 영업점을 방문하여 가입하는 것이 효과적이다.

투자상품의 다양성과 좀 더 높은 투자수익률을 기대하는 경험이 많고 공격적인 투자자인 경우에는 증권사를 선택하는 것이 좋다. 반면 은행은 대부분 이용자들이 안정적인 투자 성향을 가지고 있고, 판매하는 상품도 개별 종목보다는 시장 지수를 기초자산으로 하는 상품 위주로 구성되어 있다. 은행은 직접 판매가 불가하여 특정금전신탁상품을 통한 대행 판매의 형태로 판매가 이루어지다 보니 여러 증권사의 상품 가운데 상품 구조나 수익이 상대적으로 우수한 상품들을 선별하여 판매할 수 있는 장점을 가지고 있다.

넷째, 상담 후 가입 서명은 신중하게 한다.

금융회사 방문 시 대부분 자사에서 판매하는 상품에 대한 정보만 제공하므로 몇 군데를 직접 방문하여 상담해보고 결정하는 것이 좋다. 참고로 금융감독원에서는 판매회사들이 투자자의 정보 및 투자 성향을 파악하고 상품 설명 의무를 준수하는 등 '표준판매절차'에 따라 판매하는지 여부를 평가하는 ELS미스터리쇼핑을 실시하여 매년 공표하고 있다.

판매직원이 추천하는 상품을 가입하는 것은 투자자의 몫이다. 투자 결과 발생하는 모든 책임은 투자자에게 있다는 점을 잊지 말고 가입하는 신청서류 일체에 신중을 기해야 한다. 투자설명서 교부 및 주요내용 설명확인서 등의 내용에 대해 실제 이해하고 작성해야 하며, 이해가 안 가는 부분은 충분한 설명을 들어야 한다.

상품 가입 후에는 판매직원으로부터 제공받은 가입신청서류 사본, 투자설명서, 기타 자료 등을 받아 잘 보관해야 한다. 향후에 분쟁이 발생할 경우 법적 증거물로 사용될 수 있기 때문이다.

 **TIP!**

ELS 가입을 위한 상담 시 Self Check List

1. 투자자의 투자 성향, 재무상황 등을 확인하나요?
투자자의 투자 성향과 투자기간, 투자자금의 성격 등을 먼저 확인해야 한다.

2. 적합한 상품을 선정하고, 상품의 추천 사유를 설명하나요?
적합한 상품을 추천하는지, 그리고 그 상품을 추천하는 이유가 무엇인지를 설명해야 한다.

3. 추천 상품에 대해 제대로 설명해주나요?
투자자에게 투자설명서를 교부하고 설명해야 한다.
ELS의 기초자산에 대해 설명해야 한다.
상품의 기준(비교)가격 평가 방법과 상환 방법에 대해 자세하게 설명해야 한다.
객관적이고 전문적인 자료를 활용하여 시장 상황과 전망을 설명해야 한다.

4. 투자에 따른 손익을 정확하게 알려주나요?
상품의 손익 구조에 대해 자세하게 시나리오별로 설명해야 한다.
투자 시 발생할 수 있는 최대 손실 규모에 대해 설명해야 한다.

5. 투자 위험에 대해 정확하게 알려주나요?
예금자보호대상 제외, 원금 손실 가능성 및 자기책임하에 투자한다는 점을 설명해야 한다.
발행 증권사의 신용등급을 안내하고 파산 등으로 인한 조기종결 가능성에 대해 설명해야 한다.

6. 수수료 및 과세 방법에 대해 설명하나요?
투자자에게 부과되는 수수료에 대해 설명해야 한다.
상품의 과세 방법과 금융소득종합과세 대상이 될 수 있음에 대해 설명해야 한다.

7. 투자 후 사후관리서비스에 대해 상세히 안내해주나요?
조기상환기일 안내 및 기초자산의 시장 흐름에 대해 수시로 안내해주어야 한다.

CHAPTER 2 · 중위험 · 중수익 상품의 대표주자 — ELS
ELS 투자의 장단점

ELS의 투자 위험

세상에 최고의 투자상품은 존재하지 않는다. 다만 본인에게 적합한 상품이 있을 뿐이다. 많은 판매직원들이 최고의 재테크 상품이라고 얘기하며 판매에 열을 올리고 있는 가운데 ELS의 장점에 앞서서 투자에 따른 위험 요소들을 다시 한번 정리해보자.

첫째, ELS는 투자상품으로 예금자보호법에 의해 보호되지 않는다.
금융투자상품은 복잡한 구조를 지니고 있으므로 경우에 따라서는 예측하지 못한 손실이 발생할 수도 있으며, 운용 결과에 따른 모든 책임은 투자자 본인이 갖는다. 특히 종목형 ELS의 경우 기초자산의 변동성이 크기 때문에 상대적으로 손실 위험이 크므로 유의해야 한다.

[표 3-19] **최근 2년간 ELS 손실 상환 비중**

연도	상환된 전체 ELS	손실 상환된 ELS	손실 상환 비중
2013년	41조 3천억 원	1조 3천억 원	3.2%
2014년	55조 1천억 원	3조 6천억 원	6.5%

(출처 : 금융감독원)

둘째, 발행회사의 신용 위험이다.

신용 위험은 ELS를 발행한 증권사의 신용도에 중대한 위험 요인이 발생해서 계약을 이행하지 못하는 경우에 발생한다. 앞에서 언급했듯이 ELS는 발행사인 증권회사의 신용으로 발행하는 것으로 증권사가 파산하거나 기타 천재지변 등의 상황이 발생할 경우 투자자의 의사와 관계없이 조기상환될 수 있으며, 이러한 경우 원금 손실이 발생할 수 있다.

셋째, 시장 위험이다.

시장 위험은 주식, 채권 등 유가증권의 가격이나 금리, 환율 등의 시장 환경의 변화로 야기되는 파생상품 가격의 변동성과 관련이 있으며, 시장 가격이 파생상품 가격에 불리한 방향으로 움직임에 따라 발생하는 위험이다. 즉, 증시 급변에 따라 상환조건을 충족하지 못하는 경우 발생하는 손실은 해당 기초자산 가운데 가장 크게 하락한 기초자산의 하락폭만큼 발생하게 된다.

주식이나 주식형 펀드인 경우에는 하락을 감내하면서 매도하지 않고 기다리면서 손실을 회복할 기회를 가질 수 있지만 ELS는 해당 시점의 조건 충족 여부만을 판단하여 수익을 결정하기 때문에 최종 만기일에 자동으로 청산되는 치명적인 문제점을 가지고 있다.

넷째, 불완전판매에 따른 위험이다.

타 상품에 대비하여 구조가 복잡하고 종류가 다양하여 판매직원도 잘 모르는 경우도 있다. 최근 저금리 기조에 마땅한 투자처를 찾지 못한 투자자들이 수익을 위해 엄청나게 ELS 투자로 몰려들면서 불완전판매에 따른 위험성이 커지고 있다.

다섯째, 수익의 과세 문제다.

이 상품에서 발생하는 수익은 배당소득으로 간주되어 소득세법에 따라 총수익의 15.4%를 금융회사가 원천징수한다. 그런데 문제는 조기상환을 계속 충족하지 못하다가 2~3년 이후에 수익이 한꺼번에 발생하는 경우 투자금액이 아주 큰 금액이 아니더라도 금융소득종합과세(이자, 배당소득이 2,000만 원 이상인 경우)의 대상이 될 수 있다는 점이다(예시 : 투자금액 1억 원 × 연수익률 7% × 3년 = 2,100만 원).

이를 해결하기 위해서는 투자금액이 크거나 금융소득종합과세에 대한 염려를 하는 투자자의 경우에는 '월이자지급식 ELS' 가입을 통해 배당소득의 수령 시점을 분산시키는 방법이 좋다.

여섯째, 중도해지가 원칙적으로 어렵다는 점이다.

만기 이전에 중도해지하는 경우에는 유동성의 제약으로 상환이 원활하게 이루어지지 않아 가격 변동에 따른 투자원금의 손실이 발생할 수 있다. 발행 증권회사에 따라 일부 다르지만 투자 이후 6개월 이전 중도해지 시 0.5%의 중도해지수수료를 패널티 성격으로 부과하는 곳도 있다. 중도해지 금액은 ELS 발행회사의 공시기준가격에 의해 평가된 금액의 95% 이상을 통상 지급하며, 일부 발행 증권회사는 투자 후 6개월 이내인 경우 90% 수준으로 지급하고 있으므로 반드시 투자 목적을 생각하고 여유자금으로 투자해야 한다.

ELS 투자가 왜 좋은가?

위와 같이 많은 투자 위험에도 불구하고 많은 투자자들이 지수형 ELS에 몰리는 이유가 있다.

첫째, 시장 상황이 불투명할 때 대안투자로 활용이 가능하기 때문이다.
최근 기준금리 인하로 정기예금의 수익률이 연 2%를 밑돌고, 주식시장도 다양한 대내외 악재 속에서 변동성 장세를 이어감에 따라 중위험·중수익의 투자상품으로 활용 가능하다는 점이 특히 자금의 여유가 있는 투자자들을 끌어 모으고 있다.

둘째, 수익성과 안정성을 동시에 추구할 수 있다는 점이다.
대부분의 ELS는 예금이나 채권에 비해서는 고위험·고수익 상품이지만 주식이나 파생상품보다는 저위험·저수익 상품이다. 투자상품의 수익 구조에 따라 차이가 있지만 주가가 일정 수준 이하로 하락하더라도 수익이 발생하거나 원금을 보장하는 상품도 가능하고, 주가 하락 시에도 수익을 얻을 수도 있는 안정적인 상품이라는 인식 때문이다.

셋째, 다양한 투자 선택의 기회를 제공한다.
ELS는 원금보장형, 원금부분보장형, 원금비보장형의 3가지로 크게 나뉘며, 그 속에는 또한 다양한 기초자산, 조기상환 조건, 녹인/녹아웃 비율 등으로 구성된 다양한 상품이 판매되고 있어 투자자의 니즈에 맞는 상품 선택의 폭을 넓혀주고 있다.

넷째, 사전에 약속된 구조대로 손익이 결정되어 만기 시 투자의 불확실성을 경감시켜 준다.
ELS 투자자는 발행회사의 운용 성과와는 무관하게 기초자산의 움직임에 따라 약속된 수익률을 얻을 수 있으며, 최근 지수형으로 투자하여 손실이 발생한 사례가 거의 없다는 인식을 가지고 있다.

판매회사(증권사, 은행)에서는 왜 적극적으로 판매할까?

몇 년 전만 하더라도 5~6% 수익의 포트폴리오 구성을 위한 투자상품의 하나에 지나지 않았던 ELS가 재테크의 대표주자로 우뚝 선 이유는 초저금리라는 시장 상황과 주식형 펀드에 실망한 투자자들을 적극적으로 공략한 판매회사들의 노력도 한몫을 담당했다. 그러면 무엇 때문에 적극 판매에 나설 수밖에 없는 것일까?

첫째, 현재의 시장 상황에 가장 잘 맞는 최적의 상품이라는 점이다.
앞서 언급했듯이 이제는 예금으로 수익을 낼 수 없는 상황이다. 주식형 펀드를 투자하는 적극적인 투자자들도 금융위기를 겪고 원금을 회복한 수준에서 요즘 같은 박스권 장세에 불만과 싫증을 함께 느끼고 있다. 이런 투자자에게 정기예금의 3배 내외의 적당한 수익과 시장이 하락해도 수익을 얻을 수 있는 상품은 매력적으로 다가올 수밖에 없다. 결국 현 상황에서 추천할 수 있는 좋은 상품이기 때문이다.

둘째, 모든 사람들에게 판매가 가능한 상품이라는 점이다.
공격적이고 여유자금을 가진 투자자들은 예전부터 주식이나 주식형 펀드와 함께 ELS 투자를 해오고 있었다. 그리고 안정 성향의 미경험 고객들은 최근 몇 년간 계속 인기 상품이라는 얘기를 들어왔고, 지금 시점에서 마땅한 투자상품이 없다는 절박함도 가지고 있다. 1백만 원(일부 판매회사는 최저 5백만 원)이라는 소액으로도 투자가 가능하며, 원금보장형부터 원금비보장형까지 다양한 상품이 출시되어 있어 경험을 쌓는 차원에서 ELS 투자에 발을 들여놓는 사례가 늘어나고 있다. 결국 판매회사의 입장에서는 모든 거래 고객이 마케팅의 대상이 되는 상품이기 때문이다.

셋째, 타 상품과 대비하여 수수료 저항이 적고 회전율이 높은 편이라는 점이다.

　최근에 출시되는 ELS는 선취수수료로 1% 선취하는 유형이 많으며, 매일 평잔에서 일정 비율로 수수료를 차감하는 주식형 펀드에 비하여 투자자가 느끼는 수수료에 대한 저항이 적은 편이다. 그리고 보통 6개월에서 1년 사이에 대부분 조기상환이 이루어지다 보니 마땅한 투자처도 없고 거의 대부분의 투자자가 ELS로 재가입을 하고 있어 상품의 회전율이 상당히 높고 수익 달성에 따른 투자자의 만족감으로 인해 충성도도 높은 편이다.

　ELS는 대부분 투자금액의 1% 정도를 판매수수료로 가져가며, 6개월 조기상환인 경우에는 연간 2% 정도의 수익을 챙길 수 있으나 3년만기까지 갈 경우에는 연평균 0.33% 수익밖에 얻을 수 없어서 판매회사나 판매직원의 입장에서도 고객과 마찬가지로 만기까지 가기보다는 조기상환을 간절히 바라는 심정이다.

　넷째, 상품 판매 이후에 투자자에 대한 사후 관리가 상대적으로 편하다는 점이다.

　상품 판매 이후 판매 모니터링콜 실시, ELS 기준가격 안내, 조기상환 시점마다 달성 여부 안내 등 지속적인 투자자 관리가 이루어지고 있으나 대부분 SMS, DM 등을 활용하고 있으며, 투자자들의 관심도 조기상환 여부에만 맞춰지는 상황이다 보니 상대적으로 관리가 편하다고 볼 수 있다.

CHAPTER 3

저축인가 투자인가

—

방카슈랑스 상품

방카슈랑상품은 최소 10년 이상 또는 평생 유지해야 한다는 점을 고려하여 상품 가입 전에 그 상품이 본인에게 꼭 필요한 상품인지, 그리고 어떤 용도로 쓸 자금인지 한번 더 생각해보아야 한다.

CHAPTER 3 · 저 축 인 가   투 자 인 가 – 방 카 슈 랑 스 상 품

방카슈랑스상품의 이해

　방카슈랑스Bancassurance란 은행Banque과 보험Assurance의 합성어로, 일반적으로 은행 등 금융회사가 보험회사의 판매대리점으로 등록하여 보험상품을 판매하는 것을 말한다. 보험업법 개정으로 금융기관의 보험대리점 등록이 가능해짐에 따라 2003년 8월 29일부터 은행, 증권사, 저축은행에서 방카슈랑스상품을 판매하기 시작했다.
　현재 방카슈랑스 대리점으로 등록된 은행 영업점에서는 보험업법상 판매자격증을 보유한 2명의 직원만 판매가 가능하도록 제한하고 있으며, 방문판매 등을 할 수 없도록 엄격히 규제하고 있다.

　2014년 보험연구원의 보험소비자 설문조사에 의하면 개인의 보험 가입율이 93.8%이며, 보험을 가입하는 가장 큰 목적은 위험 대비이지만, 노후자금이나 목돈마련도 가입의 중요한 이유로 뽑았다.

보험은 크게 보장성보험과 저축성보험으로 나뉜다.

보장성보험은 보험의 원래 취지를 가장 잘 구현하는 보험으로서 상해, 질병, 사망 등 각종 위험에 대비하기 위해 가입하는 보험이다. 생애 위험 관리의 중요성이 커지면서 인생의 재무목표 달성을 위한 0순위는 실손의료보험 등 최소한의 위험 대비를 위한 보장성보험의 가입이다.

저축성보험은 목돈을 만들기 위한 목적으로 가입하는 보험으로서 납입한 보험료에 발생한 수익금을 합해서 주기 때문에 납입한 돈보다 만기 시 받는 돈이 더 많다. 다만, 은행 예금상품과 다르게 아주 일부분의 위험 대비용 보장 혜택을 포함하고 있다.

❶ 보험 계약의 관계자

일반적으로 보험 계약은 보험 계약자와 피보험자, 보험 수익자가 모두 같은 경우가 대부분이지만, 보험 특성상 각각 다를 수도 있고, 피보험자를 제외하고는 대상자 변경도 가능하다.

- 보험 계약자 : 보험회사에 보험료를 납부하는 사람
- 피보험자 : 보험금 지급 사유(상해, 질병, 사망 등) 발생의 대상자
- 보험 수익자 : 보험회사로부터 보험금을 받는 사람

❷ 보험료의 구성

보험료는 보험회사의 입장에서 볼 때 수입인 보험료와 지출인 보험금과 사업비용이 같도록 구성되어 있다. 순보험료는 보험회사마다 차이가

별로 없으며, 부가보험료(사업비)에서 많은 차이가 난다. 결국 사업비가 적을수록 금융소비자가 내는 보험료가 저렴해지는 것이다.

[표 3-20] **보험료의 구성**

총 보험료		사용 용도
순보험료	위험보험료	장래 위험보장에 쓰이는 돈(예정위험률을 기초로 산출)
	저축보험료	해약환급금, 만기보험금으로 지급되는 돈 (예정이율을 기초로 산출)
부가보험료(사업비)		보험회사가 보험의 신규 계약을 하고 유지, 관리하는 데 필요한 운영 경비 일체(계약체결비용, 계약관리비용 등으로 구성됨)

❸ 방카슈랑스 업무의 구분

은행에서는 보험대리점으로서 제휴업무를 대행하기 때문에 원칙적으로 보험의 모든 업무를 직접 수행하지 않고 위임된 사항에 대해서만 처리가 가능하다.

[표 3-21] **방카슈랑스 업무의 구분**

은행의 업무 처리 범위	보험회사에서만 처리 가능한 업무
-보험모집, 판매 -보험료 수납 및 영수증 발급 -중도인출, 해지거래 -계약의 철회 및 부활 신청 -계약자 정보(주소, 연락처 등)의 변경	-계약심사 및 승낙, 심사승인 -보험사고의 접수 및 보험금 지급 -보험료납입지연 안내 등 계약관리 업무 -제 증명서 발급 -보험증권 발행 및 교부

현재 방카슈랑스상품 가입자의 경우 은행에 위임된 업무는 자체적으로 바로 처리해준다. 그리고 보험회사에서만 처리 가능한 업무는 은행에서 서류를 접수하여 전화나 팩스 등을 이용하여 대행 처리해주기 때문에 보험회사를 직접 방문하지 않아도 된다.

방카슈랑스 대표 상품

은행에서 판매하는 방카슈랑스상품은 보험사처럼 위험 대비 수단으로서 보장성보험이 다양하거나 고객에 맞게 특약을 추가하여 구성할 수 없는 한계가 있다. 은행에서는 고액 자산가나 비과세 혜택을 누리고자 하는 고객 등을 대상으로 재테크나 재무설계적인 측면에서 접근할 수 있는 상품들을 중심으로 판매가 허용되고 있는 실정이다.

여기서는 가장 많이 판매되는 있는 방카슈랑스상품 중에서 크게 저축보험, 연금보험, 변액보험에 대한 일반적인 특징들을 정리했다.

❶ 저축보험

개요 : 저축보험은 타 보험 대비 3~10년 정도의 비교적 단기간에 저축을 목적으로 하는 보험을 말한다. 은행의 적금이나 예금의 투자기간이 대부분 3년 이내의 단기로 운용되는 데 반하여 이 상품은 최저 3년부터 최장 30년까지 장기간 투자를 통하여 결혼자금, 사업자금, 주택자금, 양육비용 등의 목돈을 준비할 목적으로 이용하는 금융상품이다. 0세부터 100세까지 가입이 가능하며, 가입 연령에 따른 수익률의 차이도 거의 없으므로 언제나 그리고 누구나 가입할 수 있다.

특징 : 보험료의 납입 기간, 저축의 만기 등을 가입자가 자유롭게 설계할 수 있으며, 필요한 자금의 중도 인출, 추가 납입 등 유연하게 자금을 운용할 수 있다. 대부분 연복리로 운용함에 따라 거치 기간이 길수

록 복리 효과로 수익률을 극대화시킬 수 있다. 그러나 무엇보다도 저축보험을 가입하는 가장 큰 이유는 10년 이상 가입 시 비과세 혜택을 받을 수 있다는 점이다. 또한 은행 상품에는 없는 최저보증이율이 있어 금리 하락에 따른 안전장치를 가져갈 수 있다. 저축보험의 주 내용은 수익률이며, 보장은 보험상품의 특성상 부득이 최소 비용을 투입하여 보장하기 때문에 가입자는 보장 혜택이 거의 없으며, 암이나 고혈압 등 질병 보유 경험이 있더라도 대부분 가입이 가능하다.

❷ 연금보험

개요 : 연금보험은 노후의 소득 보장을 목적으로 개발된 상품으로 피보험자의 생존 기간 동안 일정 금액을 지급할 것을 약정하고 일시금이나 적립금으로 준비금을 쌓은 후 수령하는 생존보험을 말한다. 일반적으로 가입자가 희망하는 기간과 금액을 정하여 납입하며, 연금 수령 시기도 45세 이후로 마음대로 정할 수 있고, 연금 지급 방식도 가입자의 선택에 따라 지정할 수 있다. 연금보험의 지급 방식은 10년, 20년 등 특정 기간을 지정하여 받을 수 있는 확정형, 피보험자의 생존 기간 동안 납입한 원금은 놔두고 이자만을 수령하다가 사망 시 수익자에게 상속하는 상속형, 그리고 사망 시까지 종신토록 지급받을 수 있는 종신형이 있다. 연금보험의 취지로 보면 생명보험사의 종신형 지급 방식이 최적의 지급방식이다.

특징 : 시중 실세금리를 반영한 공시이율을 적용하며, 최저보증이율을

적용하여 안정성을 일부 확보하고 있다. 또한 장기 투자에 따른 비과세 혜택을 누릴 수도 있다. 연금보험은 연금 개시 이후에는 중도해지가 되지 않으며, 사망 시점까지 정해진 연금을 지급하는 효자 상품이다.

종류 : 연금보험의 종류는 크게 일반연금보험, 변액연금보험, 연금저축보험이 있다. 일반연금보험은 대표적인 비과세 금융상품으로 보험료 납입 기간 동안 연금 재원을 적립하고 연금 개시 이후 종신형, 확정형, 상속형 등 정한 기간 동안 일정 연금액을 지급받는 가장 일반적인 보험이다. 이 상품은 대부분 15~70세까지 가입이 가능하며, 연금 지급 방법, 연금 수령 시기 등 대부분 가입자의 의사대로 변경이 가능하다. 또한 가입 후 연금을 수령하지 않고 일시금으로 수령도 가능하다. 변액연금보험은 주식, 채권 등에 투자하는 상품으로 장기적 물가상승 헤지를 통해 실질가치가 보전된 연금재원 형성을 목적으로 하는 실적배당형 보험상품이다. 일반연금보험에 펀드 투자의 개념이 합쳐진 상품으로 실적배당 금액으로 연금이 지급된다는 점과 10년 이상 경과 시 최소 투자원금을 보증한다는 점 외에는 일반연금보험의 특징과 같다. 연금저축보험은 국민연금의 부족한 소득대체율을 개인적으로 보완할 수 있도록 납입보험료 중 400만 원 한도로 소득공제를 해주는 연금보험상품이다. 소득공제형 상품이다 보니 다른 연금보험과 비교하여 제한조건들이 많이 있다. 납입 기간이 5년 이상이며, 55세 이후에 수령해야 하고 수령 시에는 연금소득세가 원천징수된다.

❸ 변액보험

개요 : 변액보험은 물가상승률이 높으면 나중에 돌려받는 보험금의 실질가치가 떨어지므로 주식, 채권 등에 투자하여 보험금의 실질가치를 보호하기 위해 만들어졌다. 납입보험료 중 사업비용을 뺀 나머지 적립보험료가 가입자가 설정한 펀드에 투자되어 그 운용 실적에 따라 수익금액이 결정되는 보험이다. 따라서 변액보험은 기존의 정액보험에 투자 기능을 부가한 보험이며, 다만 보험회사에서 적립금액을 보증하지 않기 때문에 투자 성과가 좋지 않을 경우 원금 손실이 발생할 수도 있어 투자 결정에 신중한 판단과 책임이 필요하다.

특징 : 일반보험은 자산이 일반계정에서 운용되나 변액보험은 사업비를 제외한 금액이 별도의 특별계정에서 운용되며, 투자 성과가 좋으면 향후 보험금이 늘어나고 투자 성과가 나쁘면 보험금이 줄어든다. 특별계정에는 다양한 종류의 펀드 유형이 있어 자유롭게 투자 비율을 정하여 선택할 수 있고, 향후 펀드 유형 및 비율도 조정할 수 있는 장점이 있다. 그러므로 가입 전에 재무 상황, 투자 성향 등을 먼저 파악하여 적합한 유형을 선택한 후 계속적인 관심과 노력을 기울여야 한다.

CHAPTER 3 · 저 축 인 가 투 자 인 가 – 방 카 슈 랑 스 상 품

방카슈랑스상품, 제대로 가입하는 법

방카슈랑스상품 가입 시 고려해야 할 사항

보험 계약자는 상품 선택 단계에서 가입 경험, 투자 성향, 현재의 상황 등을 종합적으로 파악하여 자신의 목적에 맞는 상품을 결정해야 후회하지 않는다.

첫째, 가입 목적이 무엇인지 생각한다.

은행 창구에서 적금보다 수익이 높다거나 비과세 혜택이 있다는 판매 직원의 말에 현혹되어 무턱대고 가입하면 반드시 후회하게 된다. 그리고 중도해지하는 경우 원금을 손해 보고 해약하는 사태가 발생한다. 그러므로 상품 가입 전에 그 상품이 본인에게 꼭 필요한 상품인지, 그리고 어떤 용도로 쓸 자금인지 한번 더 생각해보아야 한다.

둘째, 본인의 재산 상황에 적합한 상품인지 생각한다.

방카슈랑스 대표 상품은 저축보험이나 연금보험이다. 이러한 상품들은 최소 10년 이상 또는 평생 유지해야 한다는 점을 고려하여 신중하게 가입해야 한다. 예를 들어 고액 계약에 대한 보험료 할인 혜택을 더 받기 위해 또는 일시적으로 여유가 더 생겼다고 의욕이 넘쳐서 납입보험료를 과다하게 높여서 가입하는 경우에는 나중에 중도해약하거나 보험료를 낮추어 유지하는 보험료 감액을 해야 하는 사태가 발생할 수 있으므로 가계에 무리가 가지 않는 적정한 수준에서 가입해야 한다. 또한 보장성보험을 가입하는 경우에는 중복 보장이 안 되는 경우가 있으므로 사전에 꼼꼼한 점검이 필요하다.

셋째, 보험 기간과 납입 기간을 정한다.

보험 기간은 보험의 혜택을 보는 전체 기간을 의미하므로 보험이 필요한 기간에 맞춰 최대한 길게 가입하는 것이 좋다. 납입 기간은 보험료를 내는 기간을 의미하므로 보장성보험의 경우 보장 혜택을 똑같이 누리면서 보험료의 부담을 줄이려면 납입 기간을 길게 잡아서 매월 납입하는 보험료를 줄이는 것이 좋다. 그러나 저축성보험의 경우 보장 혜택에 대한 의미가 없으므로 자금의 용도나 재산 상황에 따라 결정하면 된다.

넷째, 유사한 타 상품과 비교해보고, 다른 판매직원과도 상담한다.

현재 금융회사들의 상품은 차별화가 거의 없다. 본인이 가입하려는 상품을 찾아보고 상품별로 서로 비교하여 어떤 차이가 있는지 살펴봐야 한다. 보험에 대한 지식이 부족하다면 보험 판매직원을 찾아가 궁금한 점을 물어보면 된다. 같은 상품도 판매하는 직원에 따라 설명이 다르고 포인트도 다르게 강조하므로 또 다른 판매직원을 찾아가 상담을 받다 보면 공통점과 차이점을 알 수 있고 안목을 넓힐 수 있다.

다섯째, 보험상품 내용에 대해 제대로 설명을 듣는다.

보험 판매직원은 보험 계약자에게 계약의 중요한 내용, 즉 보험료와 보장 범위, 수수료에 관한 사항, 중도해약, 해지환급금 등을 충분히 이해할 수 있도록 설명해야 한다. 이때 계약자가 관심을 갖고 궁금한 사항에 대해 질문하는 만큼 판매직원으로부터 충분히 설명을 들을 수 있다는 점을 기억하기 바란다. 특히 보험상품은 사업비가 비싸고 장기 상품이라서 제대로 듣고 충분히 생각하고 가입하지 않으면 반드시 중도에 해지하면서 후회하는 일들이 생길 수밖에 없다. 판매직원에게 추천하는 상품의 단점을 먼저 물어보고 만족할 만한 설명을 들었을 때 계속적인 상담을 진행하는 것도 현명한 방법 중 하나다.

보험회사 선택 요령

우리나라 보험의 문제는 지인이나 친인척과의 관계 속에서 마지못해 도와주는 상품으로 가입하는 사례가 너무 많다는 점이다. 그러다 보니 원하는 보험회사나 보험상품이 아닌 보험사 FC에 의해 모든 게 결정되는 사태가 발생하게 된다. 보험 가입자가 향후 100년을 거래해야 한다면 그 보험회사가 튼튼하게 존속해야 하는 것은 당연한 것이며, 그 상품을 설계하고 운용하는 보험회사를 선택하는 기준을 갖고 있어야 한다.

첫째, 보험회사의 신뢰성, 즉 지급여력비율을 확인한다.

미래를 준비하는 보험인 만큼 안정적이고 탄탄한 보험회사를 선택해야 한다. 현재 국내에 100년 이상 살아남은 회사가 6곳이라고 한다. 그러면 나의 노후를 책임질 회사의 안전성은 어떻게 알 수 있을까?

[표 3-22] **보험회사의 지급여력비율 현황**

생명보험회사	2014.12월 말	손해보험회사	2014.12월 말
ING생명	388.6	삼성화재	375.1
PCA생명	369.6	메리츠화재	230.6
삼성생명	369.2	동부화재	224.2
한화생명	318.1	농협손해보험	215.0
AIA생명	290.1	현대해상	177.2
미래에셋생명	285.2	KB손해보험	173.6
교보생명	271.3	흥국화재	163.4
메트라이프생명	258.6	한화손해보험	154.3
KB생명	247.4	롯데손해보험	134.7
동양생명	237.0		
흥국생명	218.3		
KDB생명	208.4		
동부생명	207.7		

(단위 : %)

은행 안정성의 대표적인 지표인 BIS 비율처럼 보험에는 지급여력비율 RBC, Rick Based Capital이 있다. 이것은 보험회사가 가입자에게 보험금을 제때에 지급할 수 있는지를 나타낸 것으로 보험회사의 경영 상태를 판단할 수 있는 지표이며, 최소 100% 이상을 유지해 한다.

둘째, 보험회사의 보험료지수를 확인한다.
보장 혜택은 동일하게 받으면서 저렴한 보험을 선택하는 방법은 보험료가 저렴한 보험회사를 선택하는 것이다. 사업비가 적을수록 가입자가 내는 보험료는 저렴해지고, 사업비가 많을수록 보험료는 비싸지게 된다. 결국 보험료가 저렴한 보험회사를 선택하려면 보험료지수가 낮은 회사를 선택하는 것이 좋다. 보험료지수는 보험상품 출시할 때 반드시 공시하도록 되어 있으며, 생명(손해)보험협회 홈페이지 공시실에서 조회할 수 있다.

셋째, 불완전판매비율 및 소비자 민원등급을 확인한다.
상품 판매는 표준 프로세스에 따라 가입자에게 충분히 설명하여 이해시키고 가입시켜야 한다. 그러나 실적에 집중하다 보면 어느 순간 가입자보다는 회사가 우선시되고, 실적이 중요시되는 사례들이 있다. 이는 가입자의 불만으로 이어지고 심한 경우에는 민원으로까지 이어지기도 한다.
불완전판매란 보험상품의 중요 내용, 절차 등을 정확하게 알리지 않고 보험을 판매하는 것으로 생명(손해)보험협회 홈페이지에서 보험회사별

불완전판매비율을 확인할 수 있다.

소비자 민원등급은 해당 보험회사나 금융감독원에 불만을 얼마나 많이 제기했는지, 그리고 잘 처리해주는지 등을 조사하여 금융감독원에서 발표하고 있으므로 이를 판단의 기준으로 삼는 것도 좋은 방법이다.

넷째, 투자 규모에 따라 보험회사를 선택한다.

보험회사 선택의 기준 중 하나인 투자 규모는 안정성과 관련하여 예금자보호 대상인지 그리고 5,000만 원 범위 이내인지 여부에 따라 달라진다. 변액보험처럼 실적배당형 상품을 제외한 저축성보험, 연금보험은 예금자보호대상 상품이므로 보험회사의 규모보다는 수익성을 기준으로 본인이 마음대로 선정하면 된다. 그러나 예금자보호 범위를 넘어선 고액의 계약은 수익성보다는 안정성을 가장 중요한 판단 기준으로 삼는 것이 좋다.

다섯째, 공시이율 변동성을 확인한다.

방카슈랑스상품의 대부분은 공시이율을 적용한다. 그렇지만 가입자가 납입한 전액에 대해 공시이율을 적용하는 것이 아니라 위험보험료와 부가보험료(사업비)를 제외한 순수 저축보험료 부분에 대해 적용하므로 적금과 단순 비교해서는 안 된다.

공시이율은 보험회사가 객관적인 외부 지표(은행의 정기예금이율, 보험계약대출이율, 회사채수익률, 국고채 수익률 등) 수익률과 자기 회사의 운용자산이익률 등을 반영한 공시기준이율을 기준으로 회사별 조정률을 감안하여 매월 가입자들의 저축보험료에 적용하는 이율을 말한다. 결국 시중금리를 반영하여 적용하며, 금리가 하락할 때는 시중금리 하락보다 더디게 떨어지고 금리가 상승할 때는 시중금리 상승보다 더디게 올라감으로써 상대적으로 안정성을 유지한다. 그리고 일반적으로 소형 보험사가 대형 보험사보다 높은 공시이율을 제시하며, 공시이율이 높을수록 수익자가 받는 환급금이 커진다.

문제는 시중금리를 그대로 끌어오는 것이 아니고 해당 보험사의 운용자산이익률과 함께 보험사의 경영 전략, 상황에 맞춰 조정율을 적용함에 따라 일부 보험회사의 공시이율 등락이 커지는 사례가 있다는 점이다. 시장 점유율을 위해 일시적으로 더 높은 공시이율로 가입자들을 많이 유치하고 다음 달에 큰 폭으로 공시이율을 낮추는 사례가 없는지 살펴봐야 한다.

CHAPTER 3 · 저 축 인 가 투 자 인 가 – 방 카 슈 랑 스 상 품

저축·연금보험 효율적으로 운용하는 법

　은행에서 판매 중인 방카슈랑스상품의 대부분은 저축보험과 연금보험이다. 장기투자상품인 만큼 재무목표 달성을 위해 이 상품들의 효율적인 운용 방법을 자세히 알아보자.

　첫째, 하루라도 빨리 시작한다.
　보험상품은 장기 상품으로 실질적인 복리 효과를 보려면 10년 이후에나 가능하며, 기간이 지날수록 자산 증가의 폭은 점점 증가한다. 100세 시대의 저금리 상황에서 할 수 있는 가장 좋은 투자 방법은 남보다 일찍 시작하는 것이다.

　둘째, 가입 기간은 최대한 길게, 납입 기간은 가능한 짧게 한다.
　보험의 사업비 가운데 가장 큰 영향을 미치는 부분은 납입 기간이다.

납입 기간이 길면 수수료가 비싸고 환급률이 떨어지며, 납입 기간이 짧으면 납입해야 하는 금액이 커지는 문제가 있으므로 목표하는 금액과 적절한 납입 기간을 정해야 한다.

또한 납입 기간 중에 중도해약하는 경우에는 패널티 성격의 해지공제 비용까지 발생하므로 원금 손실의 폭은 더욱 커진다. 예를 들어 저축보험의 경우 10년만기(10년납) 상품과 20년만기(10년납) 상품을 10년 시점에서 해지하면 환급금 차이가 거의 없다. 그러므로 일단 가입 기간은 최대한 길게 잡는 것이 좋다.

[표 3-23] H생명 저축보험의 수수료 예시

구분	5년납 10년만기	10년납(전기납) 10년만기
계약관계비용	5년간 5.77%, 5년 이후 0.61%	7년간 6.69%, 7년 이후 4.06%

(2015년 6월 기준)

셋째, 추가납입제도를 적극 활용한다.

대부분의 저축보험이나 연금보험은 납입 금액의 2배까지 추가납입제도를 활용할 수 있다. 추가납입 금액에 대해서는 사업비용이 정상 불입하는 보험료의 1/3 수준밖에 되지 않는다. 그러므로 보너스나 월급 인상 등으로 자금의 여유가 생겼을 때 새로운 계좌를 신규하기보다는 추가납입제도를 적극 활용하는 것이 좋다. 만약 10년만기 상품의 5년 시점에 추가 납입을 한다고 가정하면 추가 납입한 후 5년만 지나도 만기가 도래하면서 비과세 혜택까지 누릴 수 있는 장점이 있다.

넷째, 보험의 비과세 혜택을 활용한다.

보험상품을 가입하는 가장 큰 목적은 보험차익 비과세 혜택 때문이다. 고액 자산가들이 보험상품을 좋아하는 이유가 바로 여기에 있다. 정부는 보험차익에 대한 비과세 요건을 계속해서 강화해왔으며, 보험의 비과세 상품이 부자들의 재테크 수단으로 활용된다며 세수 확보를 위해 매년 종료를 검토하고 있다. 또한 OECD 국가 중에서 비과세 혜택을 적용하는 나라는 대한민국밖에 없는 실정이 정부에 더 힘을 실어주고 있다.

[표 3-24] 보험차익 비과세 기간 변동 추이

1994년	1998년	2001년	2004년	2017년	향후
3년	5년	7년	10년	10년 + @	?

[표 3-25] 보험차익 비과세 요건 요약

구분	비과세 요건	비고
월적립식 저축성보험	-계약 기간 10년 이상이면서 납입 기간 5년 이상 -매월 납입할 기본보험료가 균등해야 함 (6개월 이내 선납 및 1배 이내 증액 인정).	-월 보험료 150만 원 이하
종신형 연금보험	-계약자, 피보험자, 수익자가 동일인일 것. -만 55세 이후 연금 개시하고 사망 시까지 연금으로 수령할 것. -연금 개시 이후에는 해지 불가.	-금액 제한 없음
납입할 보험 합계액이 1억 원 이하	-계약 기간 10년 이상이면서 납입할 보험료 합계액이 1억 원 이하	-계약자 1인당 기준 -상기 ①, ②요건을 충족하지 못하는 모든 계약 합산

예전에는 10년 만기 이상이면 무조건 비과세 혜택이 주어졌으나, 2013년 2월에 이어 2017년 4월부터 저축성보험 비과세 요건이 대폭 강화되었다. 계약자 기준으로 납입했거나 납입할 금액을 모두 합해서 1억 원 이내인 경우에는 10년만 지나면 비과세 혜택을 누릴 수 있다. 설령 1억 원 한도를 모두 사용했더라도 납입기간 5년 이상 월보험료 150만 원 이하로 10년 가입하거나, 사망 시점까지 종신형으로 연금을 수령하는 경우에는 금액에 상관이 없이 비과세 혜택을 누릴 수 있다.

다섯째, 저축보험에서 연금 전환 기능은 의미가 없다.
저축보험의 납입 기간이 완료된 이후에는 연금으로의 전환이 가능하다고 큰 장점으로 홍보를 하고 있지만 연금 전환 시에는 새로운 상품으로의 신규와 동일하여 전환 시점의 약관과 보험료율을 적용하게 된다. 결국 연금 가입을 늦게 하는 꼴이 되는 것으로 3년마다 개정되는 다른 경험생명표를 사용하게 된다. 평균수명이 증가함에 따라 늦게 가입할수록 동일 금액을 가입하고서도 연금 수령 금액은 줄어드는 문제가 발생한다. 그러므로 연금을 생각하는 경우에는 최초부터 연금보험으로 가입하는 것이 훨씬 유리하다.
저축보험은 최장 15~30년까지 가입이 가능하지만 기간 연장 없이 계약이 종료된다. 그러나 연금보험은 기간의 제한이 없으므로 하루라도 일찍 가입하고 향후 본인의 상황에 따라 계약을 변경하는 것이 더 효과적이다.

여섯째, 절대 중도해약하지 않는다.

보험상품은 장기 상품으로 재무목표 달성을 위해 약정된 만기까지 유지하는 것이 중요하다. 보험 가입 후 중간에 자금이 필요해서 상담하는 경우 대부분의 남자들은 "이 보험 해지해주세요"라고 얘기하고, 여자들은 "돈이 필요한데 어떻게 하면 되나요?"라고 질문한다. 그러다 보니 남자들은 원금 손해를 보며 해약을 경험하고 보험은 나쁜 것이라는 생각을 갖는 반면, 여자들은 다양한 방법을 활용하여 계약을 유지하며 어렵게 만기 목표금액을 손에 쥐는 기쁨을 누린다. 그러면 부득이 중도해지해야 하는 상황이 발생하면 어떻게 할까?

먼저 약관대출을 활용한다. 약관대출은 본인의 예상 해지환급금의 일정 범위 내에서 대출을 받는 것으로 단기간 필요한 자금이라면 활용하는 것이 좋다. 그러나 장기간인 경우 대출이율이 적립이율보다 더 높기 때문에 배보다 배꼽이 더 커질 수 있음에 유의해야 한다.

다음은 중도인출제도를 활용한다. 예상 해지환급금의 일정 범위까지 출금해서 사용할 수 있으나 미래 수령할 자금을 미리 찾아 쓰는 경우이므로 남은 잔액으로 수익을 내기에는 어려움이 있고 보험회사에 사업비용만 보태주는 결과가 될 수 있으므로 고민이 필요하다.

그리고 일시적으로 월납입보험료를 납부하기 어려운 경우 보험료납입 유예제도를 활용한다. 이 경우 일정 기간 동안 납입을 보류시켜 주기 때문에 보험을 계속 유지할 수는 있으나, 사업비용은 계속해서 나가기 때문에 관리가 필요하다.

일곱째, 절판마케팅을 역활용한다.

매년 3월이 되면 보험회사들은 4월부터 보험제도가 변경되어 보험료가 왕창 오른다며 적극적인 마케팅을 실시한다. 제도가 바뀌어 보장이 축소되거나 보험료가 오르거나 상품의 판매가 종료되는 경우는 보험회사의 입장에서는 절판마케팅의 진수를 보여줄 수 있는 좋은 기회인 것이다. 그러나 금융소비자의 입장에서 뒤집어 생각해보면 나에게 꼭 필요할 수도 있는 상품에 대해 고민하고 생각할 기회를 제공해준 것이다. 2009년 7월 말 판매가 종료된 100% 보장하는 실손의료보험은 지금의 실손의료보험과 비교하면 상당한 차이가 있고, 지금은 가입하고 싶어도 가입할 수 없는 좋은 상품이다.

결국 변경되는 제도가 미치는 영향을 과도하게 부풀려서 사람들의 심리를 조급하게 하는 측면을 무시할 수 없지만, 다양한 정보를 수집하고 상담을 통해 필요하다면 적극 활용하는 것이 진정한 금융소비자의 모습이다.

CHAPTER 3 · 저 축 인 가   투 자 인 가 – 방 카 슈 랑 스 상 품

변액보험에 대해 가지는 가입자들의 환상

　변액보험상품은 계약자의 투자 성향과 투자 목적, 기간 등을 감안하여 가입해야 하는 장기투자상품임에도 불구하고 단기 저축성보험으로 가입을 권유하는 등 불완전판매 사례들이 있어 계약자들의 불만이 증가하고 있다. 이런 가운데 저금리 기조가 정착이 되고, 기존에 고금리로 유치한 저축성보험 등의 역마진이 현실화되는 속에서 보다 높은 수수료도 챙기면서 투자 위험을 보험회사가 아닌 가입자에게 전가할 수 있는 변액보험에 대한 관심과 마케팅은 강화될 수밖에 없을 것이다.

　여기서는 금융소비자들이 변액보험에 대해 갖고 있는 환상에 대해 이야기해보자.

　첫째, 매월 100만 원씩 납입 시 전액 투자된다?
　적금이나 적립식 펀드는 본인이 납입한 자금 전액이 투자되어 운용이

이루어진다. 그러나 보험은 납입 보험료가 들어오면 위험 보험료와 부가 보험료(사업비)가 차감되고 나머지 금액이 저축 보험료로 특별계정에 투입되는 구조로 되어 있다. 또한 특별계정 내에서 본인이 선택한 펀드 운용 방식에 따라 정해진 운용 수수료를 또 한 번 지급하게 된다. 결국 변액보험으로 적립식 투자를 하게 되면 가입자의 생각과는 다르게 출발선에서부터 7~8% 정도의 원금 손실 상태로 시작함으로써 수익률을 높이는 데 어려울 수밖에 없다.

둘째, 보험회사에서 제시하는 수익률이 나의 수익률이다?

변액보험의 펀드 수익률을 보면 보험회사마다, 펀드 유형에 따라 천차만별이고, 주식 시장 상황에 따라 변동이 큰 것을 알 수 있다. 일부 보험사에서는 시장이 양호한 특정 시점의 자료를 활용하여 운용 실적을 부풀리는 경우도 있으므로 주기적으로 운용 실적을 점검해볼 필요가 있다.

많은 가입자들이 펀드 수익률을 확인하고 본인 계좌의 변액보험 평가금액을 확인하면서 드는 의문은 펀드 수익률은 그럭저럭 괜찮은데 내 것은 왜 아직도 손실인가에 대한 점이다. 많은 보험 계약자들이 납입 보험료 100% 투자 대비 수익을 생각하지만 비싼 사업비를 제외한 금액이 특별계정에 투입된 실제 투자 금액이며, 펀드 유형별로 분산되어 있다 보니 실제 수익률과 기대수익률의 차이가 클 수밖에 없다.

셋째, 수익률 높은 펀드 유형으로 알아서 잘 관리해주고 있다?

변액보험에 가입하여 청약 서류를 작성하게 되면 특별계정 내에서 운용할 펀드의 유형과 자금의 운용비율을 정해야 한다. 그런데 가입자들은 국내외의 채권형에서 주식형까지 다양한 유형의 선택에 고민하게 되고 대부분 판매직원이 정해주는 3개 정도를 안정적인 비율로 선택하여 운용지시를 하게 된다.

그런데 변액연금보험은 장래에 연금 수령이라는 이유 때문에 안정적인 상품 구조를 가질 수밖에 없어서 대부분 주식 편입비율이 50% 이하인 혼합형이 가장 공격적인 상품이며, 이는 결국 실제 투자된 자금의 상당 부분이 채권형으로 운용되어 안정적이기는 하나 수익을 내기 어려운 구조를 갖는 문제가 발생한다. 그리고 변액보험은 적립식 펀드와 달리 10년 이상 장기투자해야 한다는 말에 가입 이후 관심 밖으로 밀려나면서 어느 보험사의 어떤 상품에 가입했는지, 펀드 유형은 어떻게 선택했는지를 아는 가입자가 거의 없다는 사실 또한 놀라운 일이다. 보험회사가 알아서 잘 관리해주는 것이 아니라 가입자가 기존에 설정해놓은 대로 계속해서 운용만 하고 있을 뿐이다.

넷째, 변액연금보험은 원금을 보장해준다?
변액연금보험은 실적배당형 상품이다 보니 원금 손실 위험이 있지만 최저연금적립금보증 비용(연간 0.5~1% 수준)을 부담하는 대신 연금 개시 시점에서 투자 원금을 보장해준다. 그러나 연금보험이라서 대략 2/3 정도가 안정적인 채권으로 운용되어 수익을 높이기 어려운 한계와 함께 연금 개시 시점에 원금의 실질적 가치를 생각하면 비싼 사업비 들여가면서 원금 보장의 의미는 크게 없다고 볼 수 있다.

다섯째, 수수료 없이 펀드 유형의 변경이 자유롭다?

변액보험이 적립식 펀드 대비 장점으로 내세우는 것이 중도해약하지 않고 상품 안에서 시장 상황에 맞게 자유롭게 펀드의 유형을 변경할 수 있다는 점이다. 하지만 가입자 중에서 펀드 유형을 조정하는 활동을 하는 사람은 거의 없다. 변액보험의 가장 큰 장점이라고 그렇게 강조함에도 불구하고 알아서 잘 관리되고 있겠거니 하는 안이한 생각과 무관심이 판매직원과 보험사들을 편하게 만들어주고 있는 것이다. 현재 펀드 변경 수수료는 연 4회까지 면제되고 있으므로 직접 영업점을 방문하여 운용 현황을 파악하고 펀드 변경, 분산 투자 등 계약자의 적극적인 관리가 필요하다.

여섯째, 변액유니버셜보험은 입출금이 자유로워서 더 좋다?

변액유니버셜보험은 변액보험에 유니버셜 기능을 넣은 것으로 간단히 말하면 자유롭게 입출금할 수 있는 기능을 넣어 가입자들에게 관리의 유연성을 준 상품이다. 즉 중간에 자금이 필요하면 해약환급금의 범위 내에서 언제든지 인출할 수 있고, 의무 납입 기간이 지나면 돈이 부족하여 보험료 납부를 중단하더라도 적립금에서 자동으로 사업비와 위험보험료를 내기 때문에 계약을 계속 유지할 수 있다.

그런데 보험상품은 사업비가 비싸고 수수료를 먼저 떼어가며, 장기간 투자해야 장점이 있다는 사실을 곰곰이 생각해보면 자유롭고 편안한 만큼 실질적으로는 보험회사를 위한 상품일 수도 있다.

CHAPTER 3 · 저축인가 투자인가 – 방카슈랑스 상품

방카슈랑스 관련 금융소비자 보호제도

    2014년 보험소비자 설문 조사(보험연구원) 결과에 의하면 '본인의 금융 이해력 수준'을 묻는 질문에 보통이라는 응답이 45.1%, 낮다는 응답이 44.5%로 대부분 응답자가 보통 이하라고 판단했다. 또한 소비자의 보험에 대한 이해도에서도 변액보험상품과 예금자보호문제, 보험료지수와 가격 비교, 공시이율과 보험료관계, 청약철회와 보험금 환급 등에서 이해도가 떨어지는 것으로 조사되었다.

    은행 상품과 다른 구조를 가진 보험상품에 대해 정확한 지식을 갖고 있지 못한 보험계약자는 본인의 의지와 상관없이 불이익을 당할 가능성이 높기 때문에 이들을 보호할 제도적 장치가 필요한 것이다. 여기서는 방카슈랑스상품과 관련하여 반드시 알아두어야 할 금융소비자 보호제도를 알아보자.

청약철회제도

일반적으로 계약의 청약을 철회할 수 없으나, 보험 계약은 보험 판매인의 권유에 의해 가입하는 경우가 많고 상품의 내용을 알기 어려운 장기 상품이므로 보험 가입자가 보험상품의 필요성 등을 다시 한 번 생각해볼 수 있는 기회를 보장해주기 위해 시행되고 있다.

보험을 계약한 후 단순히 마음에 들지 않거나 변심에 의한 경우 등 계약자의 요청이 있으면 그 사유를 묻지 않고 보험 청약일로부터 30일 또는 보험증권을 받은 날로부터 15일 이내에 언제든지 철회가 가능하다.

이 경우 보험회사는 청약 철회를 접수한 후 3일 이내에 이미 납입한 보험료를 전액 반환해준다. 또한 철회 방법도 영업점을 방문하여 서류를 제출하거나 우편에 의한 방식, 전화나 이메일에 의한 방식으로 철회할 수 있다.

계약 취소 및 품질보증제도(리콜)

리콜(품질보증해지)은 방카슈랑스 부실 판매와 관련하여 가입자가 보험 계약이 성립한 날로부터 3개월 이내에 보험 계약의 취소를 요청하는 경우 납입보험료 및 이자를 환불해주는 제도이다. 보험회사의 부실판매(보험 3대 기본 지키기) 사유에 해당되어야만 가능하다. 그 사유에는 계약 체결 시 청약서에 자필 서명하지 않은 경우, 보험 약관과 보험 계약자 보관용 청약서(청약서 부본)를 받지 못한 경우, 그리고 보험 약관의 주요 내용에 관한 설명을 듣지 못한 경우가 해당된다.

보험 계약 취소 요청이 접수되면 보험회사는 이미 납입한 보험료와 함께 해당 기간 동안의 보험 계약대출 이율로 계산한 금액을 더해서 지급해야 한다.

보험 가입자의 의무 - 고지 의무, 자필서명 의무

저축성보험은 건강 상태, 병력에 대한 가입 제한이 거의 없으나 보장성보험인 경우 보험 계약자는 피보험자의 주요 정보들을 반드시 알릴 의무가 있다. 가입 시에는 문제 삼지 않다가 나중에 보험 사고가 발생하여 고액의 보험금 지급을 요청하는 경우 정확한 고지가 안 되어 보험사기로 몰리거나 소송 피해자로 몰리는 사례가 발생하기도 하므로 정확하게 청약서류에 고지하여야 한다.

또한 보험 계약자와 피보험자는 계약 내용에 대해 충분히 설명을 듣고 이해한 후 반드시 본인이 자필 서명을 해야 한다. 청약서에 자필서명을 한다는 의미는 해당 서류에 기재된 내용을 알고 동의한다는 것이며, 본인 책임하에 가입했음을 인정하는 것이다.

CHAPTER 3 · 저 축 인 가   투 자 인 가 – 방 카 슈 랑 스 상 품

방카슈랑스상품의 장단점

방카슈랑스상품의 단점

첫째, 사업 비용으로 수수료가 너무 비싸다.

보험상품은 장기 상품이라서 관리, 유지를 위한 비용이 훨씬 클 수밖에 없다. 이런 가장 큰 단점 때문에 판매 시 장점만을 부각하면서 설명이 소홀해지는 측면이 있으나 반드시 점검하고 가야 할 부분이다. 수수료에 대한 비교 확인은 영업점 판매창구에 필수적으로 비치되어 있는 '방카슈랑스 모집수수료율 공시' 자료를 통해 알 수 있다. 예를 들어 "월납 보험료 10만 원, 보험료 납입 기간이 10년인 보험상품의 모집수수료가 3.0%이다"의 의미는 보험회사는 10년 동안 납입되는 보험료 총 1,200만 원 중에서 3.0%에 해당하는 36만 원을 보험대리점인 은행에 지급한다는 것이다. 하지만 이것은 판매, 관리하는 은행에 주는 수수료이고, 가입

자의 입장에서 전체적인 수수료 부분은 가입설계서의 보통 두 번째 페이지 '수수료 안내표'에 설명되어 있다.

참고로 5년간 납입 기준으로 볼 때 저축보험은 5~6%, 연금보험과 변액보험은 7~9% 수준의 수수료(계약체결 비용, 관리 비용 등)가 발생한다. 또한 납입하는 기간이 길수록, 연금이나 변액보험처럼 관리나 조건이 다양할수록 사업 비용이 많이 차감되어 실제 운용 수익이 발생하기 어려운 구조를 가지고 있다.

둘째, 중간에 해약하면 손해가 발생한다.

저축보험이나 연금보험은 예금자보호대상이지만 사업 비용으로 인해 원금 손실 상태에서 자금의 운용이 시작된다. 그리고 공시이율 적용도 전체 금액이 아닌 순수 적립보험료에만 적용된다. 또한 사업 비용을 가입하는 전체 기간에 분산하여 떼어가지 않고 가입 초반 1년 이내에 상당히 많이 가져감으로써 원금 회복에 시간이 더 걸리는 문제로 인해 계약을 중간에 해약하는 경우 환급금이 줄어든다.

셋째, 10년 이내 투자 시 적금보다 수익이 크게 낫지 않다.

장기 투자의 효과는 높은 수익률과 오랜 투자 기간에서 얻을 수 있다. 저축 상품의 공시이율이 5% 수준이었던 몇 년 전만 해도 2년 이상 경과되면 납입원금 이상 회복하고, 4~5년 이상이면 적금 금리 이상으로 수익을 얻을 수 있었다. 그러나 기준금리가 하락하고 보험회사들의 공시이율도 곤두박질치면서 중기자금으로서의 매력은 거의 없어졌다고 볼 수 있다. 결국 연금·저축보험은 장기 투자자금으로서 10년 비과세 혜택에 초점이 맞춰져야 한다.

[표 3-26] 저축보험과 은행 적금 상품의 비교

기간	납입금누계	저축보험(공시이율 3.4%)	적금(2.5%) + 예금(1.8%)
1년	6,000,000	5,521,832 (92.0%)	5년제 적금 만기해지 후 1년제로 정기예금 재예치 (일반과세 세후 금액임)
2년	12,000,000	11,565,246 (96.35)	
3년	18,000,000	17,811,926 (98.9%)	
4년	24,000,000	24,268,785 (101.1%)	
5년	30,000,000	30,939,915 (103.1%)	31,612,850 (105.4%)
6년	30,000,000	31,954,706 (106.5%)	32,094,270 (107.0%)
7년	30,000,000	33,003,998 (110.0%)	32,583,150 (108.6%)
8년	30,000,000	34,088,962 (113.6%)	33,079,290 (110.3%)
9년	30,000,000	35,210,759 (117.3%)	33,583,010 (111.9%)
10년	30,000,000	36,373,752 (121.2%)	34,094,450 (113.6%)

※ H생명 저축보험 월납입보험료 50만 원, 5년 납입 10년만기 상품 가입 시 예시임. (2015년 4월 기준)

넷째, 장기 투자에 따라 가입자의 자금 운용이 어렵다.

보험상품은 장기 투자에 따라 10년 이상은 찾지 않고 묶어두어야 하는 자금이다. 인생을 살아가면서 다양하게 발생하는 뜻하지 않은 큰 일들이 찾아오기도 한다. 이런 경우 중도인출제도 등 여러 제도를 활용할 수도 있겠지만 목적자금으로써 만기까지 가지 않으면 예정된 자금을 만들수 없으며, 보험회사만 좋은 일을 시킬 수도 있다. 그러므로 이에 대한 대비책도 준비하고 꼼꼼하게 결정하는 것이 중요하다.

다섯째, 방카슈랑스상품이 다양하지 않다.

은행은 보험회사의 판매대리점 형태로 운영되며, 각각의 보험사와 계약에 의해 단순하고 정형화된 저축보험, 연금보험, 그리고 일부 보장성보험만 취급이 가능함에 따라 보험 계약자의 다양한 니즈를 충족시킬 수 없는 단점을 가지고 있다. 대신 누구나 표준 형태로 가입할 수 있는 정형화된 상품을 판매하므로 수수료가 저렴하고 판매자나 계약자 모두가 상대적으로 마음 편하게 계약할 수 있으며, 보험금 수령 시 문제가 발생하지 않는 장점도 가지고 있다.

방카슈랑스상품의 장점

첫째, 예금자보호대상 상품이다.

예금자보호법은 금융회사가 영업정지나 파산했을 때 고객들의 예금을 보호해주기 위해 만들어진 안전장치로 보험회사별로 1인당 5천만 원까지 보호된다. 가입한 보험회사가 파산했을 때에도 정부에서 원리금의 지급을 책임지기 때문에 장기 투자에 대한 두려움도 줄어들게 된다.

그런데 장기간 적립하고 이자가 복리로 불어나서 원리금이 5천만 원을 초과하는 경우 최대 5천만 원까지만 보장하므로 향후 예상 금액을 생각해서 보호한도를 초과하는 경우에는 큰 규모의 신용도가 우수한 보험회사를 선택하는 것이 안전하다. 여기서 하나 기억할 것은 변액연금보험, 변액유니버설보험 등 '변액'이라는 단어가 들어간 상품은 투자형 상품으로 예금자보호대상에서 제외된다는 점이다.

둘째, 10년 이상 투자 시 비과세 혜택을 받을 수 있다.

방카슈랑스상품의 가장 큰 혜택은 은행 상품에는 없는 이자소득세(총 15.4%) 비과세이다. 비과세 혜택은 금융회사에서 원천징수하던 이자소득세만큼 가입자의 수익이 늘어나는 효과가 있으며, 그 금액은 기간이 길수록 그리고 금액이 많을수록 커진다. 또한 금융소득종합과세 대상소득에서도 제외되므로 고액 자산가들이 적극 활용하고 있다. 그래서 저축보험이나 연금보험은 장기 투자에 따른 복리 효과로 수익성과 함께 비과세 혜택을 활용한 장기 재무목표 달성에 적합한 상품이다.

셋째, 장기 투자에 따라 예금·적금보다 수익률이 높으며, 고액 적립식의 경우 보험료 할인 혜택이 크다.

지금처럼 저금리에서는 여유자금을 단기로 운용할지 아니면 최장기로 운용할지를 결정해야 한다. 안정적인 성향의 금융소비자라면 결국 20년 이상 장기 투자로 접근하며, 젊을 때 시작하여 복리 효과를 통한 수익 증대에 관심을 가져야 한다. 또한 다른 상품에는 없는 보험만의 특징 중 하나가 바로 적립식으로 매월 납입하는 보험료는 금액에 따라 적게는 0.3~1.5%까지 할인 혜택을 준다는 것이다. 이것이 금리우대 혜택 이상의 효과를 가진다. 월납입보험료 100만 원인 경우 1% 할인이라면 99만 원만 납부하고 내 계좌에서는 100만 원이 납입되어 운용되는 것과 같은 것이다. 가능하면 금액을 여러 계좌로 분산하기보다는 1개 계좌로 금액을 높여 할인을 받는 것도 수익률을 높이는 방법이다.

넷째, 채널 특성상 상대적으로 사업비가 저렴한 편이며, 은행에서 원스톱서비스가 가능하다.

방카슈랑스상품은 은행에서 은행원을 보험 판매인력으로 양성하고 기존 시스템을 활용하여 대행 판매하는 형태로 운영되기 때문에 보험회사의 설계사 채널에 대비하여 대략 70% 수준의 사업비를 차감함으로 실질 환급률 측면에서 조금 낫다고 할 수 있다. 보험업 감독 규정이 변경되면서 가입 첫해 지급하는 판매수수료 비율도 2015년부터 단계적으로 낮춤으로써 초기 환급률이 오르는 효과를 기대할 수 있다.

그리고 무엇보다 중요한 점은 전국적으로 펼쳐진 영업점을 기반으로 상담, 가입에서 변경, 해지까지 모든 업무를 보험회사를 찾아가지 않고 평소 본인이 거래하는 영업점 창구 직원에게 직접 또는 대행 처리할 수 있는 편리함이다.

다섯째, 재무목표 달성에 유리하다.

단기간에 열심히 노력해서 종잣돈은 만들 수 있다. 하지만 인생을 살아가면서 반드시 가지는 재무적인 이벤트, 즉 결혼, 내 집 마련, 자녀 결혼, 노후준비 등은 단기간에 해결할 수 있는 문제가 아니다. 결국 큰 목돈은 길게 보고 묵묵히 준비해가는 것이다. 그런 의미에서 방카슈랑스상품은 본인의 재무목표를 달성할 수 있도록 중도해지에 제한을 부여한 조금은 강제화된 금융상품이라고 할 수 있다.

방카슈랑스상품 판매에 관심을 갖는 이유는 무엇일까?

첫째, 수수료 수입이 많아서 단기 업적 추진에 효과적이다.

방카슈랑스상품을 판매하게 되면 제휴한 보험회사로부터 받는 수수료 수입이 펀드보다도 더 많다. 수수료율을 결정하는 주요 요인은 판매상품의 납입 기간이 길수록 높아지며, 복잡하고 판매가 어려운 상품일수록 그리고 지속적인 관리가 필요한 상품일수록 더 높아진다.

예를 들어 10년만기 저축보험을 가입하면서 1억 원의 목돈을 한꺼번에 납입하는 거치식의 경우 보험회사로부터 받는 수수료 수입이 250만 원 수준이며, 월 100만 원씩 5년을 납입하는 적립식의 경우 120만 원 내외이다. 그러나 은행의 장기적인 측면에서 봤을 때 방카슈랑스상품에 가입한 자금은 은행이 아닌 보험회사의 주머니로 들어가서 운영되기 때문에 10년 이상 은행으로 돌아올 수 없는 자금이다. 그 대가로 한 번에 또는 1년 정도에 나누어 받는 것이다. 이를 연간으로 나눠보면 결국 수수료 수입이 연간 0.25%라는 점이다. 그것을 알면서도 단기적인 실적주의 때문에 판매하며, 불완전판매가 상존하는 것이다.

둘째, 비과세 혜택에 따라 주요 고객들의 포트폴리오 구성을 통한 금융소득종합과세 회피 수단으로 활용할 수 있다.

은행에서 방카슈랑스상품을 판매하는 가장 큰 목적 중의 하나는 VIP 등 자산가들에게 은행에서 제공할 수 없는 보험상품만이 가지고 있는 비과세 혜택을 제공하기 위해서이다. 비과세 혜택은 장기로 투자할 수 있는 사람이라면 누구나 받고 싶은 혜택이며, 비과세 상품은 금융소득종합과세 대상에서 제외되므로 고액 자산가들에게 가장 관심 있는 절세 상품이다. 또한 금융소득종합과세 대상자의 범위가 금융 소득 2천만 원 이상으로 확대되어 고액 자산가가 아니더라도 많은 사람들이 관심을 가짐에 따라 상품 판매의 대상 고객이 대폭 확대되었다.

셋째, 판매 채널 및 상품의 다양화를 추구할 수 있다.

예전처럼 예금·적금 가입하러 은행에 가고, 주식이나 펀드 가입하러 증권회사에 가고, 보험에 가입하러 보험회사에 가는 시대는 지났다. 저금리 상황 속에서 다양한 금융상품, 그리고 금융소비자들의 다양한 니즈가 결국은 금융회사 간 업무의 장벽을 무너뜨리고 있다. 다양한 소비자들의 니즈에 맞게 한 곳에서 모든 것을 해결해야 한다. 법적으로 직접 할 수는 없기 때문에 해당 금융회사들과의 제휴를 통해 다양한 상품으로 금융소비자들에게 다가가야 살아남을 수 있다.

CHAPTER 4

품위 있는
노후준비

연금상품

평균수명 100세 시대, 만약 지금 준비하지 않는다면 은퇴 후 남아 있는 40년이 넘는 시간은 불안하고 위태롭기 짝이 없다. 조금씩이라도 자금을 준비할 것인가, 포기하고 은퇴를 맞을 것인가.

CHAPTER 4 · 품 위 있 는 노 후 준 비 – 연 금 상 품

노후에는 자식보다 연금이 든든

　우리나라는 현재 빠르게 노령 사회로 나아가고 있으나 국가의 완벽한 사회보장이나 자녀에 의한 부모 부양은 기대할 수 없는 상황이다 보니 이제는 스스로 노후를 준비해야 한다. 부자들은 재무적인 측면에서 노후에 대한 부담이 없지만, 나머지 사람들은 25년을 벌어서 50년을 더 살아가는 방법을 모색하는 일이 무엇보다 중요하다.

　초저금리 시대의 도래와 고령 사회 진입을 눈 앞에 두고 있는 현 상황에서 돈 없이 오래 사는 무전장수無錢長壽의 시대에 대한 대비책은 바로 연금이다. 우리가 나이가 들어갈수록 공무원을 부러워하는 이유는 물가상승률을 반영한 연금이 평생 동안 책임져주기 때문이다. 죽을 때까지 매월 꼬박꼬박 받을 수 있는 연금은 재무적 측면과 함께 심리적 안정감까지 가져다줌으로써 풍요로운 삶을 기약할 수 있다.

노후생활 준비를 위해서는 국가와 기업, 그리고 개인 3자의 공동 노력이 절대적으로 필요하다. 우리나라의 경우 기본적인 생활을 위한 사회보장(국민연금), 안정적인 생활을 보장하기 위한 기업보장(퇴직연금), 추가적으로 여유 있는 생활을 보장하기 위한 자기보장(개인연금)의 3층 노후보장 체계를 갖추고는 있으나 실질적인 준비는 상당히 부족한 편이다.

연금의 소득대체율이란 은퇴 전 소득과 비교하여 은퇴 후에 받는 연금 수령액이 어느 정도인지를 나타내는 지표이다. 은퇴 전 소득을 100%라고 했을 때 우리나라의 연금 소득대체율이 약 48% 수준이라고 한다. 국제기구에서 권고하는 70~80%에 비해 상당히 미흡한 실정이며, 근로자의 경우 조기 퇴직 후 노후생활의 장기화로 인해 보다 계획적인 준비가 필요하다. 결국 퇴직연금과 개인연금 등의 사적 연금 활성화를 통한 개인적인 노후준비의 필요성이 더욱 높아지고 있다.

[표 3-27] **노후 소득 3층 보장 구조**

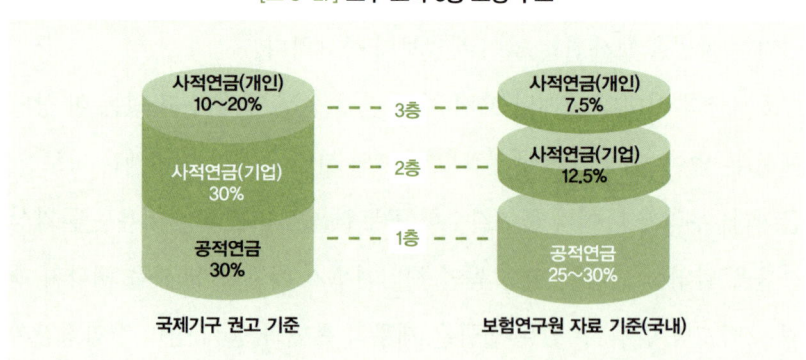

올해 초 겪었던 연말정산 폭탄과 근로소득자들의 분노를 달래기 위한 정부의 연금계좌에 대한 세액공제 확대 내용이 포함되면서 연금 상품을 활용한 '연금 세테크'가 뜨거운 관심사로 떠오르게 되었다.

금융위원회와 금융감독원이 퇴직연금과 연금저축 같은 사적 연금에 대한 모든 정보를 한눈에 확인할 수 있는 통합연금포털을 2015년 6월12일 개설했다(http://100lifeplan.fss.or.kr). 연금 가입자들은 이 사이트에 회원으로 가입하여 자신이 가입한 사적 연금의 종류 및 가입 회사, 상품명, 적립 금액, 평가 금액 등을 한꺼번에 확인할 수 있다. 또한 만기 납입 시 연금액도 확인할 수 있고, 안정적인 노후생활을 하는 데 필요한 추정 납입액도 산출해볼 수 있다.

CHAPTER 4 · 품 위 있 는 노 후 준 비 – 연 금 상 품

추가로 준비하는 퇴직금, 개인형 퇴직연금(IRP)

　　퇴직연금제도란 근로자의 안정적인 노후생활 보장을 목적으로 2005년 12월 도입되었으며, 퇴직금 재원을 외부 금융회사에 예치하여 퇴직할 때 일시금 또는 연금 형태로 받을 수 있도록 하는 제도이다. 이 제도를 도입함에 따라 회사는 법인세를 절감할 수 있으며 퇴직 부채의 체계적인 관리가 가능하다. 그리고 근로자의 입장에서는 본인의 퇴직금을 외부 금융회사에 위탁함에 따라 향후 안정적인 수령이 가능하고, 퇴직급여의 추가적인 수익을 얻을 수 있으며 추가 납입 시 세제 혜택을 볼 수 있다는 장점이 있다.

　　현재 퇴직연금제도는 확정급여형(DB형), 확정기여형(DC형), 그리고 개인퇴직연금제도[IRP]가 운영 중이며, 기업 및 개인이 제도의 장단점을 판단하여 가입하고 있다.

　　2014년 말 기준으로 퇴직연금제도 도입 사업장은 27만 5천 개, 가입

근로자는 535만 3천 명(가입률 51.66%)이며, 적립금은 107조 658억 원으로 전년 대비 27% 증가했다. 유형별로는 임금인상률이 높고 안정적인 대기업과 공기업들이 선호하는 확정급여형(DB형)이 전체 적립금의 70.5%를 차지하여 가장 높은 비중을 차지하고 있으며, 제도 운영이 간편하고 근로자 이직률이 높은 경우에 적합한 확정기여형(DC형)을 선호하는 중소기업의 가입도 꾸준히 증가하고 있다.

개인형 퇴직연금(Individual Retirement Pension)

개인형 퇴직연금은 퇴직 시 수령한 퇴직급여 일시금 또는 퇴직연금제도(DB, DC형)에 가입 중인 근로자가 노후준비를 목적으로 추가로 부담금을 입금하여 다양한 금융상품에 운용한 후 55세 이후에 연금이나 일시금으로 수령하는 제도를 말하며, 퇴직IRP와 적립IRP가 있다.

퇴직IRP의 가입 대상은 퇴직급여(일시금) 수령자로서 퇴직연금제도(DB, DC형) 가입자의 퇴직금은 퇴직IRP로 자동 입금이 되며, 미가입자인 경우에는 퇴직일 또는 중간정산일로부터 60일 이내에 입금하는 경우 가입할 수 있다. 이것의 장점은 퇴직소득세 과세 이연에 따라 퇴직소득세를 내지 않은 만큼 투자 원금이 증액되는 효과가 있어 투자 수익이 늘어나고 55세 이상 연금 수령 시 절세 효과도 볼 수 있으며, 가입자가 희망하는 경우 자유롭게 해지가 가능하다.

적립IRP는 정부의 세제 혜택 확대로 관심이 높아지고 있는 상품으로써 개인형IRP라고 하면 보통 적립IRP를 의미한다고 볼 수 있다.

개인형IRP는 퇴직연금 가입자뿐만 아니라 2017년 7월부터 자영업자나 공무원, 군인 등 소득이 있는 사람이 추가적인 노후 자금을 축적하기 위하여 여유자금을 적립하는 제도이다. 개인형IRP 개설은 은행, 보험사, 증권사 중에서 선택할 수 있다. DB형 가입자는 금융회사에 별도의 IRP 계좌를 개설해야 하며, 다른 금융회사에 개설하려면 '퇴직연금 가입확인서'를 가지고 방문해야 개설이 가능하다. DC형 가입자는 기존에 가입되어 있는 계좌에 추가 입금하거나 별도의 계좌를 개설하여 입금할 수 있다.

개인형IRP에는 연간 1,800만 원까지 분기별 한도 없이 자유롭게 추가 납입이 가능하나, 연금저축과 퇴직연금 납입 총액이 연간 1,800만 원을 넘어서는 안 된다. 이때 불입금액의 700만 원까지 13.2%(주민세 포함) 세액공제 혜택이 주어진다. 연금의 수령은 가입일로부터 5년 이상 경과 후 55세 이후부터 수령할 수 있다.

금융회사(퇴직연금 사업자) 선택 요령

퇴직연금 사업자인 금융회사는 가입자와 운용관리 및 자산관리 계약을 체결하고 제도 운영에 있어 중요한 역할을 수행하는 만큼 종합적으로 판단하여 선택해야 한다. 그러면 IRP 계좌를 개설할 금융회사는 어떤 기준으로 선택하는 것이 좋을까?

첫째, 안전성이다.

퇴직연금 상품은 단기간 운용하고 종료되는 상품이 아니다. 평생 함께 할 동반자라면 운용하고 관리하는 금융회사가 튼튼해야 한다. 그러므로 은행의 BIS비율, 보험사의 지급여력비율, 증권사의 영업용 순자본비율 등 자산 건전성뿐만 아니라 금융회사의 규모, 대외 신인도 등을 참고하여 선택해야 한다.

둘째, 무엇보다 중요한 판단 기준은 수익률이다.

기존 퇴직연금 외에 추가적으로 가입하는 개인형IRP는 본인의 투자 성향에 맞는 다양한 상품에 투자하여 더 많은 수익을 통해 노후자금을 적립하는 것이 궁극적인 목적이기 때문이다. 일부 금융회사나 언론에서 특정 유형 상품에 대해 단기간 실적으로 독자들의 시선을 끄는 사례가 있지만 이는 참고자료로만 활용할 필요가 있다. 그리고 수익률의 판단은 원리금비보장형 수익률을 기준으로 하며, 짧은 기간의 투자 결과에 얽매이지 말고 3년, 5년 정도의 꾸준한 성과를 확인해야 한다.

[표 3-28] 2014년 IRP(비원리금보장형) 수익률 상위 회사

은행			증권사			보험사		
회사명	적립금	수익률	회사명	적립금	수익률	회사명	적립금	수익률
국민은행	1,852	5.19	NH투자증권	211	4.76	미래에셋생명	41	5.37
산업은행	33	3.99	미래에셋증권	746	4.52	한화생명	49	4.57
기업은행	237	2.79	현대증권	145	4.51	삼성생명	777	3.74

※ 비원리금보장상품 적립금 30억 원 이상 기준임. (출처 : 금융감독원 퇴직연금 수익률 비교공시)
(단위 : 억 원, %)

셋째, 기존 계약(판매) 실적도 중요하다.

많은 사람들이 가입하는 상품이 다 좋은 것은 아니지만, 그래도 판매 실적이 많다는 얘기는 누구나 공감하는 더 나은 부분이 있다는 것이며, 운용 자산이 늘어나는 만큼 금융회사에서도 더 많은 관심과 노력을 기울이게 된다.

넷째, 가입 대상 상품의 다양성이다.

퇴직연금 상품으로 운용이 가능한 상품은 예금자보호가 되는 은행의 예금·적금에서부터 이율보증, 금리연동형 보험, 리스크가 큰 주식이나 채권, 국내외 펀드까지 다양하게 구비되어 선택의 폭을 넓혀주어야 한다. 하지만 여기서 말하는 다양성은 단순히 상품의 개수를 의미하지 않는다. 2015년 3월 현재 증권사들의 퇴직연금펀드 라인업을 살펴보면 추천 펀드 목록이 회사별로 50~100개까지 이르고 있다. 시장에 판매 중인 모든 상품을 백화점식으로 나열하기보다는 자산의 종류별, 리스크별, 지역별, 투자 기간별로 자체 검증을 통해 다양하게 준비하고 있는지 여부를 판단한다.

다섯째, 부가적인 서비스이다.

퇴직연금은 급여이체만큼이나 금융회사에게 중요한 자산이므로 해당 금융회사가 가입자에게 줄 수 있는 다양한 혜택들을 살펴보아야 한다. 예를 들면 퇴직연금 가입만으로도 낮은 금리의 신용대출 자격을 부여하기도 하고, 예금이나 대출 시 금리 우대, 자산관리, 은퇴관리 서비스 등 다양한 혜택이 있다.

여섯째, 수수료를 비교해본다.

시중 금리나 퇴직연금 운용 수익률이 아주 높다면 수수료에 대한 관심이 별로 없겠지만 요즘 같은 시대에 운용 수익률까지 부진하다 보니 제일 아깝게 생각되는 것이 바로 수수료 부분이다. 펀드처럼 퇴직연금도 손실과 상관없이 무조건 수수료를 떼어가므로 작은 것부터 챙기는 노력이 필요하다. 현재 수수료는 운용관리와 자산관리 수수료를 합하여 0.4~0.8% 수준으로 높은 편이며, DB형은 회사가 부담하고 DC형은 회사 또는 개인이 부담한다. 그리고 개인형IRP는 개인이 부담하도록 되어 있다.

개인형 퇴직연금 가입 및 관리 요령

본인에게 맞는 금융회사를 선택해서 개인형IRP 계좌를 개설했다고 끝난 것이 아니다. 그 다음으로 할 일은 운용 상품을 선택하고 운용 비율을 정하는 것이다. 근로자 본인의 투자 성향을 바탕으로 운용 상품을 선택하고 상품의 비율을 정한 후 '제도설계의뢰서'와 '상품 운용지시서'를 작성하여 제출한다. 이때 선택한 적립금 운용 방법에 따라 운용 결과에 차이가 발생하므로 안정성과 수익성을 고려하여 충분히 이해하고 신중하게 선택해야 한다.

그런데 현재 운용 중인 퇴직연금의 운용 방법별로 살펴보면 원리금보장 상품의 비중이 92.2%이며, 원리금이 비보장되는 실적배당형 상품 비중은 5.8%에 불과하다. 한편 원리금보장 상품 중에서는 예금이 가장 큰 비중(53.1%)을 차지하며 보험(37.9%), ELB(9.0%) 순이다.

사업자(기업)가 운용 상품을 결정하는 DB형은 가장 많은 적립금을 쌓아놓고 있으며, 운용 자산의 97.4%를 안전하게 원리금보장형으로 운용하고 있다. 솔직히 시장 금리와 상관없이 향후 받을 금액은 정해져 있기 때문에 어떤 상품으로 운용하든지 근로자의 입장에서는 상관이 없다.

[표 3-29] **제도 유형별 / 운용 방법별 적립금액 현황**

구분	DB형	DC형	기업형IRP	개인형IRP	합계
원리금 보장형	735,299 (97.4)	185,109 (79.5)	6,565 (90.3)	60,208 (79.9)	987,181 (92.2)
실적 배당형	10,189 (1.4)	42,572 (18.3)	639 (8.8)	8,209 (10.9)	61,609 (5.8)
기타(주)	9,789 (1.2)	5,101 (2.2)	64 (0.9)	6,941 (9.2)	21,895 (2.0)
합계	755,277 (100)	232,782 (100)	7,268 (100)	75,358 (100)	1,070,685(100)

※ 운용자금을 위한 대기자금(고유계정대, 발행어음 및 기타 현금성 자산 등) (출처 : 금융감독원, 2014년 말 기준)
(단위 : 억 원, %)

하지만 근로자가 운용 결과에 책임을 져야 하는 DC형이나 IRP의 경우에는 현재 운용 자산의 80% 정도를 원리금보장형 상품으로 운용하고 있다. 작년 원리금보장형의 수익률이 연 3% 정도로 여기에서 수수료를 차감하면 실질적으로는 2.5% 수준이며, 올해부터는 1%대의 수익밖에 기대할 수 없는 상황이다. 결국 추가적으로 납입하는 개인형IRP는 다소 공격적으로 원리금비보장형의 실적배당 상품을 중심으로 재편할 필요가 있다.

한편 저금리 추세가 장기화되면서 정부에서는 안정적인 운용 중심에서 벗어나 DC형, IRP의 총 위험자산 보유한도를 40%에서 70%로 상향 조정하고, 개별 자산운용 규제를 Negative형으로 전환함에 따라 원리금 보장 상품 위주에서 탈피하여 중장기 안정적인 수익률을 추구하는 형태로의 점진적인 변화가 예상된다.

개인형IRP는 가입 이후에도 지속적인 관리가 필요한 장기투자상품이다. 대부분의 가입자들이 최초 가입할 때 선택한 상품을 재점검하지 않고 그냥 두면서 적립만 계속해 나가는 사례를 너무도 많이 보았다. 퇴직연금사업자인 금융회사의 홈페이지를 정기적으로 방문하여 본인의 적립금 조회, 현재 운용 상품의 수익률 및 만기 등 투자 정보를 확인해야 한다. 또한 분기마다 보내오는 투자결과 보고서를 통해 적절하게 운용되는지 확인하며, 필요에 따라 영업점을 방문하여 담당자와 추가적인 상담을 진행한다.

상담을 통해 지금처럼 1%대의 원리금보장형 상품에서의 일부 전환을 모색한다거나 수익률이 지속적으로 저조한 경우에는 운용지시비율 변경이나 운용 상품 교체 매매 등을 통한 운용 상품의 변경도 할 수 있다. 운용지시비율 변경이란 기존 매수 상품에는 영향이 없고 비율 변경 이후 입금되는 부담금은 변경된 비율에 따라 투자하는 것이고, 교체 매매란 현재 보유 중인 상품을 매도한 후 다른 상품을 매수하며 입금되는 부담금은 기존에 등록된 운용지시 비율대로 투자되는 것을 말한다. 즉 펀드 리모델링과 유사한 것이다.

연예인이 시간이 지나면서 예쁘게 보이는 이유는 지속적으로 관리를 받기 때문이다. 마찬가지로 투자형 금융상품들도 지속적으로 관리해야 제대로 빛을 발할 수 있다.

CHAPTER 4 · 품 위 있 는 노 후 준 비 - 연 금 상 품

개인이 쌓아가는 노후 동반자 연금저축

    연금저축계좌는 2013년 소득세법령 개정에 따라 도입된 연금계좌의 하나로서, 일정 기간 납입 후에 연금 형태로 인출할 경우 연금 소득으로 과세되는 세제적격 연금 상품을 말한다.

    가입 연령에 제한이 없으며, 최소 5년만 납입하면 만 55세 이후부터 연금으로 수령이 가능하다. 연간 납입 한도가 전 금융 기관 합산하여 분기별 한도 제한 없이 1,800만 원(개인형 IRP 포함)이며, 불입금액의 400만 원까지 세액공제 혜택이 있어 올해 초 연말정산 사태와 함께 주목받고 있는 상품이다.

    연금저축계좌는 세액공제 혜택을 주는 개인연금의 일종으로 상품의 운용 주체에 따라서 연금저축신탁, 연금저축보험, 연금저축펀드로 나뉘어 판매되고 있으며, 2014년 말 기준으로 연금저축보험이 적립금의 76.1%를 차지하고 있다.

[표 3-30] 연금저축(舊 개인연금저축 포함) 적립금 현황

구분	생명보험	손해보험	은행신탁	펀드	기타	합계
적립금	534,540	233,370	144,632	65,046	30,849	1,008,437

※기타는 우체국, 수협, 신협, 새마을금고 세제혜택 상품

(출처 : 금융감독원, 2014년 말 기준)
(단위 : 억 원)

그러나 연금저축의 가구당 가입율이 2007년부터 평균 20% 수준에서 정체되어 있고, 2014년 금융감독원 자료에 의하면 연금저축의 5년차 유지율은 72.4%, 10년차에는 52.4%에 불과한 실정이다. 하지만 초저금리 시대의 도래와 연금계좌에 대한 세액공제 확대 등의 영향으로 절세와 노후 대비를 위한 연금저축의 가입은 증가할 것으로 예상된다.

연금저축계좌의 3가지 상품

그러면, 연금저축계좌의 세부 상품을 자세히 살펴보자.

연금저축신탁은 은행에서 판매하며, 원금을 보장하는 대신 대체로 수익률이 낮다. 원금 보전을 위해 국공채 등 안전자산 위주로 운용하며, 안정형의 경우 주식을 10% 이내에서 투자할 수 있다. 위험회피 성향을 가진 안정적인 가입자에게 적합하다.

연금저축보험은 보험회사와 은행, 증권회사에서 판매하며, 원금보장과 예금자보호가 되고 죽을 때까지 연금을 지급하는 종신형 상품이라는

장점이 있다. 최장기 상품이다 보니 원금 손실에 대한 위험이 없으면서 복리 효과를 볼 수 있는 상품을 선호함에 따라 대부분의 가입자가 이 상품을 선택하고 있다. 단점은 다른 보험상품처럼 초기 사업비를 많이 떼어 중도해지하는 경우 원금 손해가 크다는 점이다.

연금저축펀드는 증권회사, 은행, 보험회사에서 판매하고 있으며, 초과 수익을 얻고자 하는 공격적인 성향의 가입자에게 적합한 상품이다. 투자 성향에 따라 상품 유형을 다양하게 가져갈 수 있고, 종합자산관리계좌로 운용됨에 따라 시황에 따라 자유롭게 펀드 교체가 가능하며, 세액공제 혜택을 받지 않은 납입 금액은 수시로 중도인출이 가능해서 펀드의 장기 투자에 따른 유동성을 일부 해결했다. 하지만 장기간 투자해야 하며 원금 손실의 위험성이 있어서 전체 시장의 7% 정도를 차지하고 있다.

[표 3-31] **연금저축계좌의 종류와 특징**

구분	연금저축신탁	연금저축보험	연금저축펀드
운용 주체	은행	보험회사	자산운용회사
적용 금리	실적배당	공시이율	실적배당
안정성	예금자보호 원금보장	예금자보호 원금보장	예금자비보호 원금비보장
상품 유형	채권형 안정형(주식 10% 이내)	금리연동형	채권형 혼합형(주식+채권) 주식형(주식 60% 이상)
납입 방식	자유납	정기납	자유납
연금 지급방식	확정 기간	확정 기간, 종신 지급	확정 기간
특징	원금손실위험 없음. 수익률이 낮음.	연금 종신 지급 가능 사업비용 과다	고수익 추구 원금손실위험 있음. 다양한 투자 포트폴리오

[표 3-32] 내게 맞는 연금 유형 선택 및 연금상품 결정 가입 프로세스

1단계
- 가입 목적
  - 노후보장 (연금재원 마련) → 개인연금
  - 단기 또는 장기 일시자금 (주택자금, 교육비, 자녀결혼 등) → 예·적금, 보험, 펀드 등

2단계
- 세제 혜택 선호 유형
  - 세액공제 후 연금수령 시 과세 (중도해지 시 세무상 불이익) → 연금저축 (세제적격)
  - 연금수령 시 보험차익 비과세 (세액공제 혜택 없음) → 연금보험 (세제비적격)

3단계
- 연금저축 (세제적격) → 투자 성향
  - 위험회피형 (원금보장) → 연금저축 신탁, 보험
  - 위험선호형 → 연금저축 펀드
- 연금보험 (세제비적격) → 투자 성향
  - 위험회피형 (원금보장) → 일반 연금보험
  - 위험선호형 → 변액 연금보험

(출처 : 금융감독원)

연금저축과 관련하여 알아야 할 사항

첫째, 연금저축의 수익률을 수시로 확인한다.

가입 이후에는 지속적으로 수익률을 점검해봐야 한다. 가입한 금융회사의 홈페이지를 방문하여 알아볼 수도 있지만, 현재 수익률 못지않게 중요한 것이 다른 금융회사 상품들과의 상호 비교를 통해 제대로 운용되는지를 점검해보는 것이다. 금융감독원 홈페이지 '통합연금포털'에 있는 '연금저축통합공시'를 통해 각 상품별 수익률과 수수료율 등을 확인하면 효율적이다.

둘째, 연금저축의 수익률이 낮아도 중도해지는 않는다.

먼저 연금저축 상품은 중도해지 시 손해가 크므로 해지하지 말고 납입을 중지한 후 새로운 연금저축 상품을 신규로 가입하는 방법이다. 연금저축신탁이나 펀드인 경우에는 자유납이므로 추가 납입하지 않아도 계속해서 운용되나, 연금저축보험은 정기적으로 납입하기로 약정한 기간이 있기 때문에 사전에 상담을 통해 납입유예 신청 등의 제도를 활용한다.

셋째, 필요한 경우 다른 금융회사로 갈아탈 수 있다.

'연금저축 계약이전제도'는 타 상품이나 다른 금융회사로 연금저축 계약을 이전하는 제도로 2011년부터 허용되어 왔으나, 절차의 번거로움으로 인해 활성화되지 못했다. 그러나 2015년 4월 27일부터 신규 가입 금융회사를 한 번만 방문하면 한 번에 업무처리가 가능하도록 '연금저축 계좌이체 간소화'가 시행됨에 따라 가입자의 상품 선택권이 강화되고 기존 고객 이탈을 방지하기 위한 금융회사의 노력이 가입자의 혜택으로 돌아오는 순기능을 할 것으로 기대된다.

연금저축은 계약자가 원하는 경우 연금상품을 취급하는 모든 금융회사로 계좌 이체가 가능하며, 이 경우 해지가 아닌 계약 유지로 간주되어 세제 혜택을 계속 부여한다. 또한 동일 금융회사 내에서 연금저축 간 계좌 이체도 가능하다.

현재 연금저축 갈아타기에 가장 적극적인 곳은 시장점유율 7% 수준인 증권회사(연금저축펀드)로 이 과정에서 단기 수익률 위주로 타 상품과 단순 비교하여 가입자를 혼란스럽게 하는 경우가 발생하기도 한다.

이 제도는 고객의 편의를 높이기 위한 제도임을 각 금융회사들이 명심해야 하며, 가입자들은 상품별 장단점을 비교하여 본인의 투자 성향과 재무목표 달성을 위한 상품 선택이 이루어져야 한다.

[표 3-33] **연금저축 계좌이체 대상 상품**

구 분	舊개인연금저축	연금저축	연금저축계좌
판매 기간	1994.06.~2000.12	2001.01~2013.02	2013.03~현재
세제 혜택	연간 납입액의 40%, 72만 원 한도(소득공제)	연간 납입액(400만 원 한도)의 13.2% (세액공제)	
연금 개시기간	적립 후 10년 경과 및 55세 이후, 5년 이상 분할 수령	적립 후 10년 경과 및 55세 이후, 5년 이상 분할 수령	적립 후 5년 경과 및 55세 이후, 연금 수령연차별 한도액 설정(최소 10년)
계좌이체	舊개인연금저축으로 이체 가능	연금저축계좌로 이체 가능	

CHAPTER 4 · 품위 있는 노후준비 – 연금상품

연금계좌의 세액공제 혜택

　우리가 흔히 말하면서도 혼동해서 쓰고 있는 연금저축은 2013년 소득세법령 개정에 따라 세액공제 되는 '연금계좌'를 의미하며, 크게 연금저축계좌(연금저축신탁, 연금저축펀드, 연금저축보험)와 퇴직연금계좌(DB형, DC형, IRP)로 나눌 수 있다.

　첫째, 납입 한도 및 세액공제 한도가 있다.
　세액공제의 대상이 되는 납입 금액에 있어서 연금저축계좌는 제한이 없으나, 퇴직연금계좌는 기존 퇴직연금 가입자가 퇴직금 외에 DC형과 IRP에 본인이 추가적으로 납입한 금액에 대해서만 세액공제가 가능하다. 연금계좌의 총 납입 한도는 분기당 한도 제한 없이 연간 1,800만 원까지 자유롭게 납입할 수 있다. 다만 연금저축계좌의 납입 한도는 개인형IRP를 포함하여 연간 1,800만 원 이내이다.

세액공제 한도는 연금저축계좌이든 퇴직연금계좌이든 상관없이 합산하여 연간 400만 원이었으나 2015년부터 퇴직연금 활성화를 위해 퇴직연금계좌(DC형과 IRP)에 납입액 300만 원을 추가하여 최대 700만 원까지 가능하도록 변경되었다. 이때 연금저축계좌의 경우 연간 납입액 400만 원까지만 공제 혜택이 부여된다는 점을 유의해야 한다.

[표 3-34] **연금계좌의 납입 한도와 세액공제 한도**

구분	퇴직연금계좌	연금저축계좌	비고
납입 한도	1,800만 원	1,800만 원	합산하여 1,800만 원 이내
세액공제 한도	700만 원	400만 원	합산하여 700만 원 이내

[표 3-35] **사례별 세액공제 금액**

연간 저축금액		세액공제 금액			비고
연금저축	퇴직연금	연금저축	퇴직연금	합계	
0	700	0	700	700	퇴직연금 한도 700만 원 연금저축 한도 400만 원
100	600	100	600	700	
200	500	200	500	700	
400	300	400	300	700	
500	200	400	200	600	
700	0	400	0	400	

(단위 : 만 원)

둘째, 세제 혜택이 있다.

2014년 1월 납입분부터 소득공제가 세액공제로 변경되었다. 연금계좌에 대한 세액공제율은 13.2%(지방세 포함)이다. 그러나 2015년 4월 연말정산 보완대책을 내놓으면서 연소득 5,500만 원 이하인 근로자의 세액공제율을 13.2%에서 16.5%로 확대함에 따라 혜택이 크게 확대되었다.

예를 들어 연소득 6천만 원인 직장인이 연금저축으로 매월 334,000원씩 12개월을 납입하면 은행 적금 금리로 어느 정도될까? 1년간 연금저축 총 납입금액은 4,008,000원으로 400만 원을 세액공제를 받으면 528,000원을 연말정산에서 돌려받으므로 1년제 적금(단리) 24% 금리와 같은 효과가 있다.

[표 3-36] **연금계좌의 절세 효과**

연도	세액공제 한도	연소득	세액공제율 (지방세 포함)	절세 금액
2014년	400만 원	상관없음	13.2%	528,000원
2015년	700만 원	5,500만 원 초과	13.2%	924,000원
		5,500만 원 이하	16.5%	1,155,000원

셋째, 연금 수령에 따른 적용 세제가 있다.

연금계좌의 최소 납입 기간은 5년이다. 종전에 10년을 납입 기간으로 가입한 경우에는 납입 기간을 단축할 수도 있다. 연금의 수령은 납입 기간이 5년 이상 경과 후 만 55세 이후부터 수령할 수 있으며, 연금계좌에 가입하여 세액공제 혜택을 받는 대신 향후 연금을 수령할 때 소득세를 납부해야 한다. 연금으로 수령하는 경우에는 연금소득세가 과세되며, 일시금으로 수령하는 경우에는 기타소득세(지방세 포함 16.5%)가 과세된다.

연금소득세율(지방세 포함)은 만 55~70세 미만은 5.5%, 만 70~80세 미만은 4.4%, 만 80세 이상은 3.3%이다(단, 종신형 연금으로 수령하는 경우 80세 미만 4.4%, 80세 이상은 3.3%). 그리고 사적 연금(연금저축계좌와 퇴직연금계좌)의 연간 연금소득액이 1,200만 원을 초과하는 경우에는 종합소득세(세율 6~38%) 신고 대상이다(공적연금 소득 제외).

넷째, 중도해지하는 경우 원금 손실을 볼 수 있다.

연금계좌를 가입하여 개인적으로 노후를 준비하는 대신 정부에서는 세액공제 혜택을 주는데 중간에 해지하면 도입 취지에 맞지 않기 때문에 패널티를 부여함으로써 해지를 제한하고 있다.

중도해지하는 경우 과거 세액(소득)공제를 받았던 금액에 대해 기타 소득세(주민세 포함 16.5%)를 과세한다. 이는 연금으로 수령하여 연금소득세가 부과되는 경우보다 불리할 수 있으며, 실제 수령액이 원금에 미달하는 경우가 발생한다. 가입 후 5년 이내 해지하는 경우에는 추가로 해지가산세(지방세 포함 2.2%)가 부과된다(단, 2013. 3. 1. 이후 계좌는 부과하지 않음).

연소득 7천만 원인 김민국 씨가 연금저축 상품을 가입하여 매년 2백만 원씩 총 1천만 원 납입하여 전액 세액공제를 받은 경우는 다음과 같다.

[표 3-37] **연금저축 상황별 결과 예시**

가입 기간 중	연금 수령 시	중도해지 시
소득세 환급액 132만 원	소득세 33~55만 원 부과	기타소득세 165만 원 부과

※ 환급액과 부과액을 단순 비교한 것으로 시간가치 및 운용수익은 고려하지 않음.

결국 세액공제 혜택을 받고 연금으로 수령한 경우에는 77~99만 원이 이익이나, 세액공제 혜택을 받고 중도해지하는 경우에는 33만 원의 손실이 발생한다는 점에 유의해야 한다.

정부에서 연금계좌의 세액공제 한도를 300만 원 증액하고, 연소득 5,500만 원 이하 근로자의 세액공제율을 추가로 3.3%(지방세 포함) 인상함에 따라 연금저축의 투자 매력이 더욱 커진 것이 사실이다.

하지만 연금계좌는 개인의 노후보장을 위한 장기 상품으로 사회초년생이 30세에 가입했다면 연금 개시 시점까지 최소 25년 이상을 유지해야 한다는 점을 분명히 인식해야 한다. 만약 중도해지하는 경우에는 손해가 발생할 수도 있으므로 본인의 소득과 재무목표를 바탕으로 꼼꼼히 검토하고 가입해야 하며, 가입 이후 납입이 어려운 경우에는 납입중지, 감액 등 다양한 방법을 활용하여 유지하는 것이 좋다.

CHAPTER 4 · 품 위 있 는   노 후 준 비 – 연 금 상 품

자영업자의 든든한 동반자 노란우산공제

　노란우산공제는 소기업·소상공인이 폐업이나 노령 등에 따른 생계 위험으로부터 생활의 안정을 기하고 사업 재기의 기회를 제공하기 위해 법률에 의해 2007년도 9월에 도입되었으며, 중소기업중앙회가 운영하고 중소기업청이 감독하는 공적 공제제도이다. 현재 은행들과의 제휴를 통해 2014년 말 기준 가입자 수 491,857명, 총 자산 2조 6,223억 원으로 계속해서 증가 추세에 있다.

　노란우산공제의 가입 대상은 사업체가 소기업·소상공인 범위(업종에 따라 상시 근로자 10~50명 미만)에 포함되는 개인사업자나 법인의 대표자는 누구나 가능하며, 중소기업중앙회의 본부나 각 지부 또는 제휴 은행을 통해 가입할 수 있다(제휴 은행 : 하나은행, 국민은행, 외환은행, 기업은행, 우리은행, 신한은행, 대구은행, 광주은행, 부산은행, 우체국).

　부금의 납입은 월 5만 원에서 최대 100만 원까지 1만 원 단위로 분기당

300만 원까지이며, 은행 계좌로 자동이체만 가능하다. 그리고 정해진 부금의 만기는 없으며, 공제금의 지급 사유가 발생할 때까지 납부해야 한다.

공제금의 지급은 사업자의 폐업이나 사망, 만 60세 이상으로 10년 이상 납부한 경우, 그리고 법인 대표자의 질병이나 부상에 의한 퇴임 시 가능하다. 이때 공제금 지급액은 가입자가 납입한 부금액에 대하여 매 분기별 중소기업중앙회가 정한 연복리이자율(2017년 4분기 현재 기준이율 연 2.4%)을 적용한 공제금이다.

공제금의 지급방법은 일시금이 원칙이나 만 60세 이상이고 공제금이 5천만 원 이상일 경우에는 최대 15년까지 분할하여 지급받을 수 있다.

노란우산공제의 장단점

첫째, 사업소득금액별로 200~500만 원까지 소득공제 혜택이 있어 세금 부담이 높은 사업자의 절세 전략으로 탁월한 상품이다.

[표 3-38] **노란우산공제의 소득공제 효과**

과세표준	세율(주민세 포함)	절세 효과(예시)
1,200만 원 이하	6.6%	198,000원
1,200만 원 초과 ~ 4,600만 원 이하	16.5%	495,000원
4,600만 원 초과 ~ 8,800만 원 이하	26.4%	792,000원
8,800만 원 초과 ~ 1억 5천만 원 이하	38.5%	1,155,000원
1억 5천만 원 초과	41.8%	1,254,000원

(적용 기준 : 노란우산공제 월 25만 원 납입 기준)

둘째로 채권자의 압류로부터 안전하게 보호된다. 공제금은 법률에 의해 압류, 양도, 담보제공이 금지되어 있어 폐업 등의 경우에도 안전하게 생활 안정과 사업 재기를 위한 자금으로 활용할 수 있다.

셋째는 사업자의 자금 여력에 맞게 꾸준한 적립을 통해 향후 목돈을 마련할 수 있으며, 12개월 이상 부금을 납부한 경우에는 그 범위 내에서 대출도 가능하여 사업 확장이나 운영자금으로도 활용할 수 있다. 그리고 상해로 인한 사망이나 후유장애가 발생하면 2년간 최고 월부금액의 150배까지 보험금을 지급한다.

하지만 이런 좋은 장점들에도 불구하고 중도해지하는 경우 원금 손실이 발생하며, 해약환급금에 대한 소득세를 원천징수한다는 점을 꼭 기억해야 한다. 계약이 해지된 경우 해약환급금을 기타소득으로 보아 22%(지방세 포함)를 적용한다. 기타소득세가 부과되는 계약 해지의 사유는 개인사정으로 중도에 해약하거나 부금 연체(12회 이상), 계약자의 거짓 등 부정행위로 중앙회에서 강제 해약하는 경우이다. 또한 가입 후 5년 이내 임의 해지 시에는 추가로 부금 누계액(매년 300만 원 한도)의 2.2%(지방세 포함)를 해지가산세로 원천징수하며, 소득공제 여부와 상관없이 부과된다.

결국 공제금 지급사유가 발생하기 전에 중도 해지하면, 특히 5년이내 해지하면 크게 불리하다는 점을 명심해야 한다.

결론적으로 노란우산공제는 중도해지 시 큰 손해를 볼 수 있으나, 자영업자가 5월 종합소득세 납부 신고 시 300만 원 한도에서 소득공제 혜택을 받을 수 있는 상품이며, 퇴직금을 적립하는 개념에서 생각해볼 때 소득공제 한도 금액 정도로 꾸준히 납입하는 것이 좋다.

CHAPTER 4 · 품 위 있 는 노 후 준 비 – 연 금 상 품

평생 내 집에서 행복한 노후를 즐기는 주택연금

 사회초년생의 입장에서 주택연금은 너무나 먼 얘기일 수도 있다. 하지만 연금 준비의 다양한 방식을 이해할 수 있으며, 향후 부모님을 위해 챙겨보고 활용할 수도 있는 좋은 연금 상품의 하나이다.

 노후 보장을 위해 개인이 준비할 수 있는 또 하나의 방법은 주택을 담보로 연금을 받는 것이다. 집을 소유하고 있지만 소득이 부족한 어르신들이 평생 또는 일정 기간 동안 안정적인 수입을 얻을 수 있도록 집을 담보로 맡기고 자기 집에 살면서 국가가 보증하는 연금을 수령하는 역모기지론으로서 부족한 노후생활비와 주거 문제를 동시에 해결하는 상품이다.

 주택연금은 한국주택금융공사에서 상담 및 신청하여 주택에 대한 담보 설정 및 주택신용보증서를 발급한 후 본인이 희망하는 은행을 방문하여 그것을 담보로 대출을 실행하여 연금을 수령하는 절차를 거친다.

 가입 연령은 주택의 소유자가 만 60세 이상이어야 하며, 부부 공동소

유인 경우에는 한 사람만 60세 이상이어도 가능하다. 주택 보유 수는 1주택을 보유하거나 보유 주택의 합산 가격이 9억 원 이하인 다주택자에 한하며, 대상 주택은 시가 9억 원 이하의 주택 및 지방자치단체에 신고된 노인복지주택이다.

매월 수령하는 연금은 평생 또는 본인이 희망하는 특정 기간 중에서 선택할 수 있으며, 연금으로만 계속 받거나 또는 의료비, 교육비 등으로 활용하기 위해 인출한도를 정해놓고 나머지만 매월 지급받는 방법 중에서 선택할 수 있다. 이때 지급받는 유형도 매월 일정하게 받거나 점차적으로 늘려가든지 줄여가든지 선택할 수 있다.

그러면, 주택연금을 가입하여 연금 개시 이후에 발생할 수 있는 각종 사례를 알아보자.

❶ **중도상환** : 가입자가 언제든지 연금지급금액 총액 및 일부를 상환할 수 있다.

❷ **가입자 사망** : 주택 소유주가 사망하면 그 배우자가 채무인수를 하여 계속 주택연금을 받는다. 부부 모두가 사망 시에는 한국주택금융공사에서 주택을 처분하여 정산한 후 연금지급총액이 집값을 초과하더라도 상속인인 가족들에게 청구하지 않으며, 반대로 집값이 남으면 가족들에게 지급한다.

❸ **이사 등으로 담보주택 변경** : 주택연금 이용 중 이사로 거주지가 이전한 경우 담보주택을 변경하여 계속 이용할 수 있다. 다만 이사하려는 주택의 평가액에 따라 매월 지급받는 연금액이 달라지거나 정산할 수도 있다.

주택연금의 장단점

주택연금의 가장 큰 장점은 평생 본인 집에서 거주를 보장받으면서 자녀들에게 부양의 부담을 지우지 않고 당당한 노후생활을 할 수 있다는 점이다. 현금화하기 어려운 부동산이라는 실물자산을 평생 안정적인 현금흐름을 주는 연금 소득으로 전환시켜준 것이다. 이 연금은 향후 주택가격이 하락하더라도 이미 산정한 연금액을 죽을 때까지 지급받음에 따라 오래 살수록 유리한 상품이다. 또한 가격이 상승하거나 일찍 사망함에 따라 정산한 이후 차액이 남는 경우에는 가족들에게 상속되어 부모로서의 심적인 부담도 줄어든다.

하지만 단점은 최초 산정된 연금액이 평생 지급되므로 물가상승에 대한 준비가 안 되어 있다는 점이다. 그리고 거주 주택에 대한 담보권 설정으로 거주 주택에 대해서는 다른 용도로의 활용이 어려우며, 주택가격의 1.5%를 선취 및 매년 0.75%의 보증료를 납부하는 등 초기 수수료가 비싸다는 점이다.

여기서 주택연금 가입에 앞서 반드시 생각해 볼 문제가 있다.

첫째, 가입 시점이다. 주택연금은 연금이기 때문에 기대수명이 연금액 산정에 영향을 미친다. 수명이 계속해서 늘어나는 만큼 연금액이 줄어든다는 점을 생각해야 한다. 주택당 지급하는 연금액의 변화를 전년 대비로 보면 2012년 -3.1%, 2013년 -2.8%, 2014년 -0.6%, 2015년 -1.5%로 계속 줄어들고 있으므로 가능한 빨리 가입하는 것이 유리하다.

둘째는 앞으로의 주택 가격이다. 가입 시점에 평가된 주택 가격을 기준으로 산정한 연금액을 평생 받기 때문에 현재의 주택 가격이 고점이라면 바로 연금을 개시하는 것이 유리하며, 향후 상승 여력이 있다면 좀 더 기다려보는 여유가 필요하다.

셋째, 주택연금이 아니라 매매 후 더 작은 집으로 이사하고 매매 차익을 노후자금으로 활용하는 방법도 고려해볼 수 있다. 그러므로 가족들 간에 충분한 대화와 전문가와의 상담을 통해 충분히 공감하고 가입하는 것이 중요하다.

 **TIP!**

어르신들이 꼽은 주택연금, 이래서 참 좋다!

- 매달 꾸준한 연금 수령 : 96
- 내 집에 계속 살 수 있다 : 73.2
- 배우자 사망 시에도 동일 금액 보장 지속 : 40.2
- 국가가 지급 보증하는 신뢰성 : 22.7
- 집값에 영향 받지 않는 연금 수령 : 22
- 주택 처분 후 잔여금액 자녀 환급 : 13.3
- 필요시 연금 일부 목돈 수령 : 11.2

(출처 : 한국주택금융공사 주택연금부)

에필로그

준비는 끝났다

당신이 바람개비를 만들어 손에 갖고 있다고 상상해보자. 바람개비는 바람이 불어야 씩씩하게 돌아간다. 저금리와 저성장, 고령화, 극심한 취업난 등의 악조건처럼 바람이 불지 않는다면 바람개비는 돌지 않는다. 이때 당신이 할 수 있는 일은 힘껏 달리는 것이다.

있잖아, 힘들다고
한숨 짓지 마
햇살과 바람은
한쪽 편만 들지 않아

– 시바타 도요의 『약해지지 마』 중에서

이 책은 현재 금융시장에서 반드시 알아야 하고, 실질적으로 활용할 수 있는 금융상품에 대한 입문서다. 금융소비자로서 최소한의 권리를 누리기 위한 준비에 지나지 않는다. 이제 겨우 첫걸음을 내디딘 것이며, 당신은 앞으로 부단히 금융지식, 상품지식을 쌓아서 작은 부자가 되기 위한 실천을 시작해야 한다.

또한 사회초년생이 사회인으로 인정받기 위해서는 독립적인 경제생활의 주체가 되어야 한다. 가깝게는 결혼자금이나 전세자금에서부터 길게는 은퇴 후의 노후자금까지 목돈이 들어갈 곳이 한두 곳이 아니다. 현재 부자가 아니라면 하루라도 빨리 인생의 재무설계를 시작해야 하며, 지금부터 똑똑한 재테크 습관을 길러야 한다.

첫째, 인생의 재무계획표를 직접 작성하라.

높은 수익을 얻는 재테크 노하우를 배우는 것도 좋지만 더 중요한 것은 본인이 가고자 하는 목표와 방향이다. 돈은 많을수록 좋지만 현실적으로 불가능하다면 본인의 수준과 여건을 감안한 합리적인 수준의 재무목표를 설정하고, 그 목표를 위해 집중하는 것이 효율적이다.

인생을 살면서 반드시 거치게 되는 중대한 이벤트(재무목표)가 발생하는데 이를 해결하는 데 소요되는 평균 비용들을 참고하여 본인의 인생 설계도를 그려보기 바란다.

둘째, 급여통장과 예비통장을 만들어라.

예전부터 무심코 사용하던 통장은 버려라. 급여통장이나 예비통장은 편리하고 각종 수수료 및 다양한 부가서비스를 갖추었는지 꼼꼼히 따져보고 실질적으로 본인에게 혜택이 돌아오는 통장을 선택해야 한다. 급여통장의 효율적 사용은 주거래 은행 선정 및 이용과 관련이 있으며, 재테크의 출발점이기 때문이다. 만약 금융회사가 마음에 들지 않으면 계좌이동제도를 활용하여 언제든지 손쉽게 바꿀 수 있다.

셋째, 위험보장을 위한 보험 가입이 우선이다.
우리는 살아가면서 많은 위험에 노출되어 있다. 아무리 건강하다고 하더라도 예기치 않게 질병이나 사고가 발생함에 따라 소득이 끊기거나 거액의 치료비가 발생하여 계획했던 재무목표 달성에 문제가 발생할 수 있다. 노후의 재무적 위험보장을 위해 미리부터 연금상품을 가입하여 준비하듯이 실손의료비보험이나 암보험 등 보장성보험을 통해 최소한의 신체적 리스크를 감소시키는 준비가 필수적이다.

넷째, 소득(세액)공제 상품부터 가입하라.
요즘 같은 초저금리 상황에서는 금리보다 더 중요한 것이 절세 상품이다. 사회초년생들은 비과세종합저축의 가입 대상자에 해당되지 않고, 재테크에서도 초보자인 경우가 대부분이므로 일단은 안정적인 투자와 습관을 몸에 배게 하는 것이 우선이다. 소득공제 및 주택청약을 위한 주택청약종합저축과 본인의 투자 성향에 맞는 연금저축계좌 상품부터 가입하는 것이 좋다.

다섯째, 투자의 포트폴리오를 적절하게 구성하라.

사회초년생은 적은 월급을 차곡차곡 쌓아서 종잣돈을 만드는 것이 가장 기본적인 재테크 방법이다. 월급의 절반은 저축해야 하며, 이때 무조건 안전한 상품만 고집하지 말고 투자상품도 적극 활용해야 한다. 초저금리와 고령화에 따라 저축에서 투자로의 전환이 필요하며, 사회초년생들은 손실이 발생하더라도 아직 도전할 수 있는 충분한 시간이 있기 때문에 투자상품에 70% 수준을 투자하는 것이 좋다. 결국 본인의 인생 재무계획표에 맞추어 단기·중기·장기의 목표를 세우고, 투자의 3요소라는 안정성, 수익성, 유동성(현금화 가능성)을 고려하여 적절한 투자 방법을 선택해야 한다.

여섯째, 이기는 투자를 위해서는 금융지식이 필수다.

지금까지 스펙을 쌓기 위해 토익이나 자격증, 봉사활동을 해왔던 그 열정을 이제는 금융지식을 쌓는 데 투자하기 바란다. 모르는 사람이 가장 용감한 법이며, 신문 기사나 달콤한 친구의 말 한마디가 당신의 돈을 책임져주지 않는다. 학력이나 전문 지식보다도 인생을 살아가면서 필수적으로 갖추어야 하는 것이 바로 금융지식이다. 매일 신상품이 쏟아지는 현실 속에서 금융지식을 갖추어야 안정적이고 편안한 투자가 가능하며, 똑똑한 금융소비자로서 당당하게 대접받을 수 있다.

사회초년생을 위한
재테크 첫걸음

1판 1쇄 2015년 10월 10일
    4쇄 2018년 3월 20일

지 은 이 성동규

발 행 인 주정관
발 행 처 북스토리㈜
주 　　소 경기도 부천시 길주로1 한국만화영상진흥원 311호
대표전화 032-325-5281
팩시밀리 032-323-5283
출판등록 1999년 8월 18일 (제22-1610호)
홈페이지 www.ebookstory.co.kr
이 메 일 bookstory@naver.com

ISBN 979-11-5564-110-1 13320

※잘못된 책은 바꾸어드립니다.

이 도서의 국립중앙도서관 출판시도서목록(CIP)은
서지정보유통지원시스템 홈페이지(http://www.seoji.nl.go.kr)와
국가자료공동목록시스템(http://www.nl.go.kr/kolisnet)에서 이용하실 수 있습니다.
(CIP제어번호 : CIP2015025084)